本书获得广东省哲学社会科学"十三五"规划2020年度一般项目"我国大、中、小学英语教材中的价值观研究：一个亟待审视的领域"（批准号GD20CJY52）资助

我国英语教材中的价值观研究

谢赛 等 著

华南理工大学出版社
SOUTH CHINA UNIVERSITY OF TECHNOLOGY PRESS
·广州·

图书在版编目（CIP）数据

我国英语教材中的价值观研究 / 谢赛 等 著. —广州：华南理工大学出版社，2022.9
　ISBN 978 - 7 - 5623 - 7087 - 1

　Ⅰ. ①我… Ⅱ. ①谢… Ⅲ. ①英语 - 教材 - 研究 - 中国 Ⅳ. ①H319.39

中国版本图书馆 CIP 数据核字（2022）第 102996 号

Woguo Yingyu Jiaocai Zhong De Jiazhiguan Yanjiu
我国英语教材中的价值观研究
谢赛 等 著

出 版 人：柯　宁
出版发行：华南理工大学出版社
　　　　　（广州五山华南理工大学 17 号楼，邮编 510640）
　　　　　http://hg.cb.scut.edu.cn　E-mail: scutc13@ scut.edu.cn
　　　　　营销部电话：020 - 87113487　87111048（传真）
策划编辑：王　磊
责任编辑：刘一行　王　磊
责任校对：梁樱雯
印 刷 者：广州市人杰彩印厂
开　　本：787mm×960mm　1/16　印张：12.5　字数：250 千
版　　次：2022 年 9 月第 1 版
印　　次：2022 年 9 月第 1 次印刷
定　　价：49.00 元

版权所有　盗版必究　　印装差错　负责调换

前　言

从 2012 年党的十八大首次提出"社会主义核心价值观"以来，培育和践行社会主义核心价值观成为我国教育界的一个重大议题。无论是 2013 年 12 月中共中央办公厅印发的《关于培育和践行社会主义核心价值观的意见》，还是 2014 年 3 月教育部印发的《关于全面深化课程改革 落实立德树人根本任务的意见》，都明确提出要把培育和践行社会主义核心价值观融入国民教育全过程。

习近平总书记曾多次在重要场合提及社会主义核心价值观。从 2014 年 9 月同北京师范大学师生代表的座谈会及 2016 年 12 月的全国高校思想政治工作会议，到 2018 年 5 月同北京大学师生代表的座谈会及同年 9 月的全国教育大会，再到 2019 年 3 月的学校思想政治理论课教师座谈会，习近平总书记一再强调"立德树人"任务的重要性及价值观教育的紧迫性，这不仅体现了党中央对教育事业的重视，更为一线教师如何在教育教学中狠抓思想政治、培养学生价值观、落实全方位育人工作提供了指引。

2019 年 10 月及 2020 年 5 月，教育部先后发布了高校课程思政建设的有关文件，要求高校充分发掘各类课程和教学方式中蕴含的思想政治教育资源，以此作为落实立德树人根本任务的关键环节。从狠抓各级各类学校的思想政治课程，到各类学校课程与思想政治课程同向同行，价值观教育被摆在了前所未有的高度。

笔者在硕士与博士阶段所学专业均为课程与教学论，毕业后任教于高等师范院校，对课程、教材、教法、教师等领域的热点问题一直保持关注。在国家大力倡导培育和践行核心价值观的大背景下，笔者不断尝试在日常的教学工作中培育和践行核心价值观、落实"立德树人"的根本任务。例如，指导学生选择与"立德树人"有关的毕业论文题目，鼓励学生参加与思政有关的征文比赛和大学生项目等。同时，笔者所在单位的部门近一两年来围绕课程思政陆续开展了一系列的教研活动，这些活动让笔者对"铸魂育人"及在教学中如何坚持知识传授与价值引领相统一有了新的认识。

凭借前期的思考与积累，笔者开始尝试申报课程思政方面的课题。功夫不负有心人，笔者所申报的不同课题先后有幸获得了广东省哲学社会科学"十三五"规划项目和广东省教育科学"十三五"规划项目的资助，本书便是其中一个项目的结题成果。

本书的撰写分工情况如下：第一章谢赛，第二章第一节冼雨婷和谢赛、第二节李家怡和谢赛，第三章第一节范晓莹和谢赛、第二节卢冰莹和谢赛，第四章第一节陈秋铃和谢赛、第二节袁春艳和谢赛，第五章冼雨婷、李家怡、范晓莹、卢冰莹、陈秋铃、袁春艳和谢赛。

本书可供师范院校英语专业师生、中小学教师、教研员、英语教材编写者、英语教材审定部门、英语教材研究机构及其他英语教材领域的研究人员使用。

由于笔者水平有限，书中的疏漏错误在所难免，敬请专家同仁和广大读者不吝赐教，以便日后修改和完善。

谢　赛

2021 年冬

目 录

第一章 导 论 ... 1
 第一节 研究背景 ... 1
 第二节 研究综述 ... 5
 第三节 理论基础 ... 12
 第四节 研究目标、研究价值与创新之处 ... 14
 第五节 研究设计 ... 15

第二章 小学英语教材价值观研究 ... 23
 第一节 人教版小学英语教材价值观研究 ... 23
 第二节 北师大版小学英语教材价值观研究 ... 39

第三章 中学英语教材价值观研究 ... 54
 第一节 人教版高中英语教材价值观研究 ... 54
 第二节 北师大版高中英语教材价值观研究 ... 82

第四章 高校英语教材价值观研究 ... 110
 第一节 本科英语教材价值观研究 ... 110
 第二节 专科英语教材价值观研究 ... 136

第五章 主要结论与建议 ... 165
 第一节 主要结论 ... 165
 第二节 建议 ... 173

参考文献 ... 184

后 记 ... 189

插表目录

表1.1	英语教材价值观分析框架类目	18
表1.2	英语教材价值观分析框架	20
表2.1	人教版小学英语教材中的价值观频次分析表	24
表2.2	人教版小学英语教材中的价值观呈现方式频次分析表	33
表2.3	北师大版小学英语教材中的价值观频次分析表	40
表2.4	北师大版小学英语教材中的价值观呈现方式频次分析表	48
表3.1	人教版高中英语教材课文中的价值观频次分析表	56
表3.2	人教版高中英语教材练习中的价值观频次分析表	57
表3.3	人教版高中英语教材课文中的价值观呈现方式频次分析表	71
表3.4	人教版高中英语教材练习中的价值观呈现方式频次分析表	73
表3.5	北师大版高中英语教材课文中的价值观频次分析表	83
表3.6	北师大版高中英语教材练习中的价值观频次分析表	84
表3.7	北师大版高中英语教材课文中的价值观呈现方式频次分析表	98
表3.8	北师大版高中英语教材练习中的价值观呈现方式频次分析表	100
表4.1	本科英语教材《综合教程》价值观研究数据收集表	111
表4.2	本科英语教材《综合教程》课文中的价值观频次分析表	112
表4.3	本科英语教材《综合教程》练习中的价值观频次分析表	113
表4.4	本科英语教材《综合教程》课文中的价值观呈现方式频次分析表	126
表4.5	本科英语教材《综合教程》练习中的价值观呈现方式频次分析表	128
表4.6	专科英语教材《英语综合教程》单元结构	137
表4.7	专科英语教材《英语综合教程》价值观研究数据收集表	138
表4.8	专科英语教材《英语综合教程》课文中的价值观频次分析表	139
表4.9	专科英语教材《英语综合教程》练习中的价值观频次分析表	141
表4.10	专科英语教材《英语综合教程》课文中的价值观呈现方式频次分析表	153
表4.11	专科英语教材《英语综合教程》练习中的价值观呈现方式频次分析表	155

第一章 导 论

第一节 研究背景

价值观总是以特定的方式影响着人们的态度和行为，对人们做出区分好坏或对错的评断具有导向作用。教材是塑造学生价值观的重要载体，教材中所蕴含的大量价值观对引领学生树立坚定的理想信念、涵养良好的道德情操起着不可替代的作用。为了落实党中央提出的"立德树人"根本教育任务，推动社会主义核心价值观进教材、进课堂已成学校教育的重要使命，充分发掘各类课程中的思想政治元素、构筑全员全程全方位育人共同体已成学校教育的核心任务。在此背景下，对我国大、中、小学英语教材开展价值观方面的研究既是贯彻党的教育方针的体现，也是弘扬新时代教育主旋律的要求。

一、立德树人、培育和践行核心价值观

2012年11月，党的十八大报告首次把"立德树人"确立为教育的根本任务，这是对十七大"坚持育人为本、德育为先"教育理念的深化。要落实立德树人之任务意味着教育不仅要传播知识和塑造能力，还要熏陶学生的心灵，引导他们树立正确的价值观。党的十八大报告首次提出了社会主义核心价值观，即：倡导富强、民主、文明、和谐；倡导自由、平等、公正、法治；倡导爱国、敬业、诚信、友善。社会主义核心价值观的提出在社会各个领域引发了热烈反响。

2013年12月，中共中央办公厅印发《关于培育和践行社会主义核心价值观的意见》，明确指出培育和践行社会主义核心价值观要从小抓起、从学校抓起，把核心价值观纳入国民教育总体规划，贯穿于基础教育、高等教育、职业技术教育、成人教育各领域，构建大、中、小学有效衔接的教材体系，推动核心价值观进教材、

进课堂。①

2014年3月,为把党的十八大关于立德树人的要求落到实处,进一步提升综合育人水平,更好地促进各级各类学校学生全面发展、健康成长,教育部发布《关于全面深化课程改革 落实立德树人根本任务的意见》。文件指出,要大力弘扬中华优秀传统文化,把培育和践行社会主义核心价值观融入国民教育全过程;推动社会主义核心价值观进教材、进课堂、进头脑,着力培养学生高尚的道德情操、扎实的科学文化素质、健康的身心、良好的审美情趣;优化教材内容,将社会主义核心价值观的基本内容写入德育等相关学科教材中,渗透到其他学科教材中。②

2018年1月,中共中央、国务院印发《关于全面深化新时代教师队伍建设改革的意见》。文件指出,教师承担着传播知识、传播思想、传播真理的历史使命,肩负着塑造灵魂、塑造生命、塑造人的时代重任;教师要落实立德树人根本任务,把社会主义核心价值观贯穿教书育人全过程,准确理解和把握社会主义核心价值观的深刻内涵,增强价值判断、选择、塑造能力,带头践行社会主义核心价值观。③

此外,习近平总书记在一系列重要场合中也多次强调落实立德树人任务的重要性。例如,2014年9月,习近平总书记在同北京师范大学师生代表座谈时强调:教师重要,就在于教师的工作是塑造灵魂、塑造生命、塑造人的工作;好老师应该懂得,选择当老师就选择了责任,就要尽到教书育人、立德树人的责任,并把这种责任体现到平凡、普通、细微的教学管理之中。④ 2016年12月,习近平总书记在全国高校思想政治工作会议中再次强调:教师不能只做传授书本知识的教书匠,而要成为塑造学生品格、品行、品位的"大先生";要坚持把立德树人作为中心环节,把思想政治工作贯穿教育教学全过程,努力开创我国高等教育事业发展新局面。⑤ 2018年5月,习近平总书记在北京大学师生座谈会中提到:人无德不立,育人的根本在于立德,这是人才培养的辩证法;要把立德树人的成效作为检验学校一切工作的根本标准,真正做到以文化人、以德育人,不断提高学生思想水平、政治觉悟、道德品质、文化素养,做到明大德、守公德、严私德;要把立德树人内化到大学建

---

① 中共中央办公厅. 关于培育和践行社会主义核心价值观的意见[EB/OL]. http://news.xinhuanet.com/politics/2013-12/23/c_118674820.htm,2017-11-23.

② 中华人民共和国教育部. 教育部发布《关于全面深化课程改革 落实立德树人根本任务的意见》[EB/OL]. http://old.moe.gov.cn/publicfiles/business/htmlfiles/moe/s7054/201404/167226.html,2014-03-30.

③ 新华网. 中共中央 国务院关于全面深化新时代教师队伍建设改革的意见[EB/OL]. http://www.xinhuanet.com/politics/2018-01/31/c_1122349513.htm,2018-01-31.

④ 新华网. 立德树人,习近平这样阐释教育的根本任务[EB/OL]. http://www.xinhuanet.com/politics/xxjxs/2019-03/18/c_1124247058.htm,2019-03-18.

⑤ 同上。

设和管理各领域、各方面、各环节,做到以树人为核心、以立德为根本。①

2018年9月,习近平总书记在全国教育大会上发表重要讲话,全面总结了党的十八大以来我国在教育改革中涌现出的各种新理念与新观点。在谈到"培养什么人、怎样培养人、为谁培养人"的问题时,习近平总书记强调:要坚持把立德树人作为根本任务,要在加强品德修养上下功夫,教育引导学生培育和践行社会主义核心价值观,踏踏实实修好品德,成为有大爱大德大情怀的人;要把立德树人融入思想道德教育、文化知识教育、社会实践教育各环节,贯穿基础教育、职业教育、高等教育各领域,学科体系、教学体系、教材体系、管理体系要围绕这个目标来设计,教师要围绕这个目标来教,学生要围绕这个目标来学。②

习近平总书记的系列重要讲话充分体现了党中央、国务院对教育事业的重视,不仅为未来教育发展指出了方向,更为新时期我国教育改革尤其是教材建设明确了重点。可以说,自党的十八大以来,党和政府关于培育和践行核心价值观的指导方针和基本政策始终明确,国家领导人也多次重申价值观对学生的引领作用,这些都为本研究提供了指导思想和政策依据。

二、与思政课程同向同行、全员全程全方位育人

2019年3月,习近平总书记在学校思想政治理论课教师座谈会上强调:思想政治理论课是落实立德树人根本任务的关键课程,青少年阶段是人生的"拔节孕穗期",最需要精心引导和栽培,思政课教师要给学生心灵埋下真善美的种子,引导学生扣好人生第一粒扣子,教育学生立鸿鹄志、做奋斗者;要坚持价值性和知识性相统一,寓价值观引导于知识传授之中,坚持显性教育和隐性教育相统一,挖掘其他课程和教学方式中蕴含的思想政治教育资源,实现全员全程全方位育人。③

为了落实上述要求,2019年10月,教育部发布《关于深化本科教育教学改革 全面提高人才培养质量的意见》,要求把课程思政建设作为落实立德树人根本任务的关键环节,把思想政治教育贯穿人才培养全过程,坚持用习近平新时代中国特色社会主义思想铸魂育人,充分发掘各类课程和教学方式中蕴含的思想政治教育资

---

① 新华网. 立德树人,习近平这样阐释教育的根本任务[EB/OL]. http://www.xinhuanet.com/politics/xxjxs/2019-03/18/c_1124247058.htm, 2019-03-18.

② 新华网. 习近平:坚持中国特色社会主义教育发展道路,培养德智体美劳全面发展的社会主义建设者和接班人[EB/OL]. http://www.xinhuanet.com/politics/leaders/2018-09/10/c_1123408400.htm, 2018-09-10.

③ 新华网. 习近平主持召开学校思想政治理论课教师座谈会[EB/OL]. http://www.xinhuanet.com/politics/2019-03/18/c_1124248228.htm, 2019-03-18.

源,建成一批课程思政示范高校,推出一批课程思政示范课程,选树一批课程思政优秀教师,建设一批课程思政教学研究示范中心,引领带动全员全过程全方位育人;重视教材建设,推动高水平教材编写使用,落实高校在教材建设中的主体责任,健全教材管理体制机制,明确教材工作部门,充分发挥教材育人功能。①

2020年5月,教育部印发《高等学校课程思政建设指导纲要》,强调要全面推进课程思政建设,寓价值观引导于知识传授和能力培养之中,帮助学生塑造正确的价值观,这是人才培养的应有之义,更是必备内容;要让所有高校、所有教师、所有课程都承担好育人责任,守好一段渠、种好责任田,使各类课程与思政课程同向同行,构建全员全程全方位育人大格局;课程思政建设内容紧紧围绕坚定学生理想信念,围绕政治认同、家国情怀、文化素养、宪法法治意识、道德修养等重点优化课程思政内容供给,系统进行中国特色社会主义和中国梦教育、社会主义核心价值观教育、法治教育、劳动教育、心理健康教育、中华优秀传统文化教育,引导学生把国家、社会、公民的价值要求融为一体,提高个人的爱国、敬业、诚信、友善修养,自觉把小我融入大我,不断追求国家的富强、民主、文明、和谐和社会的自由、平等、公正、法治。②

从狠抓各级各类学校的思想政治课程到各类学校课程与思想政治课程同向同行,"把握立德树人之主旋律、强调教育教学的价值引领"这一本质内核始终没有改变。当下,价值观融入大、中、小学教材已成为我国教育界的重要议题和热点课题,专家学者一致认为教材应始终把握全方位育人的功能,牢牢占据"熏陶学生心灵、铸就学生灵魂"之主渠道、主阵地的地位。正如教育部教材局局长田慧生所言,教材体现国家意志,是铸魂工程,发挥着引导学生立德成才的功能,因此要牢牢把握教材建设的政治方向和价值导向,增强教材育人功能。③ 在这一大背景下,分析教材中的价值观问题不仅重要而且必要。

---

① 中华人民共和国教育部. 教育部发布《关于深化本科教育教学改革 全面提高人才培养质量的意见》[EB/OL]. http://www.moe.gov.cn/srcsite/A08/s7056/201910/t20191011_402759.html?from=timeline,2019-10-12.

② 中华人民共和国教育部. 关于印发《高等学校课程思政建设指导纲要》的通知[EB/OL]. http://www.moe.gov.cn/srcsite/A08/s7056/202006/t20200603_462437.html,2020-06-05.

③ 田慧生. 推进新时代教材建设,发挥好教材育人作用[N]. 中国教育报,2020年10月19日第2版.

第二节　研究综述[①]

笔者通过查阅国内外有关教材价值观研究方面的著作,以及通过以"教材(教科书)价值观""教材(教科书)与价值观"等为关键词,在国外主流期刊数据库与国内的核心期刊数据库、硕博学位论文数据库进行检索,并对检索到的结果进行仔细梳理与深入分析后发现:从历时层面来看,教材价值观研究始于20世纪60年代,经历了形成期、起步发展期、快速发展期、多元发展期等阶段;从共时层面来看,每个时期的研究有着不同的侧重点,并呈现出多层次、多格局等特点。

一、形成期与起步发展期:20世纪60—70年代

1962年,美国学者谢弗(J. Schaefer)对美国学校近百本教材进行了研究,发现这些教材刻意宣扬了社会的各种优越性,淡化了社会诸多问题,教材中"展现的世界是一个几乎没有社会冲突的宁静幸福的世界,并告诉学生他们一定会从政治制度中受益"[②]。谢弗的研究不再把教材看作是单纯的知识传播媒介,开始挖掘教材的政治意义,这标志着教材价值观研究的形成。

20世纪70年代起,教材价值观研究进入起步发展期,相关研究开始增多。法国社会学家皮埃尔·布尔迪厄(Pierre Bourdieu)和J. -C. 帕斯隆(Jean-Claude Passeron)在其著作《继承人:学生与文化》《教育、社会和文化中的再生产》中,从文化再生产理论出发,指出教材是"霸权课程"最重要的载体,其承载了统治阶级的合法"文化资本",并以一种合法化的方式向学生传输统治阶级的文化。[③] 由英国课程专家麦克·F. D. 扬(Michael F. D. Young)主编出版的《知识和控制:教育社会学的新方向》一书开始把研究者的视野集中在课程(学校教材)知识的控制、管理、权力分配等问题上,课程知识被看成是社会控制的手段之一。麦

---

① 作为课题结题成果之一,本节部分内容已发表在《现代基础教育研究》2020年第4期。
② 转引自:黄育馥. 人与社会:社会化问题在美国 [M]. 沈阳:辽宁人民出版社,1986:156.
③ 俞明雅. 文化取向的语文教科书研究:现状回视与问题检视 [J]. 当代教育与文化,2016,8(4):52-57.

克·F. D. 扬提出，只有反映了社会优势团体或统治阶层利益的知识才会被选进教材，这导致了课程知识的差异化和阶层化。① 布尔迪厄的"文化—权力"关系论以及扬的"知识－控制"关系论让教材价值观研究吸引了更多人的关注。

与布尔迪厄和扬等人在宏观层面的研究相比，作为从意识形态角度剖析课程的代表——美国课程批判专家艾普尔（M. W. Apple）从微观着手，通过对社会科学（social studies）教材内容进行案例分析，揭示了体现统治阶级利益的霸权和权力在教材知识选择中的重要作用。同时，教材对种族、失业、贫富差距、枪击等问题的规避淡化了社会冲突与对立，渲染出秩序良好、高度理想化的社会现实。② 另外，艾普尔还建立起一个囊括了"谁"（谁的知识、由谁选择）、"为什么"（为什么这样选择）、"怎样"（怎样呈现这些被选的知识）等九个维度的教材意识形态分析框架。③ 该框架对后来各国学者分析不同学段、不同学科的教材起到了很大的帮助。

安荣（J. Anyon）通过对美国中学历史教材中不同社会群体出现的次数、其担当的社会功能等分析，认为只有在社会上占主流或统治地位的群体的观点才会被选进教材，美国中学历史教材折射出的是统治集团的利益和价值观，反映了国家对价值观的控制。④ 安荣、艾普尔等人的成果为后来的教材价值观微观研究提供了重要启示。

20世纪70年代还见证了教材性别研究的发展。⑤ 例如，特雷科（J. L. Trecker）⑥ 对美国高中历史教材进行了分析，得出了这些教材中带有性别偏见的结论，如女性附属于男性、女性对历史影响甚微等。欧唐奈（R. W. O'Donnell）对美国40余种小学社会科学教材进行分析后也得出了类似的结论（如女性从事服务性职业或留在家里相夫教子，男性声望大、收入高、责任心强等性别偏见）。⑦

总而言之，20世纪70年代的研究者以来自欧美国家为主，他们的研究成果影响至今，对当今学者分析学校教材中的价值观有着重要参考价值，例如基于教材分析框架进行研究，要重点关注教材中有哪些人物和社会团体，哪些人物和团体被塑

---

① Young, Michael F. D. (1971). An Approach to the Study of Curricula as Socially Organized Knowledge. In Michael F. D. Young (Ed.), Knowledge and Control: New Directions for the Sociology of Education (pp. 19 – 46). London: Collier-Macmillan Publishers.

② Apple, M. W. (1971). The Hidden Curriculum and the Nature of Conflict. Interchange, 2 (4), 27 – 40.

③ Apple, M. W. (1976). Making Curriculum Problematic. The Review of Education, 2 (1), 52 – 68.

④ Anyon, J. (1979). Ideology and Unites States History Textbook. Harvard Educational Review, 49 (3), 361 – 386.

⑤ 据学者曾天山的研究，西方学者在20世纪40年代便已开始了教材性别研究。

⑥ Trecker, J. L. (1973). Women in US History High School Textbooks. International Review of Education, 19 (1), 133 – 139.

⑦ 转引自：曾天山. 论教材文化中的性别偏见 [J]. 西北师大学报（社会科学版），1995 (4): 34 – 39.

造成主流、哪些被忽略，教材中发生的重要事件有哪些、体现了谁的利益等。

二、快速发展期：20世纪80—90年代

从20世纪80年代起，教材价值观研究的内容开始朝深层次发展，研究对象更多样，研究队伍也逐渐壮大，这标志着该领域进入了快速发展期。

在该阶段，教材性别研究得到了进一步充实，西方不同国家学者陆续对这一问题进行了深挖。例如，凯莉和倪伦（G. P. Kelly & A. S. Nihlen）对教材性别歧视问题作了专门讨论，认为美国学校教材把"女性弱于男性"塑造成理所当然的事，这加重了社会生活中女性地位低下的现象。① 还有一些研究对不同国家教材中的性别问题进行了深入比较。例如，邓马珂（F. L. Denmark）比较了法国、西班牙、瑞典、苏联、罗马尼亚五国的一年级教材，发现了由于文化背景不同而形成的性别偏见差异问题：除瑞典外，其他国家的教材中男性数均多于女性数，把男性塑造成非家庭角色的国家要远多于把男性塑造成家庭角色的国家。②

除研究内容朝纵深发展外，该阶段的研究对象也开始扩大到不同学科教材。例如，司立特和葛蓝特（C. E. Sleeter & C. A. Grant）对1980—1988年美国一至八年级的社会、阅读与语言艺术、科学、数学共四门学科的教材（47本）从配图、主题、人物、语言、故事线、综合分析等六个维度进行了探究，揭示了教材中传递的特定种族观、阶级观及性别观：与对白人、男性、中产阶级等浓墨重彩的描述相比，教材对有色人种、女性（尤其是有色人种女性）、穷人、残疾人的叙述只是轻描淡写。③ 此时，虽然被分析的学科群在扩大，但针对文科教材的研究一直占据着绝对主导的地位。

随着西方学者的研究成果不断增多，其影响力开始蔓延到世界各地，越来越多的人加入教材价值观研究的阵营中，这让研究队伍得到了充实。

在国外已有研究的基础上，20世纪80年代，我国台湾地区的学者开始关注教材价值观问题，代表人物有陈伯璋和欧用生等。陈伯璋从社会分工、政治权力的运作与分配、文化资本等角度分析了教材知识的意识形态性质，即教材知识反映了既

---

① Kelly, G. P. & Nihlen, A. S. (1982). Schooling and the Reproduction of Patriarchy: Unequal Workloads, Unequal Rewards. In M. W. Apple (Ed.), Cultural and Economic Reproduction in Education (pp. 78 – 82), London: Routledge & Kegan Paul.
② 曾天山. 论教材文化中的性别偏见[J]. 西北师大学报（社会科学版），1995（4）：34 – 39.
③ Sleeter, C. E. & Grant, C. A. (1991). Race, Class, Gender, and Disability in Current Textbook. In M. W. Apple & L. K. Christian-Smith (Eds.), The Politics of the Textbook (pp. 78 – 110). New York: Routledge, Chapman & Hall.

得利益者的价值观,包含价值冲突与对立,受社会权力结构与国家的控制。① 欧用生对台湾小学的生活与伦理、社会两门学科的教材进行了研究,总结出教材中出现的高频价值观包括传统导向、领袖崇拜、我族中心等的结论,认为教材的设计和内涵不利于价值观的发展和建立。② 此外,他还探讨了教材中的性别问题,认为和西方许多的教材一样,台湾小学的社会学科教材带有浓厚的性别意识形态,女性在教材中不是被忽视就是被省略,而且男女角色具有严格的刻板化形象。③ 可以说,台湾学者的这些研究在本质上是对西方已有成果的本土化创新。

我国大陆学者对教材价值观的研究比台湾地区起步稍晚,大致始于20世纪90年代中后期,代表人物有吴康宁、吴永军等。吴康宁认为教材是价值观念的载体,并提出了"课程的价值认可"与"课程的价值赋予"两个概念。"课程的价值认可"指社会统治阶层对现存的各种学科知识进行价值选择,将符合其价值取向的学科知识纳入学校课程体系,从而确定各种教学科目及其具体内容;"课程的价值赋予"指向课程内容"注入"特定的价值信息,从而使课程内容具有相应的观念倾向。④ 吴康宁等人通过统计重点人物的比重、性别、时期、身份等差异,比较了"文革"前与"文革"后两套初中历史教材中的历史人物,用实际例子诠释了教材何以成为潜移默化式思想政治教育的媒介以及学科知识何以成为观念载体。⑤ 吴永军以"2(人物类、目标类)×2(整套、片段)×3(纵向、横向、点分析)矩阵"作为教材价值观分析框架,对中华人民共和国成立以来的三套初中历史教材进行了分析,认为这些教材传递出的价值观包括皇权崇拜、官本位、尊重知识与人才,忽视了诸如工商人士及少数民族在内的部分群体等。⑥ 他还通过自拟的价值观分析类目量表,从包括选文依据、文章体裁、作者、编排等的外在价值观以及包括政治观、道德观等的内在价值观全面比较了内地与香港地区的初中语文教材价值观。⑦ 吴康宁和吴永军的研究成果不仅为年轻学者作出了引领,更为后者在该研究领域的前行打下了坚实基础。

---

① 陈伯璋. 意识形态与教育 [M]. 台北:师大书苑出版社,1988:5-8.
② 陈伯璋. 意识形态与教育 [M]. 台北:师大书苑出版社,1988:245-252.
③ 陈伯璋. 意识形态与教育 [M]. 台北:师大书苑出版社,1988:268.
④ 吴康宁. 教育社会学 [M]. 北京:人民教育出版社,1998:317.
⑤ 吴康宁. 教育社会学 [M]. 北京:人民教育出版社,1998:318-320.
⑥ 吴永军. 课程社会学 [M]. 南京:南京师范大学出版社,1999:171-178.
⑦ 吴永军. 课程社会学 [M]. 南京:南京师范大学出版社,1999:178-199.

三、多元发展期：21世纪至今

进入21世纪后，欧美以外的国家和地区的研究者大量涌入，让研究规模持续攀升，不仅研究对象更广、研究队伍更多元，研究内容在深度和广度上也有了显著提升。在我国，以"教材（教科书）价值观"为主题的硕博学位论文数量日渐增长，内地学者对教材价值观的研究有如雨后春笋般涌现。新的格局标志着该领域进入了多元发展阶段。

这一时期，传统的针对语文、历史、社会等学科教材的价值观研究保持了一如既往的增长势头，研究成果数量持续增加。例如，借助自建的分析框架作为研究工具，通过定性与定量相结合的研究方法，傅建明[1]和何文胜[2]分别对人教版小学和初中语文教材中的价值观及其呈现方式进行了分析，陈银心剖析了马来西亚中学华文教材中的价值观及其呈现方式。[3] 阿凯马克（G. Akkaymak）探讨了土耳其小学四、五年级社会科教材受新自由主义思想的影响程度。[4] 萨瓦赛德和沃提普卡（S. Sarvarzade & C. M. Wotipka）论述了阿富汗小学语文教材中的性别呈现问题。[5] 佐伊道兄弟（J. Zajda & R. Zajda）[6]和阿卜道（E. D. Abdou）[7] 则分别阐述了俄罗斯和埃及历史教材中传递的诸如爱国主义、国家身份或宗教偏见等价值观问题。

在这些研究的基础上，针对英语、政治、经济等其他文科类教材的价值观研究陆续出现。例如，张园园通过自建的分析框架对人教版初中英语教材的教学目标、话题、对话与阅读文章、插图、人物等进行了价值观文本分析，并提出了教学建议。[8] 严瑾把对初中和高中政治教材的考察、理论分析、中学政治教学现状的反思和对策的探寻等相结合，在深入探究价值观与中学政治教材的有机结合这一问题上

---

[1] 傅建明. 我国小学语文教科书价值取向研究[D]. 上海：华东师范大学，2002：Ⅰ-Ⅳ.
[2] 何文胜. 人民教育出版社初中语文教科书的价值取向研究[J]. 陕西师范大学学报（哲学社会科学版），2008，37（S1）：156-162.
[3] 陈银心. 马来西亚国民中学初中华文教材中的价值观研究[D]. 武汉：华中师范大学，2012：Ⅰ.
[4] Akkaymak, G. (2015). Neoliberal Ideology in Primary School Social Studies Textbooks in Turkey. Journal for Critical Education Policy Studies, 12 (3), 282-308.
[5] Sarvarzade, S. & Wotipka, C. M. (2017). The Rise, Removal, and Return of Women: Gender Representations in Primary-Level Textbooks in Afghanistan. Comparative Education, 53 (4), 578-599.
[6] Zajda, J., & Zajda, R. (2012). Globalisation, Ideology and the Politics of History School Textbooks: Russia. Education and Society, 30 (3), 67-78.
[7] Abdou, E. D. (2016). "Confused by Multiple Deities, Ancient Egyptians Embraced Monotheism": Analysing Historical Thinking and Inclusion in Egyptian History Textbooks. Journal of Curriculum Studies, 48 (2), 226-251.
[8] 张园园. 初中英语教科书价值取向分析[D]. 杭州：杭州师范大学，2015：Ⅱ.

提出了自己的见解。① 维纳勒和茜恩（K. Vinall & J. Shin）论述了韩国初中英语教材中民族化（nationalisation）与国际化（internationalisation）的平衡这一价值观问题。② 霍尔特等人（G. F. Gorter, H. T. A. Amsing & J. J. H. Dekker）则对荷兰的中学经济科教材中的相关价值观问题进行了阐述。③

值得一提的是，此阶段国内还涌现出了小部分针对化学、地理等理科教材的价值观研究。例如，赵丽峰通过分析人教版高中地理教材的编写指导思想与依据、内容结构和构成、栏目设置、课文等探讨了高中地理教材中的价值观。④ 吴莉莉以人教版和山东科技版的高中化学必修教材为对象，分析了两版教材在价值观渗透方面的差异。⑤ 虽然文理有别，但文、理两类教材价值观研究多元共存的局面无疑扩充了该领域研究对象的范围。

就具体内容而言，此阶段的研究不管是在深度还是广度上都有了长足进步。在深度上，不少学者把教材中蕴含的部分价值观单独提取出来进行探讨。例如，李真聚焦于"中西文化"价值观，以人教版高中英语教材的选文内容作为文本，讨论了中、西文化价值观在该套教材选文中的分布是否合理。⑥ 贺子玲以人教版小学、初中和高中语文教材为对象，分析了教材中体现"孝文化"价值观选文的编排、内容、课后习题以及教学过程等。⑦ 逢超以人教版八套小学语文教材为对象，对其所蕴含的"和谐文化"价值观进行了文本剖析。⑧ 上述研究的一个共性是都借助了定性分析和定量统计相结合的方法，通过自编或他编的分析框架进行阐述。

除此之外，对比不同版本或不同国家与地区教材的价值观研究数量在该阶段也较以往有了提升，这说明研究的广度得到了拓展。例如，刘飞对比了人民教育出版社 1951 年版和 2001 年版小学语文教材，深入细致地分析了我国小学语文教材中的价值观分布特点及其发展变化，并就教材价值观如何体现社会的发展需求给出了建

---

① 严瑾. 社会主义核心价值观融入中学思想政治教材的思考［D］. 开封：河南大学，2016：Ⅱ.
② Vinall, K. & Shin, J.（2019）. The Construction of the Tourist Gaze in English Textbooks in South Korea： Exploring the Tensions Between Internationalisation and Nationalisation. Language, Culture and Curriculum, 32（2），173-190.
③ Gorter, G. F., Amsing H. T. A. & Dekker J. J. H.（2016）. Dutch Economic Textbooks in the 1970s： Raising the Status of a New Secondary School Type by Means of Mathematical Abstraction. Journal of Educational Media, Memory and Society, 8（2），83-106.
④ 赵丽峰. 高中人文地理教科书价值取向的比较研究［D］. 临汾：山西师范大学，2013：Ⅲ-Ⅳ.
⑤ 吴莉莉. 两版高中化学必修教科书中实验教材价值取向的比较研究［D］. 沈阳：沈阳师范大学，2013：Ⅰ.
⑥ 李真. 人教版高中英语教材的文化价值观研究［D］. 西安：陕西师范大学，2017：Ⅰ-Ⅱ.
⑦ 贺子玲. 人教版语文教材"孝文化"选文研究［D］. 大连：辽宁师范大学，2017：Ⅰ.
⑧ 逢超. 八套小学语文教科书和谐文化取向研究［D］. 金华：浙江师范大学，2013：Ⅰ-Ⅱ.

议。① 马阳先通过定性的方法,对北师大版和译林版牛津高中英语教材必修模块阅读材料中的文化价值观因素进行了对比,然后将阅读材料的主题分类,用定量的方法计算出各种文化所占比例,最后对文化价值观教学和教材修订提出了建议。②

在不同国家与地区的教材对比方面,吴张侨采用内容分析法和批评性语篇分析法,在对中美两本高级汉语教材中的价值观内容进行定量与定性相结合的实证研究后发现:美国的高级汉语教材全面传播了美国或西方所代表的价值观,而中国本土高级汉语教材的价值观传播力度不够。③ 王燕娜辨析了我国大陆和台湾地区小学语文教材的选文在体裁年代、场域文化、性别角色以及主题特色共四个方面呈现出来的价值观,并就存在的问题提出了完善设想。④ 克劳福德(K. Crawford)就二战期间美国在日本广岛投掷原子弹这一历史事件,比较了美国和日本学校的历史教材在构建国家记忆(construction of national memory)方面的异同。⑤ 上述成果加大了教材价值观研究从单一的静态描述转型为交叉的动态对比的步伐,这也是该领域今后的研究趋势之一。

四、对已有研究的述评

20世纪40—70年代的教材价值观研究经历了"从相关理论的提出,到分析框架的构建,再到将框架运用于实际"这样一个由宏观向微观的转型,但此阶段的研究者以来自欧美国家为主;到了20世纪80—90年代,教材价值观研究在内容上开始朝深层次发展,研究对象主要以文科教材为主,来自我国台湾地区和大陆学者的研究实现了对西方已有成果的本土化创新;进入21世纪以来,文、理两类教材价值观研究并存的局面扩充了研究对象的范围,来自中东、非洲、东亚等欧美以外国家和地区研究者的大量涌入让研究队伍更多元,而研究内容不管在深度上还是广度上亦有了显著提升。

国内外六十余年来的教材价值观研究经历了从理论到实践、从宏观到微观、从单一静态到交叉对比的过程,呈现出多层次、多格局、纵横交错的特点,教材价值观研究已取得的这些成果对未来该领域研究的框架的构建、方法的选择、路径的确

---

① 刘飞. 小学语文教科书价值取向的比较研究[D]. 开封:河南大学,2012:Ⅰ-Ⅱ.
② 马阳. 译林版牛津与北师大版高中英语教材文化导向对比分析[D]. 南京:南京师范大学,2014:Ⅰ.
③ 吴张侨. 中美汉语教材中价值观因素的对比分析[D]. 上海:上海外国语大学,2018:Ⅰ.
④ 王燕娜. 大陆与台湾小学语文教科书选文的价值取向比较研究[D]. 苏州:苏州大学,2016:Ⅰ.
⑤ Crawford, K. (2003). Re-Visiting Hiroshima: The Role of US and Japanese History Textbooks in the Construction of National Memory. Asia Pacific Education Review, 4(1), 108-117.

立等都有着一定的借鉴价值，但其不足之处也显而易见。第一，国内外教材价值观研究仍比较零散，其系统性有待加强；第二，全面比较大、中、小学同一学段不同版本的外语教材中的价值观研究还未发现。尽管如此，由于研究教材中的价值观问题对落实立德树人之任务、熏陶学生之心灵起着非常重要的作用，可以预见，该领域尚存较大发展空间，今后有关的研究会呈进一步扩大态势。

第三节　理论基础

教材中蕴含丰富的价值观，教师在教学中需充分挖掘这些资源，充分发挥教材的价值引领作用，帮助学生树立起正确的价值观，这得到了不同理论观点的支撑。

一、语言教材评价观

国际著名语言教材评估与发展专家艾伦·坎宁斯沃思（A. Cunningsworth）系统阐述了语言教材评价的原则、类型、内容和方式等，提出了著名的囊括了教材的目标与途径（aims and approaches）、设计与结构（design and organization）、语言内容（language content）、语言能力（skills）、主题（topic）、方法论（methodology）、教师用书（teachers' book）和实用性（practical consideration）等在内的八维度教材评价标准。在评价教材的"主题"时，他认为要看教材是否呈现了社会、文化、价值观等方面的内容，因为教材不可能保持中立，总是或隐性或显性地反映社会秩序的观点和表达一套价值观体系。在坎宁斯沃思看来，潜在的价值观体系并未在教材中被明确陈述出来，因此有必要审视教材的细节，以便把那些隐晦的、未被陈述的价值观挖掘出来。虽然这不同于语言知识，但和语言知识同等重要，因为教材中的价值观体系不仅会影响学生对教材内容的感知和态度，也会影响到他们的英语学习。[①]

坎宁斯沃思的上述观点为本研究提供了理论基础。正如前文所述，"教材体现

[①] Cunningsworth, A. (1995). Choosing Your Coursebook. Shanghai: Shanghai Foreign Language Education Press, 90.

国家意志，是铸魂工程"。教材的内容是否与时代合拍，是否与学生的现实生活合拍，是否兼顾中华文化与国外文化，所反映的思想价值是否具有普遍意义，是否符合我国的主流价值观，这些都是一套教材成功与否的衡量因素，也是教材编制者在设计和选择内容时应该重点考虑的问题。① 通过分析教材所蕴含的价值观资源，充分挖掘教材的育人作用，能更好地服务于立德树人任务的落实。

二、隐性课程理论

隐性课程（hidden curriculum）这一概念虽然最早由美国学者杰克逊（P. Jackson）于1968年在其著作《课堂中的生活》中明确提出，但关于隐性课程的研究却早在20世纪初杜威的"附带学习"（collateral learning）、克伯屈的"伴随学习"（concomitant learning）和"副学习"（associate learning）中就已有所涉及，概指学习过程中自发的或自然而然产生的态度、情感、价值等。隐性课程的提出后来引起了课程研究者的极大兴趣，在美国逐渐形成了关于隐性课程研究的不同流派，其中有一个流派认为：那些隐藏或渗透在学校组织机构、学生能力分组、课程实施方式及具体知识内容中的代表着不同社会阶层利益的道德规范、行为准则、价值观念等综合起来就构成了隐性课程。②

英语教材不仅呈现语言知识和文化，同时还传递出一定的情感、态度和价值观。隐性课程理论告诉我们，要善于发掘英语教材中隐含的丰富资源。英语教材都经过了教育部门的严格筛选，其内容都是积极向上的，教材中很多文章体现的是一种追求上进、不断拼搏的精神和助人为乐、团结友爱的和谐氛围，以及对国家、社会的无比热爱等，这些都是塑造社会主义核心价值观所必备的德育资源。③ 因此，有必要通过挖掘教材中有助于弘扬社会正能量及提升学生品格、品行、品位的价值观体系，以此熏陶学生的心灵，引导他们树立正确的观念。

---

① 王玉云. 初中英语教材知识体系构建研究 [D]. 重庆：西南大学，2008：119.
② 史光孝. 外语隐性课程的审视与思考 [J]. 外语电化教学，2010（3）：30-33.
③ 尼格尔·买买提依明. 高校英语"隐性课程"对英语学习效能的激励与消解 [J]. 新疆师范大学学报（哲学社会科学版），2014，35（6）：128-132.

第四节　研究目标、研究价值与创新之处

一、研究目标

为把党的十八大关于立德树人的要求落到实处，更好地促进各级各类学校学生全面发展，教育部明确提出要构建大、中、小学有效衔接的教材体系，推动价值观进教材、进课堂。基于此，本研究通过对我国英语教材中的价值观问题进行研究，以期达到以下目标：

第一，揭示我国大、中、小学英语教材中的价值观内容及其呈现方式；比较我国同一学段不同版本的英语教材在价值观类别与频次、价值观分布规律与特征、价值观呈现方式等方面的异同，明晰其中的优势与不足。

第二，针对发现的问题，从英语教材编纂者、英语教师、教学资源等角度提出建议，以通过英语教材、英语教学更好地落实立德树人之根本任务。

二、研究价值

（一）理论价值

在国家大力倡导培育和践行核心价值观的大背景下，迫切需要学术界对学校教材中的价值观问题进行全面、系统的分析。本研究内容涉及教育学、心理学等不同学科，以宏观梳理加微观聚焦相结合的方式剖析价值观及其呈现方式在我国大、中、小学英语教材中的类别、频次、分布规律与特征等，并对教材中价值观内容的安排和教师开展价值观教学提出建议，这无论是对外语教材研究、外语教学研究中相关理论的印证，还是对大、中、小学德育研究的丰富都大有裨益。同时，本研究得出的成果也能充实国内外学术界在教材价值观研究方面已有的研究结论，并能为后续探究打下基础。

（二）应用价值

本研究的应用价值体现在：第一，为国家教育行政部门在制定和颁布相关政策

时提供决策咨询，使我国的英语教材建设更具成效；第二，为我国英语教材的编写部门提供实践支持，使价值观在英语教材中的渗透更科学合理；第三，为我国一线英语教师提供课程与教学建议，帮助其全面挖掘教材中的价值观内容，从而更合理有效地做到寓价值观引导于知识传授之中，实现全程全方位育人；第四，为英语教材研究部门提供研究参考，与英语教材研究的专家学者分享最新的研究成果，拓展彼此间的交流；第五，为国内其他研究领域的人士了解英语教材提供平台，深化其对英语教材的认识。

三、创新之处

本研究的创新之处在于研究内容的系统性、完整性与研究结论的充分性。相比于该领域已有的零星分散的研究，通过系统分析我国大、中、小学不同学段的英语教材，本研究获得的数据将更完整地反映我国英语教材中的价值观内容及其分布情况，得出的研究结论也更充分、更有说服力。目前国内还未有全面比较大、中、小学同一学段不同版本的英语教材在价值观呈现方面的研究，因此该领域存在广阔的发展空间和客观的实践需求。

第五节　研究设计

一、研究问题

本研究致力于回答以下几个问题：第一，我国大、中、小学英语教材中蕴含了哪些价值观，不同教材之间有何区别？第二，我国大、中、小学英语教材通过哪些方式呈现价值观，不同教材之间有何区别？第三，根据发现的问题可以提出哪些建议？

二、研究对象

由于时间和精力有限，对我国大、中、小学所有英语教材逐一进行分析不具有现实性。秉持"通过分析典型了解整体"的逻辑，本研究通过对有代表性的主流英语教材进行剖析，力图借助缩影折射出全貌。在经过广泛筛选和比较后，由人民教育出版社及北京师范大学出版社分别出版的三年级起点小学英语教材、高中英语教材被选定为中小学英语教材价值观研究的对象，由上海外语教育出版社出版的高校英语专业本科生教材《综合教程》以及由高等教育出版社出版的高职高专英语专业教材《英语综合教程》被选定为高校英语教材价值观研究的对象（具体原因参见正文中的有关说明）。

三、研究工具

本研究以自拟的"英语教材价值观分析框架"为研究工具，该框架的制定经历了以下过程。

（一）拟定一级类目

教育以人为本，以人为本的教育理念体现在学校的课程、教学、管理等方方面面。课程以人为本意味着课程以学生的个体发展为出发点和归宿。从马克思主义人学理论来看，人作为自然、社会及有意识（特别是自我意识）的存在物，人要获得和谐发展所必须解决的所有问题可以归为人与自然、人与社会、人与自我之间关系的问题。[①] 一些学者在继承了马克思主义这一观点的基础上提出了自己的见解。例如，复旦大学教授张旭曙把"人与自我、人与社会、人与自然"看成是三个"始源问题"；[②] 河海大学教授单连春认为，人的实践关系网络大致可以概括为人与自然的关系、人与社会的关系、人与自我的关系，这三种关系分别以其特殊的功能满足人的生存与发展要求；[③] 与上述两位学者类似，还有学者提出，人的任何活动都是人与世界的关系，这种关系从总体上可以被划分为人与自然的关系、人与社会的关系和人与自我的关系。[④]

不仅如此，"人与自然、人与社会、人与自我"的三维划分模式还被不少学者借鉴到其他研究领域并因此诞生了新的理论成果。正如有学者阐述的那样，虽然世界上不同国家的核心素养体系内容有所差异，但是它们大都是以人与自然、人与社会、人

[①] 王毅. 马克思主义人学理论视角下的和谐个体探析 [J]. 学术探索, 2012 (2): 11-13.
[②] 张旭曙. 当代中国人的诗意生存论 [J]. 山东社会科学, 2016 (7): 101-105.
[③] 单连春. 论人生境界的实践形态 [J]. 理论探讨, 2006 (6): 60-62.
[④] 刘念, 张卫锋, 范承亮. 可持续发展必须以"人本"为本 [J]. 湘潭大学社会科学学报, 2000 (S1): 78-80.

与自我三个维度为本质核心。① 还有学者把人与自我、人与社会、人与自然看成是人的三种属性，据此把知识分为人文科学、社会科学、自然科学三个子体系。②

"人与自我、人与社会、人与自然"这一划分模式在接受上的广泛性以及在使用上的普适性，使得其被越来越多地应用于不同领域。在我国的中小学校，一些学科课程如语文、英语等便采用了这一划分模式。以英语为例，英语课程标准把英语课程涵盖的所有主题分为人与自我、人与社会和人与自然三大类，每一大类下细分为2～4个数量不等的小类，其内容涉及人文社会科学和自然科学领域，这些主题不仅规约着语言知识和文化知识的学习范围，还为语言学习提供意义语境，并有机渗透情感、态度和价值观。③ 对于高校英语课程而言，基于马克思主义人学理论的观点，"以人为本"的理念同样要求课程要引导学生解决好人与自然、人与社会、人与自我之间关系的问题。综合上述所言，本研究将分析框架的一级类目设为"人与自我""人与社会""人与自然"。

（二）拟定二级类目

德育与价值观教育密不可分。有学者明确指出，"德育就是一种价值观教育"④。在一级类目下划分二级类目时，本研究充分参考了我国在学校德育方面的有关要求。

为深入贯彻落实立德树人根本任务，加强对学生德育工作的指导，努力形成全员育人、全程育人、全方位育人的德育工作格局，教育部于2017年印发了《中小学德育工作指南》（以下简称《指南》）。《指南》要求，要始终坚持育人为本、德育为先，大力培育和践行社会主义核心价值观，以培养学生良好思想品德和健全人格为根本，以促进学生形成良好行为习惯为重点。⑤《指南》针对不同学段设定了不同的目标，本研究以这些目标为依据，在一级类目"人与自我""人与社会""人与自然"下面细分出二级类目（见表1.1）。例如，针对引导学生形成自信、向上、诚实、有责任心、守信、勇敢、友爱、宽容、自尊、自律、乐观等良好品质这一目标，在"人与自我"一级类目下设立"道德与品质"二级类目；针对引导学生保护环境、爱惜资源等这一目标，在"人与自然"一级类目下设立"爱护自然"

---

① 王飞. 核心素养的历史变迁与启示 [J]. 教育探索, 2018 (5): 1-5.
② 陈洪澜. 论知识分类的十大方式 [J]. 科学学研究, 2007 (1): 26-31.
③ 中华人民共和国教育部. 普通高中英语课程标准（2017年版2020年修订）[S]. 北京: 人民教育出版社, 2020: 14-15.
④ 杨辛. 德育: 价值教育还是价值观教育 [J]. 基础教育研究, 2004 (11): 10-11.
⑤ 中华人民共和国教育部. 关于印发《中小学德育工作指南》的通知[EB/OL]. http://www.moe.gov.cn/srcsite/A06/s3325/201709/t20170904_313128.html, 2017-08-17.

二级类目。

表1.1 英语教材价值观分析框架类目

德育目标	一级类目	二级类目
热爱祖国，热爱人民； 爱亲敬长，爱集体，爱家乡，形成自信向上、诚实勇敢、有责任心等良好品质； 理解日常生活的道德规范和文明礼貌，形成诚实守信、友爱宽容、自尊自律、乐观向上等良好品质； 养成热爱劳动、自主自立、意志坚强的生活态度，形成尊重他人、乐于助人、善于合作、勇于创新等良好品质； 具备自主、自立、自强的态度和能力	人与自我	道德与品质
养成良好生活和行为习惯； 掌握促进身心健康发展的途径和方法	人与自我	卫生与健康
了解家乡发展变化； 增强社会责任感	人与社会	经济与社会发展
形成规则意识和民主法治观念； 理解基本的社会规范，树立规则意识、法治观念； 增强民主法治观念	人与社会	政治、法律与社会问题
了解历史常识，了解优秀传统文化； 认同中华文化； 弘扬民族精神； 增强民族自尊心、自信心和自豪感	人与社会	历史与文化
了解生活中的自然常识	人与自然	认识自然
保护环境，爱惜资源； 具备保护生态环境的意识	人与自然	爱护自然

我国2007年出台了《中小学公共安全教育指导纲要》，旨在使广大学生牢固树立"珍爱生命，安全第一"的意识，提高其面临突发安全事件自救自护的应变能力，最大限度地预防安全事故发生和减少安全事件对学生造成的伤害，主要包括预防和应对社会安全、公共卫生、意外伤害、网络与信息安全、自然灾害以及影响学生安全的其他事故或事件等六个模块。① 为了全面深入地推动安全教育工作，促进

---

① 中华人民共和国教育部. 国务院办公厅关于转发教育部中小学公共安全教育指导纲要的通知[EB/OL]. http://www.moe.gov.cn/jyb_xxgk/moe_1777/moe_1778/tnull_27696.html, 2007-02-07.

学生的健康成长，国家把每年3月份最后一周的星期一定为全国中小学生"安全教育日"。基于公共安全教育的重要性，有必要在"人与自我"一级类目下设立"生命与安全"二级类目。

此外，通过引领学生树立审美观念来陶冶他们的高尚情操也是价值观教育的重要部分。正如国务院办公厅2015年印发的《关于全面加强和改进新时代学校美育工作的意见》所指出的那样，"美育是审美教育，也是情操教育和心灵教育，不仅能提升人的审美素养，还能潜移默化地影响人的情感、趣味、气质、胸襟，激励人的精神，温润人的心灵"①。党的十八届三中全会对全面改进美育教学作出了重要部署，国务院对加强学校美育也提出了明确要求。因此，从以美育人的角度出发，在"人与自然"一级类目下设立"自然之美"二级类目。

为了贯彻落实中共中央、国务院《关于进一步加强和改进大学生思想政治教育的意见》和中宣部、教育部《关于进一步加强和改进高等学校思想政治理论课的意见》的有关精神，经中宣部、教育部研究并报中央同意，决定从2006年秋季开学开始，全国普通高校（包括高职高专）在2006级新生中普遍开设"思想道德修养与法律基础"课，并统一使用相关教材。②针对"一些大学生不同程度地存在政治信仰迷茫、理想信念模糊、价值取向扭曲、诚信意识淡薄、社会责任感缺乏、艰苦奋斗精神淡化、团结协作观念较差、心理素质欠佳等问题"，"思想道德修养与法律基础"课通过进行道德教育和法制教育，帮助学生增强法制观念，提高学生思想道德素质，紧紧围绕大学生成长成才过程中所出现的重大问题，重点解决当代大学生的价值取向、理想信念、爱国主义、诚实守信、社会责任感、艰苦奋斗、团结协作和心理健康等方面的问题，更好地引导大学生树立体现中华民族优秀传统和时代精神的价值标准与行为规范。③可见，上述"道德与品质""卫生与健康""经济与社会发展""政治、法律与社会问题""历史与文化"等二级类目价值观的设立对大学生同样适用。

同时，新的背景形势下仍需加强对大学生的生命教育、安全教育等。例如，针对近些年来媒体不断报道的大学生故意伤害他人、虐待动物等漠视生命、无视生命

---

① 中华人民共和国国务院办公厅. 国务院办公厅关于全面加强和改进学校美育工作的意见[EB/OL]. http://www.gov.cn/zhengce/content/2015-09/28/content_10196.htm,2015-09-28.

② 中华人民共和国教育部办公厅. 关于全国普通高校从2006级学生开始普遍开设《思想道德修养与法律基础》课的通知[EB/OL]. http://www.moe.gov.cn/srcsite/A13/moe_772/200606/t20060612_80601.html, 2006-06-12.

③ 《思想理论教育导刊》记者,罗国杰. "马克思主义理论研究和建设工程重点教材"系列访谈之二《思想道德修养与法律基础》教材编写的有关问题——访教材编写组首席专家（召集人）罗国杰教授[J]. 思想理论教育导刊,2006（6）:14-18.

的事件，要通过加强生命教育，引导大学生树立敬畏生命的意识与正确的生命价值观，帮助他们追求生命意义，实现生命的价值。针对卫生应急事件、大学内的校园暴力、大学生沉迷网络或利用网络从事违法活动等现实问题，要通过加强安全教育，引导大学生掌握预防和应对公共卫生事故的相关技能，自觉抵制校园暴力，维护自己和同学的生命安全，树立网络与信息交流中的安全意识，避免迷恋网络带来的危害，不利用网络发送有害信息或进行反动、色情、迷信等内容的宣传活动。最后，具有普遍教育意义的诸如生态环境教育、审美教育、自然科学知识教育等对于包括大学生在内的各个阶段的学生都是不可或缺的。综上所述，"生命与安全""自然之美""爱护自然""认识自然"等二级类目价值观的设立对大学生同样适用。

（三）确定正式分析框架

拟定出二级类目后，以国家对价值观教育的要求为指导，在充分参考已有的教材价值观研究、价值观教育研究等文献的基础上，同时结合对有关专家学者的访谈，在查阅大量的价值观教育、思想道德教育或德育的教材、书籍、百科词典及其他工具书后，明确了每一个二级类目具体涉及的内容及其价值指向，从而最终形成了作为研究工具的"英语教材价值观分析框架"（见表1.2）。

表1.2 英语教材价值观分析框架

类别		内容举例	指向
人与自我价值观	道德与品质	爱国、集体感、责任感、自强不息、团结互助、正义、礼貌、认真、合作分享、自尊、羞耻、孝敬、明智、和气、仁慈、勤劳、勇敢、恭敬、爱惜、宽容、谦虚、信用、敬业、节约、爱护公共设施、以身作则、积极乐观、沉着冷静、自控自律、幽默、多才多艺、遵守规则、拾金不昧……	塑造学生的传统美德与优良品质
	生命与安全	敬畏生命、交通安全、出游安全、生活安全（比如用电、用水、用气）、运动伤害……	增强学生的安全意识及敬畏生命的意识
	卫生与健康	健身、个人卫生、健康饮食、医疗、疾病保健、心理健康、身体健康、积极运动……	提醒学生保持身心健康

续上表

类别		内容举例	指向
人与社会价值观	经济与社会发展	经济发展、社会发展、科技发展、国家建设、富强昌盛……	引导学生参与祖国建设,增强其推进社会进步与经济发展的意识
	政治、法律与社会问题	一国两制、和平共处五项原则、人民代表大会制度、国家安全、法律法治、公正、民主、言论自由、民族平等、社会和谐、人口问题、二胎问题、少子化、老龄化、教育问题、医患问题、性别问题、歧视、战争、犯罪、暴力、霸座、离婚、就业、盗版、侵权、房价、腐败、玩忽职守、贪污、强拆、交通问题、假冒伪劣商品、对科技产品/网络依赖问题、校园问题……	引起学生对社会的关注,培养其对社会问题的思考能力及社会责任感
	历史与文化	交往习俗、代表性食品饮料、首都与国旗、国家标志物、民族文化、古迹、人物事迹、风土人情、音乐、舞蹈、节日、代表性体育运动及体育精神、历史文明、风俗习惯、文学著作、影视、宗教、神话、传说、寓言、语言、文化观念、人文地理……	帮助学生增长见识、扩大视野,引导其体会世界历史文化的多样性,提升其人文素养与历史底蕴
人与自然价值观	自然之美	人物美、景点美、山河美、自然现象美(彩虹、雪景)、建筑美、树木美、花卉美……	引导学生观察、感知、体验、欣赏与热爱自然界万事万物之美
	认识自然	自然地理、气候、宇宙形成与演化、能源(太阳能、风能、水能、海洋能、潮汐能)、地质灾害(旱灾、洪灾、涝灾、雪灾、地震、海啸)、生命现象(生命的产生、物种演变、遗传与变异)、两性生理、科技制作与发明、作物栽培、花卉养护、动物饲养……	使学生认识自然现象、活动及其规律,帮助其保持对自然界的好奇以及培养主动探索的精神
	爱护自然	人类环境问题与治理、人类活动与生态环境变化、现代生产中的环境问题及其解决方法、城乡建设与生态、交通发展与环境保护问题、垃圾分类与处理、臭氧层破坏、冰川消失、气候变暖、厄尔尼诺现象……	呼吁学生珍惜与爱护自然环境

如上表所示，正式的分析框架分为三大主价值观和九项分价值观。三大主价值观由人与自我、人与社会、人与自然构成，每一个主价值观又分别由三项分价值观构成。在分析框架中，"人与自我价值观"包括道德与品质、生命与安全、卫生与健康；"人与社会价值观"包括经济与社会发展，政治、法律与社会问题，历史与文化；"人与自然价值观"包括自然之美、认识自然、爱护自然。对学生而言，每一项分价值观都起着明确的价值引领作用。

四、研究思路与方法

为了获得完整的数据，作为研究对象的大、中、小学英语教材中的课文与练习均被纳入初步的数据收集范围。基于对数据准确性的考虑，本研究在分析文本中心思想及具体内容的基础上，充分借鉴配套教师用书对每个单元所列出的信息介绍，逐一核对每一篇课文或每一道练习是否蕴含"英语教材价值观分析框架"所列出的价值观，把没有体现价值观的课文或练习剔除，对体现了价值观的课文与练习一一标注并分门别类加以统计，确保无遗漏。

为了全面说明教材中的价值观渗透情况，本研究聚焦"呈现了哪些价值观"以及"通过什么方式呈现价值观"这两个核心问题，同时采用频次分析（定量）与内容分析（定性）相结合的研究方法让得出的数据更为详尽、客观。

在阐述"呈现了哪些价值观"时，笔者首先通过频次分析统计出教材课文与练习中所呈现的不同价值观的占比及其走势分布，然后结合具有代表性的文本内容予以论述；同样，在阐述"通过什么方式呈现价值观"时，首先通过频次分析统计出教材课文与练习中所使用的不同价值观呈现方式的占比及其走势分布，然后结合具有代表性的文本内容予以论述。所有定量分析均在 Excel 软件中进行，然后借助表格或图展示统计结果。

第二章 小学英语教材价值观研究

第一节 人教版小学英语教材价值观研究[①]

一、数据收集

由教育部审定通过的、人民教育出版社出版的三年级起点小学英语教材被笔者选定为小学英语教材价值观研究的对象。该教材由人民教育出版社与加拿大灵通教育有限公司合编,其中三年级英语教材于 2012 年审定通过,四至六年级教材于 2013 年审定通过。这套教材贯彻了《国家中长期教育改革和发展规划纲要(2010—2020 年)》的精神,以教育部颁布的课程标准为指导,在十多年教材实验和跟踪研究的基础上完善而成,属于人民教育出版社编写出版的第十一套中小学教材。[②] 该教材自出版以来已重印多次,是一套具有权威性、广受欢迎的教材。

人教版小学英语教材共八册,三至六年级各两册(上册和下册),每册基本上由 6 个学习单元(unit)和 2 个复习单元(recycle)组成,每个学习单元和复习单元分别占 10 页和 4 页。六年级下册比较特别,只有 4 个学习单元和 1 个复习单元。教材中,包括了听、说、读、写等不同活动任务的学习单元由 A、B、C 三部分构成,A 和 B 部分为单元主题教学内容,C 部分为供选择的弹性教学内容。每一单元以特定的话题为中心,涉及个人情况、家庭、朋友与周围的人、居住环境、日常活动、学校、个人兴趣、计划与安排、节假日活动、饮食、卫生与健康、天气、旅游

[①] 作为课题结题成果之一,本节部分内容已发表在《现代中小学教育》2021 年第 4 期。
[②] 人民教育出版社课程与教学研究所. 教材纵览 [EB/OL]. http://www.pep.com.cn/rjgl/jc/201311/t20131128_1174309.shtml,2019-12-20.

与交通、自然、世界与环境等。

教材的 46 个学习单元中，除了每个单元都包含的主情景图、检测（let's check）、趣味故事（story time）等部分外，三、四年级教材还包括对话（let's talk / let's play）、词汇（let's learn / let's do）、歌曲与歌谣（let's sing / let's chant）、语音（letters and sounds / let's spell）、阅读（start to read）等部分；五、六年级教材则还包括听力（let's try）、对话（let's talk）、词汇（let's learn）、语音（tips for pronunciation）、读写（read and write）、内容小结（let's warp it up）等部分。教材的 15 个复习单元中，三、四年级教材由连环故事、趣味性听说读写活动以及游戏等部分构成；五、六年级教材由于突出情景化设计，各部分没有具体的名称。为了保证数据的完整性，人教版小学英语教材三年级上册至六年级下册的所有上述内容均被纳入数据收集的范围。

二、价值观频次分析

笔者以"英语教材价值观分析框架"为参照，结合教材配套教师用书对每章节主题及相关内容的信息描述，确认有 2 个学习单元和 3 个复习单元因没有体现价值观而被剔除。剩余的 44 个学习单元和 12 个复习单元按照以下方式统计：若一个单元出现不同的价值观，则为这些价值观各计一个频次；若某一价值观在同一单元出现多次，则只为该价值观计一个频次。经统计，人教版小学英语教材（三至六年级）56 个单元共呈现价值观 112 次（见表 2.1）。

表 2.1　人教版小学英语教材中的价值观频次分析表

	价值观	三年级		四年级		五年级		六年级		三至六年级	
		频次	百分比/%	频次	百分比/%	频次	百分比/%	频次	百分比/%	频次	百分比/%
人与自我	道德与品质	8	40.00	10	47.62	11	31.43	11	30.56	40	35.71
	生命与安全	1	5.00	0	—	1	2.86	3	8.33	5	4.46
	卫生与健康	2	10.00	1	4.76	4	11.43	4	11.11	11	9.82
	小计	11	55.00	11	52.38	16	45.72	18	50.00	56	50.00
人与社会	经济与社会发展	0	—	0	—	0	—	1	2.78	1	0.89
	政治、法律与社会问题	0	—	0	—	0	—	1	2.78	1	0.89
	历史与文化	6	30.00	7	33.33	10	28.57	9	25.00	32	28.57
	小计	6	30.00	7	33.33	10	28.57	11	30.56	34	30.35

续上表

价值观		三年级		四年级		五年级		六年级		三至六年级	
		频次	百分比/%	频次	百分比/%	频次	百分比/%	频次	百分比/%	频次	百分比/%
人与自然	自然之美	0	—	0	—	3	8.57	0	—	3	2.68
	认识自然	1	5.00	2	9.52	3	8.57	6	16.67	12	10.71
	爱护自然	2	10.00	1	4.76	3	8.57	1	2.78	7	6.25
	小计	3	15.00	3	14.28	9	25.71	7	19.45	22	19.64
总计		20	100	21	100	35	100	36	100	112	100

如表 2.1 所示，从三大主价值观来看，呈"V"字形波动的"人与自我"占比最大且在各年级教材中的优势都很明显，三年级的峰值和五年级的谷值相差约 10%；"人与社会"的占比排列第二，波动范围较小，在各年级教材中的占比均在 30% 上下浮动，四年级的峰值和五年级的谷值相差不到 5%；"人与自然"的占比排列第三，在 15%～25% 的幅度内呈倒"N"字形波动，四年级的谷值和五年级的峰值相差约 10%。整体而言，"人与社会"和"人与自然"有互补的趋势，即一方比例上升时另一方下降。此外，不管是哪个年级的教材，占比排位都是"人与自我"第一，"人与社会"第二，"人与自然"第三。

从分价值观来看，排在首位的"道德与品质"在各年级教材中的比例均超过 30%，在四年级教材中更是高达 47.62%，不仅在九大分价值观中占有优势，在人与自我主价值观中的核心地位也不可动摇；紧随其后的"历史与文化"是人与社会主价值观中的重要构成部分，其在各年级教材中的比例均超过 25%；认识自然排第三，占比约为 10%，尽管优势不明显，但仍然在人与自然主价值观中占比最大；"卫生与健康""爱护自然""生命与安全"分别排在第四、五、六的位置，其占比均低于 10%，且生命与安全价值观在四年级教材中缺失；排第七的"自然之美"占比 2.68%，只出现在五年级教材，在人与自然主价值观中占比最低；并列末位的"经济与社会发展""政治、法律与社会问题"都只出现在六年级教材，且在人与社会主价值观中的占比同为最低。从走势来看，道德与品质先升后降，与此类似的还有历史与文化；生命与安全、卫生与健康总体均先降后升；认识自然呈"N"字形波动，爱护自然呈倒"N"字形波动；其余分价值观的缺失程度较大，故难以描述其走势。

三、价值观内容分析

上一部分聚焦了不同价值观在人教版小学英语不同年级教材中的分布及其走势变化，从宏观层面对价值观融入人教版小学英语教材的状况进行了剖析。本部分将通过深挖教材中的文本内容，从微观层面具体说明不同年级教材中所蕴含的不同价值观。

（一）人与自我价值观

1. 道德与品质价值观

在六年级上册 Unit 3 *My weekend plan* 中的 Part C Story time 部分，想学游泳的小熊佐姆（Zoom）不敢下水，作为好朋友的松鼠兹普（Zip）把佐姆推入了水中并把救生圈抛给了它。经过兹普耐心的动作讲解和自己的多次练习后，佐姆最终学会了游泳并感叹："游泳其实不难。"兹普说："我们要记住：从做中学！"这则故事告诉学生要敢于挑战自我，积极面对困难。

在六年级上册的 Recycle 2 中，肯（Ken）的父亲分享了一个关于诚实的故事。故事中，一个商人给了工人、教练、渔夫各一粒种子，并对他们说，三个月后谁能种出最美丽的花，谁就能得到巨款。三个月后，教练和工人都带来了花，只有渔夫两手空空。最终，渔夫得到了巨款。原来，商人给的是坏种子，不可能长出花。这个故事启发学生要做一个诚实的人。

在五年级下册 Unit 4 *When is Easter?* 中的 Part C Story time 部分，佐姆和兹普在为三天后的唱歌考试做准备，但佐姆不会唱歌，于是兹普鼓励佐姆，说道："别担心，熟能生巧。"为了考试，佐姆专心练习，最后取得了好成绩。该故事提醒学生，勤能补拙，熟能生巧，要相信自己的力量。

2. 生命与安全价值观

三年级上册 Recycle 2 的 Read aloud 部分讲述了黑猫和小鸟的故事。小鸟妈妈由于外出觅食而留下小鸟独自待着。这时，一只狡猾的黑猫突然出现在稚嫩的小鸟面前。黑猫不断用言语诱惑小鸟并一步步靠近它。就在黑猫试图将利爪伸向小鸟时，小鸟妈妈及时赶到并救回了小鸟。现实中，学生也有可能会遇见像故事中的黑猫一样狡猾的陌生人，这则故事提醒学生从小要有安全意识，注意自我保护。

在六年级上册 Unit 2 *Ways to go to school* 中的主情景图里，萨拉（Sarah）想横跨斑马线，却被爸爸叫住，爸爸提醒她注意看交通灯。在这单元的 Part A Let's talk 部分，小吴同学（Wu）打算前往医院探望爷爷，老师提醒他过马路时要注意安全。

这些细节都在示意学生在生活中要注意交通安全，避免人身安全事故的发生。

在六年级下册 Unit 3 *Where did you go*? 中的主情景图里，约翰（John）在假期游玩时不小心从自行车上摔了下来，并扭伤了脚。约翰（John）的经历告诉学生，假期里出游要注意安全，开开心心出门去、平平安安回家来。

3. 卫生与健康价值观

三年级下册 Unit 5 *Do you like pears*? 中的 Part B Let's chant 部分的歌词出现了吃水果有助于健康的表述："——你喜欢吃橘子吗？——不喜欢，但我应该要吃。"生活中，学生可能不喜欢吃某些水果，但这些水果又对健康有益。Part B Let's sing 部分的歌词则引用了经典谚语："一天一个苹果，医生远离我。"这句话旨在说明水果富含多种营养成分，因而要多吃水果。上述不同表述都是为了让学生明白，多吃水果有益身体健康。

在五年级上册 Unit 2 *My week* 中的 Part B Read and write 部分，小吴同学上了一节体育课后感觉很疲惫，于是机器人罗宾（Robin）建议小吴应该每天都运动，并为他制作了一张运动规划表。这个情节暗示学生，运动有益身心健康，因为运动既能锻炼身体，也能磨炼意志和减压。

在六年级上册 Unit 6 *How do you feel*? 中的主情景图里，萨拉感到很生气，于是她向妈妈寻求可以冷静下来的建议；萨拉生病了，妈妈建议她去看医生。这些细节提示学生：在生活中不仅要注意身体健康，也要注意心理健康；要学会控制自己的坏脾气，做一个富有正能量的人。

（二）人与社会价值观

1. 经济与社会发展价值观

经济与社会发展价值观只在六年级下册 Unit 4 *Then and now* 中的 Part A Let's talk 部分有体现。萨拉、小吴和小吴的爷爷三人在讨论过去和未来的事情。爷爷说他那个年代还没有电脑和网络，学校也没有图书馆。谈到未来，萨拉说希望自己有朝一日能飞向月球，小吴则马上告诉萨拉美国人已于 1969 年抵达过月球。通过爷孙两代人之间的谈话，学生能感受到社会的迅速发展。

2. 政治、法律与社会问题价值观

政治、法律与社会问题价值观只在六年级上册 Unit 6 *How do you feel*? 中的 Part A Let's talk 部分有体现。萨拉在给弟弟讲《黑猫警长》的卡通片故事，弟弟不明白为什么老鼠们害怕猫，萨拉解释说，因为老鼠无恶不作，黑猫警长对此很生气。该对话暗示学生要做一名遵纪守法的好公民，不要做违法或不道德的事情。

3. 历史与文化价值观

六年级上册 Unit 4 *I have a pen pal* 中的 Part A Let's talk 部分提到张鹏（Zhang Peng）认识了来自新西兰的喜欢学武术的笔友彼得（Peter），还打算教他唱中国著名歌曲《茉莉花》。Part B Let's learn 部分提到约翰认识的一名来自澳大利亚的笔友也叫约翰，那位约翰正在积极地学习中文。这些细节的背后透露出了中国文化的魅力。

五年级下册 Unit 3 *My school calendar* 和 Unit 4 *When is Easter*？这两个单元介绍了许多中外节日，包括中国的植树节、劳动节、端午节、中秋节、国庆节等，外国的感恩节、圣诞节等，以及全世界人民都过的新年、儿童节等。学生在学习中外节日的同时，也能体会到世界文化的无穷魅力。

在五年级下册 Unit 6 *Work quietly*！中的 Part B Read and write 部分，萨拉和罗宾参观了世界机器人展，还看见了来自世界各地的机器人，如拿画笔绘制枫叶的加拿大机器人、做寿司的日本机器人、用吉他弹民谣的西班牙机器人、表演功夫的中国机器人、穿得像个牛仔的美国机器人等。通过对这部分的学习，学生能感受到世界文化的多样性，同时也能增强对本国文化的热爱。

（三）人与自然价值观

1. 自然之美价值观

五年级上册 Unit 6 *In a nature park* 的主情景图呈现了小伙伴们在自然公园的一次短途郊游。麦克（Mike）看见了天空中一只白色的大鸟，张鹏看见了水中游动的红色鱼儿。公园里还有蜿蜒的小河、绿油油的草地、翠绿的山坡等。自然美景以及动物与自然之间的和谐画面深深吸引着故事中的小伙伴们。

在五年级下册 Unit 3 *My school calendar* 中的 Part C Story time 部分，佐姆正在向兹普介绍自己的暑假计划。佐姆打算前去黄山游玩，一览黄山的奇松和云海。佐姆直接赞叹道："黄山的松树非常出名，云海非常漂亮！"透过佐姆的描述，一幅黄山美景图顿时浮现出来。

在五年级下册 Unit 2 *My favourite season* 中的主情景图里，小伙伴们在为自己最喜欢的季节作画。艾米（Amy）最喜欢秋天，因为秋天时万物的颜色很美丽；兹普最喜欢春天，因为在春天随处可见美丽的花儿。情景图在这里向学生展示了季节之美：春天时，万物生机勃勃；秋天时，农民忙于收割金色的果实。

2. 认识自然价值观

在五年级下册 Unit 2 *My favourite season* 中的 Part C Story time 部分，佐姆和兹普

正在招呼来自澳大利亚的小考拉。考拉说自己通常在圣诞节时去海边游泳，佐姆和兹普感到有些吃惊。考拉解释说，圣诞节时澳大利亚是处于夏季，所以那儿的圣诞节不会下雪。这则有趣的故事实则揭示了南北半球气候的不同。

在六年级上册 Unit 1 *How can I get there?* 中的 Part B Read and write 部分，一些插图列出了确认位置的不同方法，如查看地图、使用指南针、使用 GPS、观察北斗七星等。通过这部分，学生可以学到一些确认方位的自然科学知识。

在六年级下册 Unit 1 *How tall are you?* 中的 Part B Read and write 部分，一只小鸭子对自己的影子时而变长、时而变短的现象感到疑惑。文中描述的这一现象旨在引导学生从日常生活中发现科学现象，培养学生对科学知识的兴趣。

3. 爱护自然价值观

三年级上册 Unit 4 *We love animals* 的标题就直接传递出了爱惜作为自然界一部分的动物的价值观。在本单元，学生要学习不同动物的名称以及对动物的简单评价，如"Cool! I like it!"等。这些评价的话语可以进一步增强学生保护动物的欲望。

在五年级上册 Unit 5 *There is a big bed* 中的 Part C Story time 部分，调皮的佐姆朝易拉罐踢了一脚，让易拉罐回到了它的"家"——垃圾桶里面。这一幕看似微不起眼，实则是在提示学生不要随意扔垃圾，要爱护环境。

在六年级下册 Unit 4 *Then and now* 中的 Part C Story time 部分，兹普和佐姆在谈论环境污染和鲸鱼濒危灭绝的事情。兹普和佐姆认为，如果能从现在开始保护环境和鲸鱼，那么地球和人类都会有一个美好的未来。这则故事旨在让学生们意识到环境问题的严峻性，号召大家通过实际行动参与到环境保护中来。

四、价值观分析讨论

（一）人与自我价值观

人与自我价值观是人教版小学英语教材（三至六年级）主要呈现的价值观。该价值观在内容上丰富多样，在教材中占比一半，比例趋势前后呈"V"字形波动。

1. 道德与品质价值观

道德与品质价值观占比 35.71%，在分价值观中排名第一，是人教版小学英语教材中的核心价值观。该价值观的占比前后呈先升后降的倒"V"字形走势，在四年级教材中的峰值接近 50%，在其余年级教材中的比例均稳定在 30%～40% 之间。良好的道德与品质对学生在其他领域做出价值选择及决定自身的未来发展等都有重要影响，与学生的生活实践也密切相关。因此，教材中高比例的道德与品质价值观渗透具有合理性。从形式上看，教材通过标题、故事、对话、图片等不同途径，传递出生活中的真、善、美，塑造着学生健全的品德；从内容上看，体现该价值观的内容整体上可分为社会公德与个人品德两大类，具体涉及遵守规则、关心亲友、干净整洁、乐于分享、团结友爱、互相帮助、热爱生活、热爱学习、珍惜时间、珍惜友谊、积极向上等。这些内容有助于学生提高品德素养，进而做出良好行为。

2. 生命与安全价值观

生命与安全价值观除了在四年级教材中没有体现，在其余年级教材中均有所涉及，但整体比例很低，这对提高学生的生命安全意识不利。生命与安全是人类一个永恒的主题，也是学校面临的一个重大课题。生命是学生实现个人价值的基础，没有了生命也就没有了一切。尤其是对小学生而言，他们稚嫩的身心决定了生命与安全教育应成为一切工作的重心，只有这样方能确保他们在安全的环境下学习和生活。因此，有关生命与安全教育方面的内容应当覆盖小学所有年级的教材。在形式上，教材通过创设不同的情景、对话、卡通角色的经历等，提醒学生爱惜生命、注意安全。从内容上看，该价值观在教材中涉及个人生命安全、交通安全、出游安全、生活安全等类别，虽然数量不多，但基本覆盖了小学阶段学生生活的绝大多数方面。

3. 卫生与健康价值观

虽然卫生与健康价值观在所有分价值观的比重中排名第四，但比例却不足10%。小学生正处在生长发育的关键期，卫生与健康教育的质量直接影响他们的成长。教材可酌情加大卫生与健康教育方面的内容，通过情景创设、歌曲歌谣等不同途径，以轻松、欢快又不失严肃性的方式向学生传达关注身体和心理健康的重要性。从内容上看，该价值观表现出了以下特色：三年级教材注重宣扬保持身体方面的健康，如要多吃水果、劳逸结合等；五、六年级教材开始涉及心理健康，如学会控制坏脾气、适当减压等。人教版小学英语教材的一大特色是呼吁学生做身体健康且意志坚定、心态积极的阳光学生，强调身体健康固然重要但心理健康也不能被忽视，这是其合理性所在。

（二）人与社会价值观

人与社会价值观占比30.35%，在所有分价值观的比重中排列第二，在各年级教材中的比例稳定在30%左右，其内容的多样性主要集中在历史与文化这一分价值观中。

1. 经济与社会发展价值观

经济与社会发展价值观仅在六年级教材中有一次体现，在其余年级教材中均无涉及。这样的安排与小学生的认知发展水平相符，因为该价值观在小学阶段适合由教师稍作引导，以便把更深入的学习放在中学阶段。从内容上看，教材中唯一体现了经济与社会发展的例子是出现在六年级下册中的祖孙两代人之间的谈话：一边是还没有电脑和网络的年代，一边是互联网和航天科技发展迅猛的年代。社会的快速发展所带来的变化通过两代人的对话体现得淋漓尽致，也给学生留下了深刻的印象。

2. 政治、法律与社会问题价值观

和"经济与社会发展"一样，政治、法律与社会问题价值观仅在六年级教材中有一次体现，在其余年级教材中均无涉及。相比于中学生，小学生由于理解能力有限、知识储备不足、社会经验欠缺等，还不适宜过早接触一些复杂的政治、法律或社会方面的问题。对于还处在生长发育期的小学生而言，身体的健康成长、良好道德与品质的熏陶、卫生与健康习惯的养成等才是他们要关注的重点。从内容上看，教材中唯一体现了该价值观的地方出现在六年级上册，通过老鼠因为无恶不作而害怕被黑猫警长抓走的例子，警示学生要做一个遵纪守法的人。

3. 历史与文化价值观

历史与文化价值观的占比仅次于排在首位的道德与品质价值观，是人与社会主价值观的核心构成部分。该价值观的占比在四年级教材中达到顶峰，在五、六年级教材中虽然出现了小幅降低（可能与人与自然价值观在五、六年级教材中得到了重视有关），但依旧处于高位。从内容上看，教材中的历史与文化价值观大致涉及中国文化、外国文化、中外文化对比三大类，涵盖节日及风俗、饮食文化、风景名胜或著名景点等。这些内容使学生在学习语言的同时，也了解了外国文化，升华了对本国文化的认识，使学生的视野变得更开阔，爱国情怀得到了增强，多元文化意识也得到了培养。

（三）人与自然价值观

占比走势前后呈倒"N"字形浮动的人与自然价值观在教材中占比19.64%，在主价值观中位居最后，各分价值观的比例也都不高且有缺失的现象。

1. 自然之美价值观

自然之美价值观仅在五年级教材中有涉及，这在一定程度上促使人与自然价值观的比重在五年级教材中达到峰值。在所有分价值观里，自然之美占比不足3个百分点,这不利于培养学生的美学素养。美育对任何阶段的学生都具有存在的价值,它能引导学生感受美,提升学生对美的体验、解读等能力,进而有助于学生陶冶性情,培养崇高的情感和品格。正因为如此,美育要从娃娃抓起。人教版小学英语教材可以从三、四年级的教材就开始渗透美的价值观,让美的种子早早地在学生心间发芽,并不断生长。从内容上看,教材主要通过插图和对话直接呈现自然现象或风景之美,教师借此引导学生审视身边的环境和事物,帮助其重新发现生活中的美,让"美的眼睛"时刻捕捉到美的存在。

2. 认识自然价值观

认识自然价值观虽然占比仅为10%左右,却在所有分价值观的比重排名中位列第三,在人与自然价值观中排第一,这样一种安排从整体上看比较合理。从形式上看,教材通过各种细节,如歌曲、词汇、背景插图、对话等呈现与自然、科学有关的方方面面,旨在激起学生认识自然、探索自然的兴趣。从内容上看,认识自然价值观在教材中涉及面较广,不仅包括自然现象,还包括科学技术在认识自然上的运用;六年级下册更是从"认识地理"上升到"探索天文",为初中阶段的理科学习起到了承上启下的作用。

3. 爱护自然价值观

爱护自然价值观在各年级教材中的占比也很低,因此有较大的提升空间。教材通过对话和小故事等,渗透爱惜自然、保护动物等价值观,呼吁学生守护人类赖以生存的家园,提醒他们从各方面为人与自然和谐发展而努力。爱护自然价值观的呈现不仅仅是要唤醒学生的环保意识,更重要的是让他们意识到人类社会与自然生态环境之间是普遍联系和相互依存的关系,使其明白一荣俱荣、一损俱损的道理。鉴于爱惜自然和保护环境仍是当今社会的热点话题,因而该价值观在教材中的占比可进一步提高。

五、价值观呈现方式频次分析

和价值观频次的统计方式一样,若一个单元出现不同的价值观呈现方式,则为这些呈现方式各计一个频次;若某一价值观呈现方式在同一单元出现多次,则只为该呈现方式计一个频次。经统计,人教版小学英语教材(三至六年级)中体现了价值观的56个单元使用的呈现方式共计139次,这些方式大致可分为情景对话、教师引导、插图呈现、直接描述和故事叙述等几大类(见表2.2)。

表 2.2　人教版小学英语教材中的价值观呈现方式频次分析表

价值观呈现方式	三年级		四年级		五年级		六年级		三至六年级	
	频次	百分比/%	频次	百分比/%	频次	百分比/%	频次	百分比/%	频次	百分比/%
情景对话	4	18.18	6	20.69	10	22.22	12	27.91	32	23.02
插图呈现	5	22.73	5	17.24	10	22.22	7	16.28	27	19.42
故事叙述	2	9.09	5	17.24	9	20.00	8	18.60	24	17.27
教师引导	5	22.73	9	31.03	9	20.00	8	18.60	31	22.30
直接描述	6	27.27	4	13.79	7	15.56	8	18.60	25	17.99
总计	22	100	29	100	45	100	43	100	139	100

统计结果显示，"情景对话"在三至六年级教材中占比排名第一，而在六年级教材中的优势最为明显；"教师引导"在三至六年级教材中比情景对话的比例略低，但在四年级教材中占有很大的优势；紧随其后的是"插图呈现"，虽然其在六年级教材中的比例处于低值，但在三年级和五年级教材中的使用率较高；排列第四的是"直接描述"，其在三年级教材中的使用率最高，此后便无明显优势；位列最后的是"故事叙述"，虽然其在三年级教材中的使用率低于10%，但此后的比例均超过17%。

从比例的走势情况来看，"情景对话"呈上升走势，其在三年级教材中的谷值与在六年级教材中的峰值之间的差距接近10%；"插图呈现"表现出倒"N"字形的变化，但幅度不大，前后波动均保持在5%左右；"故事叙述"的比例从三年级教材中的最低值逐年攀升，在五年级教材中达到峰值后出现略微下滑；"教师引导"的比例除在四年级教材中达到峰值外，在其余年级教材中均维持在20%上下；"直接描述"呈先降后升的"V"字形摆动，虽然其比例在三年级教材中达到峰值，却在四年级教材中大幅下降，往后再也没有超过或接近峰值。

图 2.1 直观地反映了人教版小学英语教材中各价值观与其呈现方式之间的关系。该图基于以下统计方式制作：若某一价值观对应不同的呈现方式，则为这些呈现方式各计一个频次；若某一呈现方式对应不同的价值观，则为这些价值观各计一个频次。

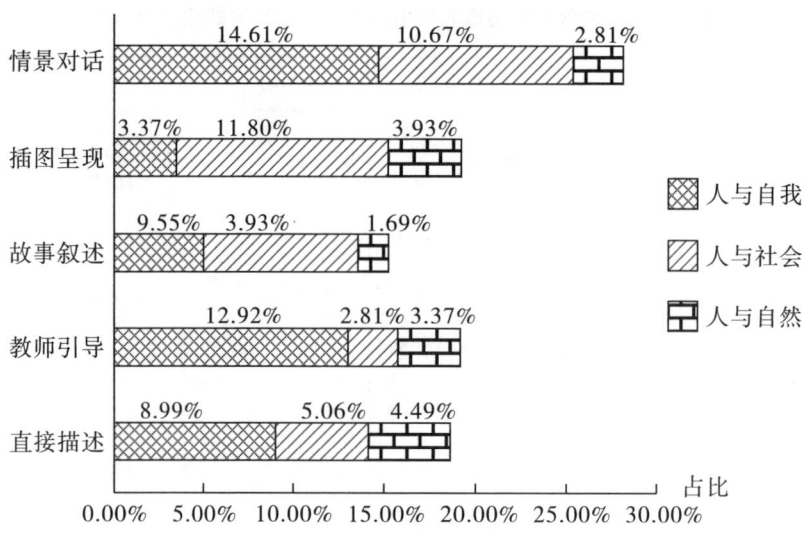

图 2.1　人教版小学英语教材中的价值观与其呈现方式占比统计图

如图 2.1 所示,"情景对话""故事叙述"和"直接描述"均最多用于呈现人与自我价值观,其次是人与社会价值观,最后是人与自然价值观;虽然"教师引导"也是主要用于呈现人与自我价值观,但排在其后的是人与自然价值观,人与社会价值观位列末尾;与其余四类方式均不同的是,"插图呈现"最多用于呈现人与社会价值观,位列第二的是人与自然价值观,排第三的是人与自我价值观。

在所有呈现方式中,唯"直接描述"里的各主价值观比例差距相对较小。在呈现人与自我价值观的方式中,"情景对话"和"教师引导"占有绝对优势,两者比例之和比排在其后的"故事叙述""直接描述"和"插图呈现"三者比例之和还多。在呈现人与社会价值观的方式中,"插图呈现"和"情景对话"排在前两位,占比均超过 10%;其次是"直接描述",占 5.06%;最后是"故事叙述"和"教师引导",两者比例之和比排在首位的"插图呈现"少了约 5 个百分点。在呈现人与自然价值观的方式中,"直接描述"虽占比第一,但比例不足 5%;"插图呈现"紧跟其后,排在第三的"教师引导"与排在后两位的"情景对话"及"故事叙述"的比例差距均较微弱。

六、价值观呈现方式内容分析

从上文得知,在呈现价值观时,人教版小学英语教材使用了情景对话、教师引导、插图呈现、直接描述和故事叙述等不同的方式。本部分将结合教材中的文本内容来具体说明这些方式的使用情况。

（一）情景对话

教材中不同角色间的对话对于推动情节发展起到了重要作用。一般而言，对话总是围绕特定的话题，并在一定的语境下展开，因而不同的话题或语境所带来的价值观也不尽相同。

四年级上册 Recycle 2 中的 Read aloud 部分通过角色对话呈现了外国的节日风俗。该部分设置了约翰和陈洁（Chen Jie）前往麦克家里过圣诞节的情景。几个小伙伴一见面后便向彼此致以节日的问候。接着，麦克向大家介绍起身着圣诞老人服装的爸爸，其装扮如同家里摆放着的圣诞树一样吸引了大家的目光。麦克的妈妈问陈洁想吃点什么，陈洁回答说想吃火鸡。最后，大家围坐在一起，吃了一顿丰盛的圣诞晚餐。

在四年级下册 Unit 3 *Weather* 中的 Part B Let's talk 部分，陈洁的外国朋友在电话中询问陈洁此时的北京是否很冷，陈洁说很暖和，因为气温有 26 度，这让国外朋友听了很惊讶。造成这一误会的原因在于陈洁指的是摄氏度，而外国朋友将其理解成华氏度。这一对话增强了学生在自然科学方面的知识。

在五年级下册 Unit 6 *Work quietly*！中的 Part B Let's talk 部分，约翰提醒正在图书馆里大声说话的汤姆（Tom）小声点。同样的场景还出现在该单元的 Part B Let's learn 部分，老师提醒正在大声讲话的艾米和陈洁注意音量。这部分对话旨在让学生明白在公共场合要注意自己的言行举止。

（二）插图呈现

人教版小学英语教材中既有真实插图，也有卡通插图，两者的交替使用使教材兼具艺术感和现实感。其中的一些插图用于辅助学生理解文意，另一些则用于传递特定的价值观。

三年级下册 Unit 1 *Welcome back to school*！中的 Part A Let's learn 部分通过插图呈现了不同国家的代表性建筑，如英国的大本钟、加拿大的国家电视塔、美国的自由女神像、中国的万里长城等。Part B Look and say 部分通过插图呈现了不同国家的代表性动物，如中国的大熊猫、加拿大的海狸、美国的白头海雕、澳大利亚的袋鼠等。这些国家代表性建筑和动物不仅增强了学生对世界文化的认知，更扩大了学生的视野。

四年级下册 Unit 3 *Weather* 中的主情景图呈现了一些外国的著名景点，如新加坡的鱼尾狮雕像、莫斯科的红场、悉尼的歌剧院等。每个国家都有代表性景点，向学生介绍这些景点，其实就是在宣扬一个国家的历史底蕴和文化气息。

五年级下册 Unit 2 *My favourite season* 中的 Part B Read and write 部分配有一些关于天气的插图，如百花盛开的春天、海浪拍打的夏天、遍地落叶的秋天、雪景无垠的冬天等。通过呈现不同季节的自然美景，将自然之美淋漓尽致地展现在学生眼前。

（三）故事叙述

人教版小学英语教材的每一单元都有 Story time 部分，讲述松鼠兹普和小熊佐姆又或是其他角色的故事。很多故事都寓意深刻，体现了特定的价值观。

在三年级上册 Unit 2 *Colours* 中的 Part C Story time 部分，佐姆发现了漂亮的花儿，于是便摘了下来打算与松鼠兹普一起欣赏，但兹普随后告诉佐姆，公园里有一块告示牌，上面写有"禁止摘花"的字样。这则故事告诫学生不能随意破坏公共物品，在哪里都要做一个有公德心、遵守规则的人。

在四年级上册 Unit 3 *My friends* 中的 Part C Story time 部分，小兔子发现了一颗大萝卜，但是自己无法将萝卜拔出来。在其他动物的帮助下，小兔子终于成功地把萝卜拔了出来。这个故事提示学生平日里要互相帮助，因为团结合作力量大。

在四年级下册 Unit 3 *Weather* 中的 Part C Story time 部分，兹普感冒了，佐姆决定去探望兹普，没想到在探病路上佐姆自己也感冒了。这则诙谐又遗憾的故事旨在提醒学生，既要关心身边的朋友，也要注意自己的身体。

（四）教师引导

教材中有些地方虽然体现了价值观，但由于其不够明显，因此需要教师的点拨，由教师引导学生发现、理解其中的价值观。

在五年级上册 Unit 2 *My week* 中，学生将学到一些关于周末生活的表达，如洗衣服、看电视、做家庭作业、读书、踢足球、画画等。教师可以借此引导学生学会劳逸结合，合理安排学习计划，周末多做一些有意义的活动，享受生活的乐趣。

六年级上册 Unit 6 *Ways to go to school* 隐含了小吴爷爷病了的情景。在 Part B Let's try 部分，有同学问小吴在哪里，老师回答说他去了医院。在 Part B Let's talk 部分，小吴询问老师怎样去医院。在 Part B Read and write 部分，爷爷躺在病床上打点滴，罗宾正在为爷爷读文章。教师可以与学生一起解读这一系列环环相扣的细节设置，从而引导学生关心家人、孝敬长辈。

在六年级下册 Unit 3 *Where did you go*? 中的 Part B Read and write 部分，小吴的妈妈因为吃坏肚子而不舒服，心情也不佳。因此，小吴和爸爸设法逗妈妈开心。小吴认为这天虽然很倒霉，但也很开心。教师可以借此机会提问学生：为什么小吴会觉得这是倒霉又快乐的一天，从而引导学生积极地看待事物，保持乐观的心态。

（五）直接描述

在人教版小学英语教材中，有些价值观能通过某一个标题、某一句话、某一首歌曲、某一篇文章等直接体现，因此无需学生自己揣测或教师引导。

三年级上册 Unit 4 *We love animals* 这一单元的标题就直接体现了爱惜作为自然界一部分的动物的价值观；同理，下册 Unit 2 *My family* 中的 Part B Let's sing 部分的歌曲 *I love my family* 从题目引导学生直抒热爱家人的情感。

五年级上册 Unit 4 *What can you do?* 中的一些有关中国传统乐器或武术的短语如 play the *pipa*、play the *erhu*、do some kung fu 等无不折射出中国文化的魅力。

五年级下册 Recycle 2 中的"做一个好孩子，保持房间干净"这句话将好孩子和干净卫生联系起来，直接传递出了学生要注意卫生的价值观。

七、价值观呈现方式分析讨论

（一）情景对话

如表 2.2 所示，以情景对话的方式呈现价值观占比最高，这在很大程度上是因为小学阶段的英语教学主要通过对话进行。当从小学低年段逐步过渡到高年段时，教材中对话的话轮逐渐增多，句子也越来越长，一次完整对话中所包含的信息也渐趋丰富，因此情景对话在五、六年级教材中的比例呈上升走势。从内容上看，情景对话虽然适用于呈现各类价值观，但在教材中主要还是以呈现人与自我、人与社会价值观为主，尤其是以道德与品质、历史与文化价值观最为突出。由于小学生的理解能力有限，教材中的对话在呈现价值观时总是借助具体的话题、事例与情景。学生通过对话，一边学习语言知识，一边接受价值观的熏陶，可以将价值观内化为精神追求、外化为自觉行动。

（二）插图呈现

小学生的认知具有直观、形象、具体等特点，这决定了插图在教材中不可或缺的地位。插图呈现在所有价值观呈现方式中的占比不低，与排在首位的情景对话只有 3 个百分点左右的差距，且在低年段三、四年级教材中的比例和在高年段五、六年级教材中的比例保持平稳。教材中保持一定比例的插图对吸引学生兴趣、创设教学情境、辅助学生理解课文内容等都能起到较好的作用。从内容来看，插图呈现主要用于呈现历史与文化、自然之美、认识自然等价值观，诸如各国国旗、代表性动物、名胜古迹、著名景点、自然现象等内容无疑最适合通过插图的方式呈现。

（三）故事叙述

英语故事是小学英语教材的重要组成部分。人教版英语教材每单元 Part C 部分 Story time 中以松鼠兹普和小熊佐姆为主角的趣味故事富有思想性，能对学生进行价值引导。比起情景对话，故事的形式更有吸引力、趣味性更强，所蕴含的道理更能启发学生思考，因此是对学生进行价值观渗透的最佳方式之一。虽然故事叙述占比排名不高，但在三年级至五年级的教材中呈持续上升走势。这可能是因为学生在三年级时的词汇量还有限，故事的篇幅较短、信息量不多，不足以呈现太多的价值观；随着学生词汇量的增加、理解能力的提升，故事的篇幅变长，信息量也在逐渐递增，因此能呈现更丰富的价值观。从内容来看，由于故事具有寓意，学生在想象、讨论、思考或是在教师的点拨后，能体会其中所蕴含的道理，因此这类方式主要用于体现道德与品质价值观。

（四）教师引导

教师引导用于呈现教材中未被直接提及，却与教学主题和内容密切相关的价值观，是一种必不可少的呈现方式。受限于小学生的领悟能力，有些价值观在教材中比较隐晦，学生难以发现或理解起来有一定的障碍，此时教师的引导就显得格外重要，因此该呈现方式以微弱的比例差距排在位列第一的情景对话之后也就具有了合理性。受价值观分布的影响，该呈现方式在四年级教材中运用得最多，在其余年级教材中则呈现平稳走势。从内容来看，教师引导主要用于呈现人与自我价值观，较少用于呈现人与社会及人与自然价值观，这符合小学生的实际情况。相比于经济、政治、法律、历史等社会层面的内容，小学阶段的教育更应关注学生的身心健康，更需要教师去引导学生在道德与品质、卫生与健康、生命与安全等方面的发展。

（五）直接描述

与具体的情景、鲜活的插图、有趣的故事、教师的引导等不同，文字的平铺直述是直接描述这一价值观呈现方式的实现途径和特色。从三年级到六年级，直接描述呈先降后升的"V"字形波动。直接描述在三年级教材中的使用频率最高，这与三年级学生有限的理解能力、判断能力有关。在四、五年级教材中，直接描述的比例回到低位，这与四年级教材重视通过教师引导呈现人与自我价值观、五年级教材强调通过插图呈现传递人与自然价值观有关。在六年级教材中，该呈现方式的比例回升到接近20%，这可能是因为相比价值观缺失程度较大的三、四、五年级，绝大部分价值观在六年级教材中都有体现。从内容来看，直接描述对三大主价值观均有一定程度的呈现，部分原因在于教材的选题大多紧扣学生的日常生活，通过平铺直述也能起到共鸣的效果；另一部分原因在于直接呈现价值观带有些许"规束"的味道，对引导各方面还不够成熟的小学生的健康成长、帮助他们扣好"人生第一粒扣子"很有必要。

第二节 北师大版小学英语教材价值观研究

一、数据收集

由教育部审定通过的、北京师范大学出版社出版的《英语》（三年级起点）被选定为小学英语教材价值观研究的另一研究对象。该教材由我国北京师范大学出版社与美国麦格劳-希尔教育出版公司合编，中方主编为国家英语课程标准研制专家组核心成员王蔷教授。和人教版教材一样，北师大版三年级英语教材于2012年由教育部审定通过，四至六年级教材于2013年审定通过。北师大版基础教育教材因研究基础深厚、教育理念先进、编写质量上乘、服务水平专业，已成为国内公认的主流教材之一，在全国大部分省、自治区以及直辖市等均有使用，具有十足的权威性和代表性。

北师大版小学英语教材共有八册，三至六年级各两册（上册和下册）。各册课本由6个学习单元（unit）和1个检测单元（progress check）组成。由于第八册没有检测单元，因此该教材八册课本共计48个学习单元和7个检测单元。其中，三、四年级教材每个学习单元占13页，每个检测单元占4页；五、六年级教材每个学习单元占16页，每个检测单元占4页。

八册课本中，每个单元主要由 listen and read、learn to say、listen and say、listen and number、let's sing、let's read、let's chant、talk together、listen and circle、look and write、game time、show time 等模块组成。为了保证数据的完整性，北师大版小学英语教材三年级上册至六年级下册每个 unit 和 progress check 中的所有上述内容均

被纳入数据收集的范围。

二、价值观频次分析

以"英语教材价值观分析框架"为参照，结合教材配套教师用书对每章节主题及相关内容的信息描述，确认出有 2 个学习单元和 4 个检测单元因没有体现价值观而被剔除。剩余的 46 个学习单元和 3 个检测单元按照以下方式统计：若一个单元出现不同的价值观，则为这些价值观各计一个频次；若某一价值观在同一单元出现多次，则只为该价值观计一个频次。经统计，北师大版小学英语教材（三至六年级）46 个学习单元和 3 个检测单元共呈现价值观 79 次（见表 2.3）。

表 2.3 北师大版小学英语教材中的价值观频次分析表

价值观		三年级		四年级		五年级		六年级		三至六年级	
		频次	百分比/%	频次	百分比/%	频次	百分比/%	频次	百分比/%	频次	百分比/%
人与自我	道德与品质	11	61.11	8	40.00	8	36.36	7	36.84	34	43.04
	生命与安全	3	16.67	2	10.00	1	4.55	0	—	6	7.59
	卫生与健康	2	11.11	3	15.00	1	4.55	2	10.53	8	10.13
	小计	16	88.89	13	65.00	10	45.45	9	47.37	48	60.76
人与社会	经济与社会发展	0	—	0	—	0	—	1	5.26	1	1.27
	政治、法律与社会问题	0	—	0	—	0	—	1	5.26	1	1.27
	历史与文化	2	11.11	7	35.00	7	31.82	4	21.05	20	25.32
	小计	2	11.11	7	35.00	7	31.82	6	31.58	22	27.85
人与自然	自然之美	0	—	0	—	0	—	1	5.26	1	1.27
	认识自然	0	—	0	—	5	22.73	2	10.53	7	8.86
	爱护自然	0	—	0	—	0	—	1	5.26	1	1.27
	小计	0	—	0	—	5	22.73	4	21.05	9	11.39
总计		18	100	20	100	22	100	19	100	79	100

如上表所示，人与自我是教材最为强调的主价值观，占比六成之多，超过其余两项主价值观比例之和；人与社会价值观排第二，占比接近三成；最后是人与自然

价值观，占比 10% 左右。三大价值观在各个年级教材中的比例排名也是如此，尤其是人与自我价值观在三年级教材中的占比接近九成，与其他主价值观形成巨大差异。可见，人与自我价值观在教材中拥有了最重要的地位。就比例的变化趋势而言，人与自我价值观先大幅跌落再小幅攀升，但总体呈下降走势，一度从 88.89%降到最低点 45.45%；人与社会价值观和人与自然价值观的变化趋势均为先大幅上升再缓慢下降，但总体呈上升走势。

在分价值观方面，排名第一的道德与品质虽然是占比唯一超过四成的分价值观，但其呈现出下降的走势，前后落差最高达 24.75%；历史与文化排名第二，其比例在四年级教材中达到最高点后开始下降，尤其是从五年级到六年级的下降幅度高达 10.77%；除了五年级外，卫生与健康在其余年级教材中的占比均在 10% 以上；生命与安全、认识自然、卫生与健康三者的总比例比较接近；其余分价值观则均有缺失。具体而言，三、四、五年级教材缺失经济与社会发展，政治、法律与社会问题，自然之美以及爱护自然的价值观；六年级教材缺失生命与安全价值观；三、四年级教材缺失认识自然价值观。

三、价值观内容分析

对于小学生的价值观培养，教材是必不可少的途径。上文从宏观层面对北师大版小学英语不同年级教材中的价值观分布及其走势进行了分析。下文将借助教材中的文本内容，从微观层面具体说明不同年级教材中所蕴含的不同价值观。

（一）人与自我价值观

1. 道德与品质价值观

在三年级下册第七单元 Lesson 1 *It's a banana* 中的 Listen and read 部分，蒙奇（Mocky）和露露（Lulu）一起去了布克阿姨（aunt Booky）所在的跳蚤市场，露露面对不知名称的水果主动询问并勇于尝试这些水果，最终发现它们非常美味。这个故事告诉学生：面对未知的事物时，要在家人或老师的指导下大胆尝试，也许这样能发现更多美好。

在五年级上册第三单元 Lesson 1 *Enjoy the story* 中的 At the clothes store 部分，凯恩（Ken）、安（Ann）和妈妈一起到商店去买衣服，安在路上看到一间服装店想进去看看，但妈妈说太贵了就没有进去。后来，安看见另外一间店，里面的衣服很便宜并且质量不错，妈妈就让大家一起进去看看。这个故事旨在告诉学生：购物的时候要注意节俭，多留意物美价廉的商品。

在六年级下册第十二单元 Reading 中的 Check the right pictures 部分，本（Ben）向爸爸询问有关爷爷的事情，于是爸爸说了很多爷爷以前做过的事情，包括学习、在田里干活、照看弟弟妹妹等，还说爷爷那个时代没有电脑。本的爷爷的故事旨在启发学生要努力奋斗、爱护家人。

2. 生命与安全价值观

在四年级上册第一单元 Lesson 1 *Don't walk* 中的 Listen and read 部分，安、凯恩和蒙奇一起在马路上等红灯，然而蒙奇由于心太急，差点冲了过去，好在被凯恩制止。凯恩告知蒙奇过马路时一定要注意安全。蒙奇后来又向标识了"禁止游泳"的河边冲过去，最后也被凯恩制止。这些情境都在提醒学生在日常生活中要珍惜生命、注意安全。

在四年级下册第十二单元的 Listen and read 部分，蒙奇、露露和凯恩乘坐火车前往某地观看龙舟赛。在火车上蒙奇因为看到了龙舟非常兴奋，于是把头、手伸出了窗外。虽然凯恩立刻阻止了蒙奇，但意外还是发生了，脏东西吹进了蒙奇的眼睛里，于是凯恩建议他马上冲洗眼睛，蒙奇听话地去用水冲洗眼睛后好多了。这一故事旨在警示学生外出乘车时要注意安全，不能把头和手伸出窗外，以免发生意外。

在五年级上册第一单元 Lesson 1 *Enjoy the story* 中的 Mocky the juggler 部分，蒙奇、凯恩以及安在路上看到一个杂耍人正在玩接抛球，蒙奇一时兴起，顺势拿起了杂耍人盒子里的球并开始模仿接抛球的动作，结果被球砸中并晕倒了。情急之下，安告诉凯恩去不远处的电话亭拨打急救电话。这一故事告诫学生不要轻易碰触自己不熟悉的事物，发生人身意外时要记得拨打急救电话。

3. 卫生与健康价值观

三年级下册第八单元 Lesson 5 *Have a try* 中的 Culture corner 部分向学生展示了英式早餐搭配。英式早餐由西红柿、豆子、香肠、鸡蛋、培根等组成，既有蔬菜也有肉类。这部分揭示了健康饮食、合理搭配食物的必要性。

在四年级下册第九单元 Lesson 1 *I'm thirsty* 中的 Listen and read 部分，口渴的波比（Bobby）向蒙奇和凯恩借点水喝，但蒙奇只有牛奶，波比说自己不喜欢牛奶并再次询问是否有可乐，凯恩对波比说可乐不健康并建议他喝橙汁。最后大家为波比从椰子树上摘取了一个椰子，波比终于满意地喝上了自己喜欢的饮料。这个小故事提示学生要喝健康的饮品。

六年级上册第三单元 Lesson 1 *Enjoy the story* 中的 School sports day 部分描述了校运会短跑比赛的场景。在 200 米比赛中，大卫（David）跑得非常快并取得了第一名，凯恩、约翰（John）分别获得了第二、第三名。整个比赛过程中，蒙奇一直在旁边为大家呐喊助威。本故事暗示学生要积极参与体育运动，努力维持身体健康。

（二）人与社会价值观

1. 经济与社会发展价值观

经济与社会发展价值观只在六年级上册第一单元 Lesson 2 *Let's practice* 中的 Learn to say 部分有体现。通过宇航员与学生之间的对话以及火星、月球、手持中国国旗的宇航员、太空舱等图片，学生能感知到我国航天事业所取得的成就，并体会到我国科技的快速发展。

2. 政治、法律与社会问题价值观

政治、法律与社会问题价值观只在六年级下册第九单元 Fact file 中的 *The future world in 2050* 部分有体现。这部分描述了 2050 年的世界将会变成什么样子：世界上 70% 的人会居住在大城市，世界人口数量将突破 90 亿，印度将成为世界人口第一大国，中国老龄人口数量将超过 4 亿。这些具体的数据直接明了地向学生点明了各种社会问题，如人口激增、城市化、老龄化等。

3. 历史与文化价值观

在四年级下册第十二单元中的 Listen and read 部分，蒙奇、露露和凯恩准备乘坐火车去观看龙舟赛。蒙奇询问凯恩是否可以吃粽子，凯恩认为最好上了火车再吃。搭上火车后，透过车窗，他们看见了路过的龙舟队并互相打了招呼。这部分向学生介绍了中国的端午节习俗——吃粽子和赛龙舟。

五年级上册第二单元 Fact File 中的 *Animals and countries* 部分介绍了四种动物以及它们分别代表的国家：澳大利亚的袋鼠、英国的知更鸟、美国的鹰和中国的熊猫。透过四张插图，学生对国家代表性动物将有进一步的了解。

五年级下册第十单元 Fact File 中的 *After-school activities in the UK* 部分介绍了英国学生的课后活动，包括在花园里帮忙、参加社团、担当志愿者和做运动等。这部分开拓了学生的视野，使其了解到外国学生的课后生活方式与课后文化。

（三）人与自然价值观

1. 自然之美价值观

自然之美价值观只在六年级上册第五单元 Fact file 中的 *Around the world* 部分有体现。这部分呈现了四幅图片：白雪皑皑的世界第一高峰——珠穆朗玛峰，蓝天白云掩映下的世界最长河流——尼罗河，美轮美奂的世界最大岛屿——格陵兰岛以及有着蔚蓝色海水的世界最大海洋——太平洋。借助这些图片，学生能欣赏到世界各地的自然美景，认识到大自然的美妙。

2. 认识自然价值观

五年级下册第八单元 Fact file 中的 *Time differences* 部分向学生展示了处于不同时区的四个城市，即早上 8 点的北京、凌晨 1 点的巴黎、晚上 7 点的纽约和凌晨 12 点的伦敦，旨在引导学生认识时区，了解不同地方的时间差。

在六年级上册第四单元 Lesson 1 *Enjoy the story* 中的 *Mocky's birthday* 部分，远在澳大利亚的布克叔叔于 12 月 1 日打来电话祝贺蒙奇生日快乐，蒙奇询问叔叔澳大利亚那边是否也像中国一样冷，叔叔回复说澳大利亚现在是夏天，跟中国的气候完全相反。这一部分向学生揭示了南北半球的气候差异，旨在引导学生认识自然气候。

在六年级上册第一单元 Lesson 1 *Enjoy the story* 中的 *Ann's dream* 部分，凯恩和安作为宇航员在火星上漫步，发现火星上非常寒冷，并且缺乏空气和水，但是他们遇见了非常友好的火星人。这个场景的设置旨在引导学生认识火星、了解火星上的环境，拓宽学生的自然科学知识。

3. 爱护自然价值观

爱护自然价值观只在六年级下册第九单元 Lesson 1 *Enjoy the story* 中的 *Life in 2050* 部分有体现。蒙奇、安和凯恩通过水晶球预测 2050 年的地球将会变得很脏，人们不得不居住在月球。但蒙奇坚信未来掌握在人类自己手里，大家现在可以做很多事情来拯救地球。这则故事旨在告诉学生要爱护现在的地球，并付诸行动。

四、价值观分析讨论

（一）人与自我价值观

人与自我价值观占比最高，内容丰富多样，是教材中主要涉及的价值观，整体呈现出下降的走势。

1. 道德与品质价值观

道德与品质价值观的占比为 43.04%，比例随年级增长而逐渐下降，仅在六年级教材中略微上升。尽管如此，在九项分价值观比例排名中，道德与品质价值观在三至六年级的教材中都排第一，这具有合理性。由于低年龄段的学生更容易受到外界事物的影响，因此需要更多的道德与品质方面的价值观输入，从小培养学生对真、善、美的正确认知。从内容上看，该价值观在教材中覆盖个人品德与社会公德两大类。社会公德涉及 13 个方面，包括遵守规则、保护动物、关爱老人、社会责任感等；个人品德涉及 21 个方面，包括理性消费、勇于探索、礼貌、勤奋、谦虚等。在通过教材学习英语的过程中，学生收获的不仅仅是知识，还有蕴含在其中的价值观。美中不足的是，某些重要的道德与品质价值观在教材中并未体现，如集体主义等。

2. 生命与安全价值观

生命安全是学生从事一切活动的前提，关系到家庭、学校、社会的切身利益，我国历来非常重视生命安全教育。然而教材中的生命与安全价值观占比仅为 7.59%，且比例随年级增长而持续下降，在六年级教材中甚至没有体现。生命与安全教育是学校教育中不可忽视的一部分，在小学阶段尤为如此。为了更好地宣传"生命至上、安全第一"的理念，提高学生珍爱生命、重视安全的意识，教材中关于这方面的渗透应适当加强。该价值观在教材中的体现大都是借助一定的情境。例如，通过调皮捣蛋的蒙奇外出时经历的各种危险来告诫学生何时何地都要注意人身安全，包括不到河边游泳、不把头或手伸出车外等。中小学安全教育的内容总体上包括社会安全、人身安全、网络与信息安全、自然灾害中的自我保护等，然而教材只涉及了社会安全、人身安全等，没有谈及网络、信息安全等方面。

3. 卫生与健康价值观

卫生与健康价值观占比 10.13%，虽然在每个年级教材中均有涉及，但整体还是偏低。学生的健康素质是他们全面发展的基础。小学生正处在养成良好卫生与健康习惯的关键期，更需要科学合理的引导。正因为卫生与健康教育对保障学生的身心健康如此重要，教材中关于这方面的渗透可酌情增多。从内容上看，该价值观在教材中整体分为健康饮食和积极运动两类。前者强调要合理搭配饮食，不能挑食，要养成良好的饮食习惯；后者突出了日常生活中积极参与体育锻炼的重要性，通过体育运动保持健康。但就个人卫生而言，教材只涉及了进餐时不要玩弄食物以免弄脏自己，价值观数量略显不足。

（二）人与社会价值观

人与社会价值观占比 27.85%，排列第二，呈先升后降的走势，内容的多样性主要集中在历史与文化这一分价值观。

1. 经济与社会发展价值观

经济与社会发展价值观仅在六年级教材中有一次体现，其余年级的教材均无涉及。读懂教材中的经济与社会发展类话题对低年段小学生来说相对困难，而对即将步入初中阶段的六年级学生而言，他们的思维能力和认知水平已有一定程度的提升,此时接受经济与社会发展价值观的熏陶更为合适。为了辅助学生理解,教材在呈现这方面的内容时都辅以图片,化抽象为形象。例如,唯一提及了经济与社会发展的例子出现在六年级上册学生和我国宇航员之间的对话中,学生询问宇航员到过哪里,宇航员回答说到过火星(on Mars)、月球(on the Moon)、宇宙(in space)、宇宙飞船(in a spaceship)等不同地方,每一个地方都配有图片,图片背后所折射出来的是我国航天事业取得的伟大成就。

2. 政治、法律与社会问题价值观

和经济与社会发展一样,政治、法律与社会问题价值观仅在六年级教材中有一次体现,其余年级的教材均无涉及,这样一种安排同样具有合理性。关于政治、法律或其他社会层面的内容过于抽象复杂,小学生由于各方面发展还未成熟,判断能力有限,再加上容易受到不良思想或事物的影响,这些决定了小学阶段的教育更应关注学生的身心健康发展、道德与品质培养等个体层面的内容。唯一涉及了此价值观的例子是出现在六年级下册中的世界人口问题,教材之所以直接明了地点出该问题且并未深入展开,正是因为考虑到这类社会问题的复杂性以及学生有限的接受程度。

3. 历史与文化价值观

历史与文化之所以在九大分价值观中占比排名第二,并成为人与社会主价值观的核心组成,这是因为语言与文化之间有着密切的联系。语言是文化的一部分,承载并传播文化;同时文化对语言也有重要的影响,语言不能离开文化而独立存在,语言学习需要文化理解。[①] 正因为两者之间的这层关系,教材中的历史与文化价值观占比才会偏高,英语教材才能成为中外文化交流的媒介。该价值观在四、五年级教材中的比重达到顶峰,原因在于四、五年级教材中的 Fact file、Culture corner 等部分大量列举了中国及外国的传统文化。从内容来看,教材主要涉及节日及其风俗、饮食、标志性动物、服饰、民族乐器等方面。这些内容让学生在了解外国文化的同时加深对本国传统文化的热爱,帮助其感受世界文化的多样性与融合性。

(三)人与自然价值观

人与自然价值观占比 11.39%,在三大主价值观中位列最后,在三、四年级教材中均没有涉及,内容也比较少。

---

① 梁姗姗. 小学英语教材文化教学知识研究——以人教版小学英语教材为例[J]. 现代中小学教育,2012(6):32-34.

1. 自然之美价值观

自然之美价值观仅在六年级教材中有一次体现，其余年级均无涉及。美育不分学科和年级，对美的教育应贯穿不同的教育阶段，因为体验美、传递美、创造美是学生综合能力中必不可少的一部分。大自然的美无处不在，学生需要通过恰当的引导，学会观察和想象，在发现和欣赏世界的美的过程中，获得美的感受并提升自身的审美素养，构筑起美的精神世界。但是在教材中，自然之美价值观只出现了一次，这远远不能满足美育的要求。由于自然之美指向学生身边的各种事物，而学生对自己周围的事物也更为熟悉和感兴趣，倘若教材中再多一些类似"寻找身边的美"的单元活动，也许更能锻炼学生发现美的能力，也更能引导学生通过身边的美来发现自然中的其他美，进而培养学生热爱自然的心。

2. 认识自然价值观

认识自然的比例在人与自然主价值观中最高，虽然在三、四年级教材中均无涉及，但在五、六年级教材中不低的占比使其在九项分价值观中排列第四，分布上整体合理。三、四年级学生的认知能力有限，深奥复杂的自然科学知识对他们而言难度较大，加上对低年段学生的培养更应关注身心健康发展、道德与品质等方面，所以认识自然价值观在三、四年级教材中没有出现也就合乎情理。五、六年级教材中呈现的认识自然价值观内容涉及认识时区、气候以及外太空等，能较好地拓展学生的视野。如果教材能再适当地向学生普及一些诸如地质灾害、生命现象等方面的自然科学知识，这对提升学生的科学素养必定大有裨益，当然前提是这些知识是以学生喜闻乐见的方式呈现。

3. 爱护自然价值观

地球是人类赖以生存的家园，然而伴随着经济的发展、人类生活水平的改善，我们的生存环境也在日益恶化。在这一背景下，环境教育要从小学生抓起，这是世界环境对所有公民提出的要求，与地球上每一个人的未来休戚相关。爱护自然价值观旨在提高学生的环境保护意识，让学生对自然界心存敬畏之心。然而，和自然之美一样，爱护自然价值观仅在六年级教材中出现了一次（六年级下册设置了有关环境污染的单元活动）。与食品、玩具、服装、学校等话题相比，教材中有关爱护自然方面的内容非常少，这对培养学生的环保意识非常不利。因此，该价值观在教材中的比重有待提升。

五、价值观呈现方式频次分析

和价值观的统计方式一样，若一个单元出现不同的价值观呈现方式，则分别为其计一个频次；若某一价值观呈现方式在同一单元出现多次，则只为该呈现方式计一个频次。经统计，北师大版小学英语教材（三至六年级）中体现了价值观的46个学习单元和3个检测单元共计使用呈现方式77次，这些方式大致可分为营造情境、正面直言、歌曲呈现、图示表达四大类（见表2.4）。

表2.4 北师大版小学英语教材中的价值观呈现方式频次分析表

价值观呈现方式	三年级		四年级		五年级		六年级		三至六年级	
	频次	百分比/%	频次	百分比/%	频次	百分比/%	频次	百分比/%	频次	百分比/%
营造情境	7	43.75	7	35.00	5	22.73	5	26.32	24	31.17
正面直言	2	12.50	6	30.00	2	9.09	7	36.84	17	22.08
歌曲呈现	4	25.00	1	5.00	4	18.18	1	5.26	10	12.99
图示表达	3	18.75	6	30.00	11	50.00	6	31.58	26	33.77
总计	16	100	20	100	22	100	19	100	77	100

如表2.4所示，四类呈现方式在每个年级教材中均有使用。占比排名第一、第二的"图示表达"和"营造情境"相差无几，两者比重都在30%左右；排在第三的"正面直言"占比约两成；位居末尾的"歌曲呈现"的比例则不到15%。值得指出的是，"图示表达"的比例约为排名第三、第四的"正面直言"和"歌曲呈现"的比例之和。

就走势而言，"图示表达"的占比在三年级至五年级教材中大幅上升，最高幅度达20%，但在六年级教材中又出现近20%的跌幅；"营造情境"的占比在三年级至五年级教材中持续下降，但在六年级教材中有小幅上升。"歌曲呈现"和"正面直言"有互补的趋势，即一方比例上升时，另一方比例下降；"歌曲呈现"的占比呈波动式下降，而"正面直言"则呈波动式上升，两者对比鲜明。"正面直言"的波动最为明显，升幅和降幅分别最高达27.75%和20.91%。

三、四年级教材使用的四类呈现方式中，"营造情境"的使用率最高；在五年级教材中，"图示表达"的使用比例占50%，是使用率最低的"正面直言"的5倍多；在六年级教材中，除"歌曲呈现"外，"正面直言""营造情境"和"图示表达"三者的使用比例均在30%左右，而"歌曲呈现"仅占5.26%，这再次证明教材更注重使用"图示表达"和"营造情境"的方式呈现价值观。

图 2.2 直观地反映了北师大版小学英语教材中各价值观与其呈现方式之间的关系，该图基于以下统计方式制作：若某一价值观对应不同的呈现方式，则为这些呈现方式各计一个频次；若某一呈现方式对应不同的价值观，则为这些价值观各计一个频次。

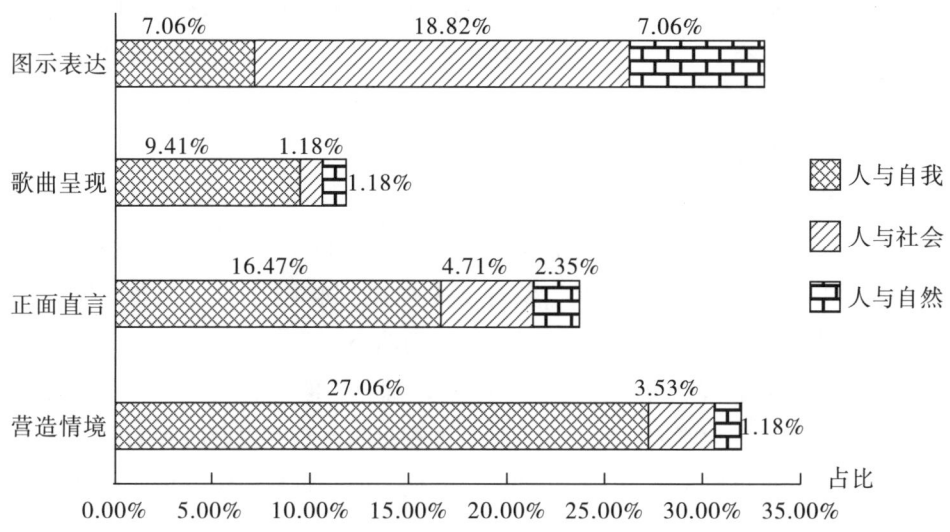

图 2.2　北师大版小学英语教材中的价值观与其呈现方式占比统计图

如图 2.2 所示，"营造情境""正面直言""歌曲呈现"三者主要用于呈现人与自我价值观，其次是人与社会价值观，最后是人与自然价值观；与之相对，"图示表达"更多地用于呈现人与社会价值观，其比例分别是人与自我、人与自然价值观比例的 2 倍多。

在呈现人与自我价值观的方式中，"营造情境"和"正面直言"的使用比例排在前两位，"歌曲呈现"居其次，"图示表达"位列末尾；在表达人与社会价值观的方式中，"图示表达"的比重稳居第一，其余方式的比例相差不大；在传递人与自然价值观的方式里，"图示表达"的占比虽不到 10%，但却几乎分别是"歌曲呈现"和"营造情境"的比例（两者均略高于 1 个百分点）的 6 倍多。

六、价值观呈现方式内容分析

从上文得知，在呈现价值观时，北师大版小学英语教材使用了诸如营造情境、正面直言、歌曲呈现、图示表达等不同的方式。本部分将通过援引教材中的文本内容来具体说明这些方式的使用情况。

（一）营造情境

营造情境主要出现在单元故事中。北师大版小学英语教材通过营造一个又一个鲜活生动的情境来推动单元故事情节的发展，从中传递出特定的价值观。

在三年级下册第八单元 Lesson 2 *Are these mushrooms?* 中的 Listen and read 部分，蒙奇、凯恩和安三个人一起去购物。在挑选蔬菜的过程中，蒙奇突然抱着几个胡萝卜没有付钱就跑走了，好在蒙奇的小伙伴及时制止并批评了他。这个情境告诉学生买了东西一定要结账之后才可以离开。

在四年级上册第一单元 Lesson 2 *Don't worry* 中的 Listen and read 部分，安的相机不小心掉到了围栏外面，蒙奇主动帮忙去捡并让安不要担心。还有一个小男孩因风筝被卡在树上拿不下来而嚎啕大哭，蒙奇见状主动爬到树上去帮小男孩把风筝拿了下来。这些情境都在提醒学生要乐于助人，帮助弱小。

在五年级上册第六单元中的 Enjoy the story 部分，蒙奇、凯恩和安三人去观看庙会，欣赏了舞龙、戏剧表演等，还看到有人在卖冰糖葫芦以及各种面具。透过庙会这个场景，学生可以了解中国传统的庙会文化，加深对我国传统文化的理解。

（二）正面直言

北师大版小学英语教材中有固定的人物，不同的人物扮演不同的角色，而人物之间的对话经常传递出各种价值观。

在三年级下册第十二单元中的 Listen and read 部分，蒙奇、凯恩和安一起去超市购物，蒙奇由于被销售人员发现是一只猴子而被要求离开超市。销售人员还在超市外贴了一张"禁止动物入内"的告示。教材在这里直接告诉学生，日常生活中最好不要带宠物进超市，以免引来不必要的麻烦。

在四年级上册第三单元 Lesson 1 *Whose CDs are those?* 中的 Listen and read 部分，安、蒙奇和凯恩三位小伙伴一起去探望布克叔叔。当布克叔叔说自己的书房很凌乱时，三人主动提出可以帮忙打扫、整理书房，减轻布克叔叔的工作量。故事中凯恩三人直言帮助别人，其实就是在示意学生要乐于助人，在别人有需要时主动伸出援手。

六年级上册第二单元 Fact File 中的 Table manners 部分所呈现的系列图片和文字直接明了地道出了各种餐桌礼仪：在餐桌上应该安静地吃饭，不玩弄食物，不浪费食物，进餐时不说话等。透过图片和文字，教材旨在提示学生平时要养成良好的进餐习惯。

（三）歌曲呈现

歌曲呈现主要出现在单元中的 Let's chant 或 Let's sing 部分。北师大版小学英语中低年级教材中呈现的歌谣或歌曲不仅增加了教材的欢娱性，也从中渗透了单元的主要价值观。

三年级上册第五单元 Lesson 5 *Have a try* 中的 Let's chant 部分用歌谣的形式讲述了凯恩和蒙奇一起去探望布克叔叔的情形。在搭计程车之前，凯恩和蒙奇特意准备了一些茶叶和沙拉，用行动诠释了什么是"礼轻情意重"。这首歌谣背后所折射出的是晚辈对长辈的尊重和孝敬。

五年级上册第一单元 Lesson 2 *Let's practice* 中的 Let's sing 部分用歌曲介绍了中国传统的京剧演员，并赞扬了京剧演员的优秀，以此增加学生对京剧的了解。这首歌不仅让学生进一步认识了我国的传统文化，也在一定程度上助长了学生的文化自信。

五年级下册第十二单元中 Let's sing 部分的歌曲讲到小伙伴们因为雨天的关系都不能出去玩，所以都期盼着下雨的日子快点过去。这首歌其实也在暗示学生：大自然的天气不能总是如人所愿，我们要做的是未雨绸缪，在合适的天气开展合适的活动。

（四）图示表达

北师大版小学英语教材里的图片素材丰富，文字旁边一般都配有插图，有些插图仅是辅助学生理解课文大意的工具，而有一些则蕴含丰富的价值观。

四年级上册第四单元 Lesson 4 *Have a try* 中 Culture corner 部分的图片介绍了中国、英国、美国等国家的典型建筑，如独栋的别墅、四合院等。学生通过图片可以了解到不同国家的建筑特色及其文化，拓宽自己的视野。

在五年级下册第十一单元 Fact file 中的 The weather report 部分，世界各地的气候都通过图片鲜明地呈现在学生面前。某年 6 月 22 日这一天，悉尼阴天寒冷，10 摄氏度；北京天晴炎热，30 摄氏度；巴黎晴朗舒适，20 摄氏度；厦门风雨交加，35 摄氏度。这部分中的四张图片让学生感受到了同一时间不同地方的不同天气，也在引导着学生认识世界各地的气候差异。

在六年级上册第四单元 Lesson 4 *Have a try* 中的 Let's do it 部分，学生需要通过小组合作来制作一张贺卡。书中图片提示学生既可以在母亲节的时候制作一张贺卡送给母亲，也可以在父亲节的时候制作一张贺卡送给父亲。设置图片的作用是想告诉学生，可以通过送贺卡的方式向父母表达感情，让父母通过贺卡感受子女的爱。

七、价值观呈现方式分析讨论

（一）营造情境

营造情境这一方式通过创设具体生动的场景，引导学生在情境中学习和运用语言，帮助其感悟情境背后的价值观。这类呈现方式避免了机械枯燥的弊端，更能吸引学生的兴趣和注意力，也更适合价值观的传递。营造情境占比31.17%，在所有呈现方式中排第二，虽然其比例随着年级增长而有所减少，但它在低年段一直高居第一，这与三、四年级学生的身心发展水平相适。到了五、六年级，学生的接受能力和理解能力增强，这是营造情境这一方式的比例有所下降的原因之一，另外一个原因和该方式多用于呈现人与自我价值观有关。一方面，人与自我价值观虽然在教材中比例最高，但前后呈下降的走势，因此营造情境的比重也随之减少；另一方面，呈上升走势的人与社会、人与自然价值观大部分出现在四、五年级教材中的文化角（culture corner）和事实档案（fact file）部分，这两部分主要采用正面直言的呈现方式，因此也造成了营造情境的比例下降。

（二）正面直言

正面直言是一种直接表达、不拐弯抹角的价值观呈现方式，旨在对事物或事件进行观点的直白陈述，并带有规劝的口吻，对于各方面发展还不够成熟、尚需正确引导的小学生而言必不可少。从内容来看，正面直言主要用于呈现道德与品质、生命与安全价值观。在所有的道德与品质价值观中，正面直言最多用于呈现"遵守规则"方面的内容，简单明了地告诉学生在面对交通规则、安全紧急等事件时应该如何去做。交通规则的遵守以及紧急事件发生时的自我急救对学生的安全保障相当重要，这不仅仅是学生个人素质的体现，更关系着学生的生命安全。因此，包括交通规则在内的各项社会规章制度方面的内容可以通过正面直言的方式告诉学生，让学生感受到内容的严肃性和重要性，引导学生做遵纪守法的好公民。

（三）歌曲呈现

歌曲是小学英语教材的一大特色，也是学生的一大兴趣所在。英语教材中的歌曲不仅能调动课堂气氛、激发学生的学习兴趣，还能传递相关的价值观。然而，歌曲呈现在北师大版小学英语教材的四种价值观呈现方式中占比不高，位列最后，因此有提升的空间。正如有学者指出的那样，英文歌曲的内容多涉猎人们较熟悉的话题如家庭、自然和节日等,强大的感染力能够有效地引起人们在情感和心理上的共鸣。[①] 从内容来看,虽然歌曲呈现主要用于传递人与自我价值观,但也有涉及人与社会、人与自然价值观。例如,该方式在教材中不仅指向个人品德的塑造、自然气候的说明,还向学生介绍西方的传统文化,可见其使用范围的广泛。

(四) 图示表达

图示表达在四类呈现方式中占比最高。北师大版小学英语教材中的每一个单元都是由图片和文字构成,这和小学生的思维水平及记忆特点密切相关,因为直观、生动的图片不仅能帮助小学生理解抽象、深奥的知识,对他们记忆这些内容也能起到很大作用。相比中学生,小学生更需要通过活泼的形式来融入课堂,而图片可以化复杂的事物为形象,让教学内容生动有趣、声形俱现,使学习氛围变得轻松愉悦。因此,图示表达在四类呈现方式中占比最高是合理的。此外,该呈现方式从三年级至五年级呈稳定上升走势,在六年级有所下跌,这可能与六年级教材有三个复习单元有关。从内容来看,图示表达主要用于呈现人与社会价值观,尤其是历史与文化价值观,不少斑斓的图片都透露着鲜明的文化色彩,洋溢着浓浓的文化气息,深深地吸引着学生的眼球。

[①] 李英菊. 英文歌曲对英语课堂教学的优化 [J]. 教学与管理, 2013 (33): 141 – 143.

第三章 中学英语教材价值观研究

第一节 人教版高中英语教材价值观研究[①]

一、数据收集

由教育部教材审定委员会专家组组长刘道义主编、人民教育出版社 2007 年出版的高中英语教材被选定为中学英语教材价值观研究的对象。该教材内容丰富、特色鲜明,受到广大师生的一致认可,是我国使用范围最广的高中英语教材之一,在我国中学英语教学中发挥着重要作用。教材每一单元分为听、说、读、写四大板块,各板块在单元中的作用和比例虽各异,但相互关联。教材涉及的话题包括职业、旅游、人际交往、卫生、健康、急救知识、体育、历史、社会、风俗、文学、艺术、食品、节日、科普、科技和自然等。

人教版高中英语教材共十一册,一至五册为必修,六至十一册为选修。每册书都有 5 个单元,其中一至六册每单元 8 页,七至九册每单元 9 页,十至十一册每单元 10 页。教材每个单元都包含热身(warming up)、读前(pre-reading)、阅读(reading)、理解(comprehending)、语言学习(learning about language)或语言学习和探究(studying and exploring language)、语言运用(using language)、小结(summing up)和学习建议(learning tip)八部分。此外,必修一至五册多了趣味阅读(reading for fun)部分,选修第十一册新增了项目(making a project)部分。

由于人教版高中英语教材存在同一篇课文散布在"阅读"及"语言运用"等不同部分的情况,本研究将其视为同一篇课文处理。例如,必修一第三单元的课文

[①] 作为课题结题成果之一,本节部分内容已发表在《湖州师范学院学报》2021 年第 6 期。

Journey down the Mekong（《沿湄公河而下的旅程》）被拆分为三节，分别散布在阅读部分的文本以及语言运用部分的"reading and discussing"和"listening and speaking"的文本里，这三节在本研究中被视为同一篇课文处理。按此方式计算，一至十一册教材共计 146 篇课文。为了获得完整的数据，这 146 篇课文均被列为初步的数据收集对象。

教材中每篇课文都有与其相关的练习，但并非所有练习在此研究中都被纳入数据收集的范围。首先，未明显体现价值观的练习（例如与语言技能操练相关的"语言学习"和"学习建议"，确认课文内容细节的"理解"，回顾单元知识点的"小结"等）直接被排除在统计范围之外。此外，"趣味阅读"的文体不一，篇幅只有寥寥数行，且只存在于一至五册教材，因而这部分未被纳入统计范围。同理，"项目"部分因只存在于第十一册教材也被排除。如此一来，一至十一册教材中被初步纳入价值观分析的练习共计 418 道，分布在"热身""读前""语言运用"等不同部分。

二、课文与练习中的价值观频次分析

高中英语课程标准指出，学生在修习必修课程的同时或之后，可以自主选修高中阶段其他的选修课程；所有学校应保证开设模块 6～8（选修六至八），积极创造条件尽快开设模块 9～11（选修九至十一）。[①] 然而在现实中，不同高中开设的模块不同，不同年级学生学习的进度不一。此外，高中英语采取必修课与选修课相结合的课程设置模式，课程标准也明确说明了必修课程和选修课程分别要达到的目的。[②] 因此，基于高中英语课程的特殊性以及对高中英语教学现状的研判，本节研究不是从年级维度而是从必修与选修维度进行教材价值观的统计与分析。

（一）课文中的价值观频次分析

以"英语教材价值观分析框架"为参照，结合教材配套教师用书对每章节主题及相关内容的信息描述，确认有 5 篇课文因没有体现价值观而被剔除。由于每篇课文篇幅较长、内容较多，价值观的体现次数不一（从 1 次到多次不等）、轻重程度不同，因此剩余的 141 篇课文按每篇只取最体现文章主旨的 1～2 次进行分析。以此方式统计，141 篇课文共体现价值观 187 次（见表 3.1）。

---

① 中华人民共和国教育部. 普通高中英语课程标准（实验）[S]. 北京：人民教育出版社，2003：4.
② 中华人民共和国教育部. 普通高中英语课程标准（实验）[S]. 北京：人民教育出版社，2003：3.

表 3.1 人教版高中英语教材课文中的价值观频次分析表

价值观		必修一至五		选修六至十一		必修一至选修十一	
		频次	百分比/%	频次	百分比/%	频次	百分比/%
人与自我	道德与品质	13	15.48	28	27.18	41	21.93
	生命与安全	2	2.38	1	0.97	3	1.60
	卫生与健康	2	2.38	6	5.83	8	4.28
	小计	17	20.24	35	33.98	52	27.81
人与社会	经济与社会发展	6	7.14	2	1.94	8	4.28
	政治、法律与社会问题	3	3.57	10	9.71	13	6.95
	历史与文化	36	42.86	29	28.16	65	34.76
	小计	45	53.57	41	39.81	86	45.99
人与自然	自然之美	1	1.19	2	1.94	3	1.60
	认识自然	18	21.43	20	19.42	38	20.32
	爱护自然	3	3.57	5	4.85	8	4.28
	小计	22	26.19	27	26.21	49	26.20
总计		84	100	103	100	187	100

如表 3.1 所示，就价值观占比而言，无论是必修还是选修的课文，均以传递人与社会价值观为主，两者比例之和接近五成；人与自我价值观和人与自然价值观的比例相差不大，均接近三成。在必修课文中，人与自然价值观占比排第二位，人与自我价值观排最后；而在选修课文中，情况正好相反。可见，虽然必修与选修课文对人与自我和人与自然价值观的重视程度有些差异，但这恰恰体现出了必修与选修课文之间的互补关系。

在分价值观方面，必修与选修课文都最为重视历史与文化价值观的传递，其占比超过三成，位列第一；排在二、三、四位的分别是"道德与品质""认识自然"以及"政治、法律与社会问题"；"卫生与健康""经济与社会发展"以及"爱护自然"并列第五；排在末尾的是"生命与安全""自然之美"。虽然课文全面传递了各项分价值观，但其比例悬殊。排名前三位的分价值观占比均在 20% 以上，其余则均在 10% 以下，尤其是排名最后的两项分价值观均仅占 1.60%。

就走势而言，从必修到选修，人与社会价值观的占比下降了 13.76%，但还是处于主要地位。人与自我价值观的占比上升了 13.74%，和人与社会价值观的走势互补。人与自然价值观的占比前后基本持平，说明必修与选修的课文一直在关注自然方面的教育。在分价值观方面，从必修到选修，道德与品质、卫生与健康以及政治、法律与社会问题等价值观的占比都有不同程度的上升，而呈下降走势的价值观有经济与社会发展、历史与文化等。

（二）练习中的价值观频次分析

以"英语教材价值观分析框架"为参照，结合教材配套教师用书对每章节主题及相关内容的信息描述，确认有 52 道练习题因没有体现价值观而被剔除。和课文中的价值观频次分析一样，本分析按每道练习体现 1～2 次价值观的方式统计，剩余 366 道练习题共体现价值观 392 次（见表 3.2）。

表 3.2　人教版高中英语教材练习中的价值观频次分析表

价值观		必修一至五		选修六至十一		必修一至选修十一	
		频次	百分比/%	频次	百分比/%	频次	百分比/%
人与自我	道德与品质	44	23.78	49	23.67	93	23.72
	生命与安全	0	—	3	1.45	3	0.77
	卫生与健康	7	3.78	14	6.76	21	5.36
	小计	51	27.56	66	31.88	117	29.85
人与社会	经济与社会发展	11	5.95	11	5.31	22	5.61
	政治、法律与社会问题	6	3.24	20	9.66	26	6.63
	历史与文化	77	41.62	67	32.37	144	36.73
	小计	94	50.81	98	47.34	192	48.97
人与自然	自然之美	2	1.08	0	—	2	0.51
	认识自然	29	15.68	38	18.36	67	17.09
	爱护自然	9	4.86	5	2.42	14	3.57
	小计	40	21.62	43	20.78	83	21.17
总计		185	100	207	100	392	100

如上表所示，就价值观占比而言，无论是必修还是选修中的练习，均最为重视人与社会价值观，两者比例之和接近一半；人与自我价值观次之，占比约三成；最

后是人与自然价值观,约占两成。在分价值观方面,占比超过35%的"历史与文化"排在首位;"道德与品质""认识自然"及"政治、法律与社会问题"分别占据第二、三、四位;"经济与社会发展"排在第五,领先第六位的"卫生与健康"仅0.25%,"爱护自然"紧随其后;占比分别不足1个百分点的"生命与安全"及"自然之美"位列末两位。无论是必修还是选修中的练习都缺失了部分价值观,前者缺失生命与安全价值观,后者缺失自然之美价值观。

就走势而言,从必修到选修,人与社会价值观的占比略有下降,人与自我价值观的占比小幅上升,而人与自然价值观的占比前后变化不大。在分价值观方面,呈上升走势的为"生命与安全""卫生与健康""认识自然"以及"政治、法律与社会问题"等,呈下降走势的有"历史与文化""自然之美"及"爱护自然"等。此外,不同分价值观的升降程度不一,除历史与文化下降了近一成外,其余分价值观的变化程度较轻微。

三、课文与练习中的价值观内容分析

教材不仅仅是对学生进行知识传授与能力培养的媒介,还是进行价值塑造的重要载体。好的教材要能发挥育人作用,引导学生提高个人修养,帮助学生立德成才。本部分将援引教材中的课文与练习案例,以此阐述教材中蕴含的不同价值观。

(一)课文中的价值观内容分析

1. 道德与品质价值观

教材中体现道德与品质价值观的课文包括《地球的一个不眠之夜》(A night the earth didn't sleep)、《造福全人类的先驱者》(A pioneer for all people)、《青蛙弗雷迪》(Freddy the frog)、《一封家信》(A letter home)、《路永在前方》(The road is always ahead of you)、《世界上最有用的礼物清单》(The world's most useful gift catalogue)、《一次成功的失败》(A successful failure)等。以下列举部分课文进行说明。

《造福全人类的先驱者》(A pioneer for all people)通过介绍中国科学家袁隆平及其对杂交水稻研究的巨大贡献,赞扬了他淡泊名利、无私奉献的高尚品格。袁隆平作为著名的农业科学家,即使研制出超级杂交水稻,也依旧认为自己就是一个农民,还将大部分的积蓄用于科研。他虽过着和普通人一样的生活,却有着一个伟大的梦想,那就是将杂交水稻覆盖全球。袁隆平孜孜以求、坚韧不拔的精神是全中国人民的榜样。

《世界上最有用的礼物清单》(The world's most useful gift catalogue)通过一种特

殊的倡议，号召人们为那些确有需要的群体提供无偿捐助，提醒人们要善于帮助他人。正如课文中所说："从这份清单中选择一份确实有用的礼物，送给世界上最穷苦的人吧！给急需帮助的社区带去改善的希望吧！"短短一句话，字里行间无不流露出善意、真诚和友爱。

《一次成功的失败》(*A successful failure*) 通过一个真实的南极科考队遇险但全员最终奇迹般生还的故事，讴歌了主人公团结一致、顽强不屈的优良品质。1914年8月，沙克尔顿爵士的"持久号"轮船向南极出发，却在接近目的地时，意外被坚冰挤坏导致沉没。船上的所有人员却靠积极乐观、众志成城等优良品质战胜了各种难以想象的困难，最终奇迹般全部生还。

总的来说，这类课文通过描述事迹或直抒胸臆的方式来强调道德和品质的重要性，引导学生树立正确的价值观，告诉学生如何做一个富有爱心、积极乐观、淡泊名利、甘于奉献的人。

2. 生命与安全价值观

教材中仅有3篇课文体现生命与安全价值观，分别是 listening text（必修一，第四单元），《开车还是不开车》(*To drive or not to drive*) 和《一个露营假期》(*A camping holiday*)。

必修一第四单元的 listening text 描述了美国旧金山1906年地震时的可怕景象。主人公身处危险的境地中，更糟糕的是，他不清楚如何寻找安全的地方。所幸他最后遇到了一个知道通往逃生之路的男人，因此幸免于难。课文借此例子强调在地震或其他灾难中自救与互救的重要性。

《开车还是不开车》(*To drive or not to drive*) 讲述了一个名为 Liu Pu 的新手司机第一次驾车行驶在城市当中，却看到这样的交通乱象：各个方向都有计程车在穿梭，行人过马路却不留意来往车辆，骑自行车的人不管不顾便转弯。红灯突然亮起时，他为了避让前方车辆而撞向了一旁的自行车并被罚款。罚单事小，安全事大。这篇课文警示学生要注意交通安全，遵守交通规则，确保自身安全。

《一个露营假期》(*A camping holiday*) 讲述了一名在澳大利亚上大学的留学生王平的经历。暑假来临之前，他受邀去露营，但对此感到非常紧张，因为他害怕被蛇咬。于是，王平与朋友们展开了一场关于如何防止被蛇咬的讨论。此文的目的在于提醒学生注意出游安全。

如上所述，这类课文通过设计一些现实中会发生的事例来强调安全的重要性，引导学生珍爱生命、学习应急知识和树立安全意识。

3. 卫生与健康价值观

教材中体现卫生与健康价值观的课文共8篇，其中包括《到这里来用餐吧》

（Come and eat here）、《不均衡饮食可以怎样影响你的健康》（How an unbalanced diet can affect your health）、《爷爷的忠告》（Advice from granddad）、《向一些学生的错误观点挑战》（Challenging student myths）等。以下列举部分课文进行说明。

《不均衡饮食可以怎样影响你的健康》（How an unbalanced diet can affect your health）是一篇关于膳食平衡的对话课文，讲述了餐厅老板王鹏为了更加了解膳食平衡的相关知识专门去图书馆查找资料，在路上偶遇了一位饮食专家，于是向其请教。通过交谈，王鹏知道了如何做到膳食均衡，以及不均衡饮食会对身体造成的危害，如引起坏血病、佝偻病和肥胖症等。学生阅读此文，能切实感受到均衡营养、合理膳食的重要性。

在《爷爷的忠告》（Advice from grandad）一文中，爷爷以亲身体会向孙子说明自己吸烟上瘾的原因、吸烟的危害及戒烟的经历。戒烟后的爷爷即使马上要过82岁生日，依旧身体硬朗，还能一下午骑行20公里。"我想我之所以长寿而且精力充沛，要归功于我的健康生活……希望你能像我这样活得健康长寿。"这是爷爷对孙子的殷切期盼。故事中的爷爷告诫孙子把烟戒掉，实则也在告诫学生们要远离有损身体健康的事物，养成良好的作息习惯和生活方式。

《向一些学生的错误观点挑战》（Challenging student myths）指出了一些影响学生进步的错误观点，如"最成功的学生不愁考试""只有日夜学习的学生才能取得成功""不上重点大学，将来就不会成功"等，这些观点给学生们施加了很多无形的压力。通过对错误观点的剖析，课文旨在引导学生用科学合理的眼光去看待世界上的事物，学会应对压力，注重心理健康。

总而言之，这类课文通过设置故事情节、介绍事例或者阐明事理的方式，从身心健康角度出发，强调积极健康的生活方式、乐观向上的生活态度和良好生活习惯的重要性。

4. 经济与社会发展价值观

教材中体现经济与社会发展价值观的课文有8篇，包括《我是谁?》（Who am I?）、《机器人安迪》（Andy—the android）、《什么是信息技术》（What is information technology?）、《第一印象》（First impressions）、《广告是如何起作用的》（How advertising works）等。以下列举部分课文进行说明。

《我是谁?》（Who am I?）以第一人称的拟人手法，介绍了计算机的发展历史及其在各个领域的应用。"我"从"一台分析机"发展成"人工智能"，从"个人电脑"演变成"便携式电脑"，在能力越来越强的同时体积越来越小。"我在通信、金融和商业领域变得非常重要，我还被放在机器人里面，被用来制作移动手机。"文中一些句子表达了计算机的发展之快及其在生活中的用途之广。

《机器人安迪》（Andy—the android）同样以第一人称的形式，描绘了机器人安迪（Andy）参加足球比赛的情形。机器人介绍了自己在足球队中当前锋时如何与队友交流及抓住进球的好时机，还分享了自己和人类球队比赛的感受。"我已经学会了用计算机语言向队友示意把球传给我。""我真的很喜欢和人类球队比赛，因为我经过程序编制，行动起来和他们一样。不管怎样，在我过目不忘的电子脑的帮助下，运用智能就是我可做的一切。"机器人为自己运用智能而感到自豪时所说的这些话，无不让人感受到科技的迅猛发展。

《第一印象》（First impressions）以李强发自宇宙空间站的电子邮件为文体，讲述了他如何安全到达公元3008年的未来世界以及他对这个世界的第一印象。"电脑驱动的气垫车""空气似乎很稀薄""墙是绿色的，地板是棕色的，墙壁是由树形成的，为这栋房屋提供了最急需的氧气""王平在电脑屏幕上闪了一下开关，一把桌子和几把椅子就从地面上升起来……又从地板下取出一张床来"……课文通过描述李强的未来之旅，对未来生活进行了展望，也对未来经济和社会发展的前景进行了勾勒。

综上所述，这类课文通过文中主人公的视角，讲述了经济和社会发展的方方面面，旨在引导学生树立推进经济和社会发展的意识，号召学生为推动社会进步做出贡献。

5. 政治、法律与社会问题价值观

教材中有13篇课文涉及政治、法律与社会问题价值观，包括《伊莱亚斯为什么要加入非洲国民大会青年联盟》（Why Elias joined the ANC youth league）、《有给女性一个平等的机会吗？》（Are women given a fair chance?）、《这些蔬菜怎么了？》（What's wrong with the vegetables?）、《致建筑师的一封信》（A letter to an architect）、《包君满意》（Satisfaction guaranteed）、《一封家信》（A letter home）、《做广告的人应守诚信》（Keeping advertisers honest）等。以下列举部分课文进行说明。

在《伊莱亚斯为什么要加入非洲国民大会青年联盟》（Why Elias joined the ANC youth league）一文中，伊莱亚斯自述了加入非洲国民大会青年联盟的原因，例如"为了南非白人和黑人之间的平等权利而斗争""我们想拥有同样的权利，能在自己的国家和白人一样被平等对待，所以我加入这个联盟"等。通过呈现黑人和白人在生活、工作等方面的差别，伊莱亚斯在陈述愿景的同时，也表达了对种族歧视的反抗。学生通过阅读该课文，能直观地感受到存在于非洲的种族不平等这一社会问题。

《有给女性一个平等的机会吗？》（Are women given a fair chance?）这篇课文以第一人称的口吻回答了标题所问的问题。文中的"我"认为女性与男性相比，并没有获得与男性一样好的职业，造成男女不平等的原因包括女孩子更容易由于贫困而难以接受教育，女性常常因公司内部男性高层领导选择男性继任人而很难达到职业顶峰，女性更倾向于为了家庭而放弃自己的职业等。课文借助"我"的观点，向学生揭示了社会上一些常见的不公平现象及隐藏于这些现象背后的社会问题。

《做广告的人应守诚信》（Keeping advertisers honest）列举了一些国家为了应对虚假广告问题所采取的不同措施，包括制定法律以约束广告商们的不法行为、通过广告组织对广告商进行教育以及向投诉机构投诉等，以此告诫我们"并不是所有的广告商都诚实、正直"，要懂得自我保护以防上当受骗。

概括而言，这类课文通过讲述主人公遭受不同社会问题的严峻考验并为此抗争的经历，或通过剖析这些社会问题背后的原因，引发学生对社会问题进行深思。

6. 历史与文化价值观

教材中体现历史与文化价值观的课文共65篇，其中包括《通向现代英语之路》（The road to modern English）、《标准英语和方言》（Standard English and dialects）、《寻找琥珀屋》（In search of the amber room）、《节日和庆典》（Festivals and celebrations）、《皇宫也可以是监狱吗？》（Can a royal palace also be a prison?）、《西方绘画艺术简史》（A short history of western painting）、《谢蕾，再接再厉！——中国学生适应能力强》（Keep it up, Xie Lei—Chinese student fitting in well）、《加利福尼亚》（California）等。以下列举部分课文进行说明。

《通向现代英语之路》（The road to modern English）一文介绍了英语的发展历史及促使英语发生变化的原因，还讲述了英语在其他国家的使用现状："在新加坡、马来西亚和南非，人们也说英语……中国可能拥有世界上最多的英语学习者。中国的英语会发展出自己的特色吗？这只能由时间来回答了……"学完这篇课文，学生对现代英语的来龙去脉将有更深刻的认识。

《节日和庆典》（Festivals and celebrations）一文由若干篇小短文组成，分别介绍了世界上不同节日的起源。日本的孟兰盆节和墨西哥的亡灵节是为了纪念已故先祖；中国的端午节（龙舟节）和美国的哥伦布日是为了缅怀历史上的著名人物；中国的春节和日本的樱花节则预示着"寒冬已过，春天到来"，全家人借此机会欢聚一堂。除此之外，课文还介绍了一些宗教节日的由来，例如复活节是全世界基督徒的一个重要节日，旨在庆祝耶稣复活和欢庆新生命的到来。这篇课文不仅仅是为了向学生介绍节日的起源，更是为了提醒学生在享受美好生活的同时要为自己国家的节日文化而自豪。

《西方绘画艺术简史》（A short history of western painting）介绍了西方绘画的发展简史，包括背景、表现、特点等。中世纪时期，西方绘画充满了宗教特征，体现出对上帝的爱戴与敬重；文艺复兴时期的绘画主题从宗教转移到了自然，画家开始用透视法来画出事物；而到了印象派时期，室外写景成了主流。这些介绍都能让学生体会到西方绘画的灿烂多姿。

概而论之，这类课文通过历史与文化类属下的某一侧面，开门见山地讲述某一特定的历史或文化，从而加深学生对历史的认识以及对文化的理解。

7. 自然之美价值观

教材中仅 3 篇文章体现了自然之美价值观，分别是《沿湄公河而下的旅程》（*Journey down the Mekong*）、《崭新的生活空间》（*A new dimension of life*）以及《澳大利亚小览》（*Glimpses of Australia*）。

《沿湄公河而下的旅程》（*Journey down the Mekong*）一文的第二部分"山中一宿"记录了主人公王坤和王薇姐弟两人在旅行中穿越山间、留宿山上的经历。在山间穿行时，他们为西藏大山景色的壮美所震撼："湖水在落日的余晖下闪亮如镜，景色迷人。"在山上宿营时，王坤因为被美景吸引而迟迟未能入睡："而我却醒着，半夜里，天空变得清朗了，星星更亮了……"无论是对穿行的描写还是对宿营的叙述，字里行间无时无刻不在描绘大自然的美。

《崭新的生活空间》（*A new dimension of life*）以日记的形式记录了"我"的一次绝妙潜泳经历，描绘了"我"所看到的、如同一个全新生活空间般的奇特美景。例如，"那些色彩鲜艳、奇形怪状的珊瑚以及小巧整齐、姿态优雅的鱼等"都让"我"发出了"这个水底世界是多么美妙"的感叹。学生在阅读这些文字时，脑海里轻易就能浮现出一幅幅美丽的画卷。

《澳大利亚小览》（*Glimpses of Australia*）由五篇风格各异的短文构成。第三篇"乘飞机观云彩，坐火车看澳洲"以广告的形式介绍了游览澳洲的最佳方式，同时也用华丽的辞藻描绘了澳大利亚的美景，让学生读完后想置身其中。

整体而言，这类课文以详写或略写的形式，描绘了星空美、湖水美、海底世界美、高山美、动物美、植物美等，引导学生体验、欣赏无处不在的自然之美。

8. 认识自然价值观

教材中体现认识自然价值观的课文有 38 篇，其中包括《地球的一个不眠之夜》（*A night the earth didn't sleep*）、《地球上生命的起源》（*How life began on the earth*）、《哥白尼的革命性理论》（*Copernicus' revolutionary theory*）、《人类免疫缺陷病毒/艾滋病：你是否面临危险？》（*HIV/AIDS：are you at risk*？）、《克隆：它将把我们引向何方？》（*Cloning：where is it leading us*？）、《海洋航行》（*Sailing the oceans*）等。以下列举部分课文进行说明。

《地球的一个不眠之夜》（*A night the earth didn't sleep*）叙述了1976年7月28日的河北唐山大地震，包括震前预兆、震中损伤及震后救助等内容。地震前夕，唐山地区出现了一系列反常的自然现象，如"三天来，村子里的井水升升降降，起起伏伏""农家大院的鸡，甚至连猪都紧张得不想吃食。老鼠从田地里跑出来找地方藏身"等。凌晨时分，地震袭来，整个城市蒙受惨重损失。这篇课文除了能让学生感受到地震带给人类的灾难，还能在帮助学生认识地震的同时普及相关知识。

《地球上生命的起源》（*How life began on the earth*）讲述了地球生物进化的过程。宇宙大爆炸形成了原子，原子结合成恒星和其他天体。与其他天体不同，地球因为有水的存在而孕育了生命，这便是生命的起源。水面极小的植物陆续进化为陆地绿色植物、陆生动物及两栖动物、爬行动物、哺乳动物，最终进化为"行星上最重要的动物"——人类。课文在揭开大自然生命神秘面纱的同时，也在引导学生保持对自然的好奇、积极认识并探索自然。

《人类免疫缺陷病毒/艾滋病：你是否面临危险？》（*HIV/AIDS: are you at risk?*）讲述了HIV病毒如何破坏人体的免疫系统并让人体感染艾滋病。艾滋病的可怕使得人们在恐惧当中对其产生了一些误解。针对此，课文科普了HIV病毒的主要传播途径及保护自我的注意事项。学生在阅读该课文时，可以进一步了解HIV/AIDS及其预防方面的专业知识。

从以上可见，这类课文通过介绍大自然的某些现象或科普特定专业领域的相关知识，激发学生认识自然的好奇心，引导学生科学地探究自然、发现其中的奥妙及掌握其中的规律。

9. 爱护自然价值观

教材中体现爱护自然价值观的课文共8篇，分别是《戴茜是如何学会保护野生动物的》（*How Daisy learned to help wildlife*）、《动物灭绝》（*Animal extinction*）、《渡渡鸟的故事》（*The story of the Dodo*）、《全球在变暖——这会带来什么影响吗?》（*The earth is becoming warmer-but does it matter?*）、《关于全球变暖，我们能干些什么呢？》（*What can we do about global warming?*）、《化石燃料和其他形式的能源》（*Fossil fuels and other forms of energy*）、《虎鲸老汤姆》（*Old Tom the killer whale*）以及《三则广告》（*Three ads*）。以下列举部分课文进行说明。

《渡渡鸟的故事》（*The story of the Dodo*）以渡渡鸟自述的方式，讲述了渡渡鸟如何永远消失的故事。虽然这只是一个虚拟的故事，但它却告诉我们：的确是人类致使渡渡鸟在数百年前彻底消失了。这篇课文从道德层面的高度发出警告，使学生在深刻体会到渡渡鸟永远退出历史舞台的悲哀和震撼后，充分认识到爱护自然的重要性以及保护野生动物的必要性。

《关于全球变暖，我们能干些什么呢?》(What can we do about global warming?)一文的主人公欧阳光为了研究全球变暖的课题，写了一封信给"关爱地球"组织。欧阳光认为："在全球变暖这种巨大环境问题前，个人起不了什么作用。"在回信中，"关爱地球"组织先是否定了欧阳光的观点，指出群策群力是解决问题的关键；接着就如何减少空气中的二氧化碳含量提出了具体的建议。这封回信能让学生从诸如随手关电器、尽量步行或骑自行车等日常生活中的点滴开始，逐步树立起保护自然环境的意识。

《化石燃料和其他形式的能源》(Fossil fuels and other forms of energy)一文是大学生李斌与某教授关于能源使用问题的一段对话，内容主要涉及为了减少二氧化碳含量而停止使用化石燃料的不现实性、由科技水平有限等原因导致的清洁能源使用的难度、使用核能的危险性等。这段对话能让学生认识到全球变暖带来的严峻形势，启发学生爱护环境及节约能源。

总之，这类课文通过探究环境问题产生的原因以及分析解决问题的对策，让学生意识到保护环境、爱护自然的重要性并珍惜一切来自大自然的美好馈赠。

(二) 练习中的价值观内容分析

1. 人与自我价值观

第一，道德与品质价值观。在必修一第一单元的 Warming up 部分，学生需通过调查去思考诸如"自己是否友善地对待朋友""朋友为什么重要"等问题，明白友谊的丰富含义，懂得如何交朋友以及树立正确的友谊观。必修五第五单元 Using Language 中 Reading and discussing 部分的第三道练习题是："你会用什么形容词来描述约翰的行为?"学生通过评论约翰见义勇为的行为并考量其中的危险性，可学会"在勇敢的同时不鲁莽，行善之时也要量力而行"的道理并做一个机智的勇敢者。

第二，生命与安全价值观。选修九第三单元 Using Language 中 Reading and discussing 部分的文章介绍了澳大利亚是一个有许多危险动物的国家，随后的一道练习题让学生讨论在澳大利亚旅游时应如何避开这些危险动物从而免受伤害。Debating 部分的一道练习还让学生就澳大利亚是否是一个合适的旅游点进行辩论。另外，Writing 部分的"决定去澳大利亚哪个安全的地方旅游"也传递了这一方面的价值观，提醒学生注意出游安全。

第三，卫生与健康价值观。在必修一第一单元 Using Language 中 Reading and listening 部分的练习中，莉萨向王小姐写了一封寻求建议的信，诉说自己和一位男同学一直相处得很好，却因此惹来周围同学的议论。这些议论无形中让莉萨增添了许多压力并感到十分困扰。这道练习题其实也是在提醒同学们：对青春期正常的异性交友行为应持有阳光、健康的心态，学会以诚相待，懂得如何排解压力。选修六第三单元 Warming up 中的第一道练习题让学生回答"什么健康问题最让年轻人担心并列举一些重要的健康问题"，旨在使学生懂得：一个真正健康的人不仅要身体健康、体格健壮，还要心理健康、心智健全。

整体而言，反映道德与品质价值观的练习通过让学生反思与评价等方式来开展道德教育，引导学生追求真善美等良好品质；体现生命与安全价值观的练习主要通过阐述一些事例让学生树立安全意识；传递卫生与健康价值观的练习主要通过谈论一些与健康相关的话题使学生懂得身体健康与心理健康同等重要。

2. 人与社会价值观

第一，经济与社会发展价值观。必修二第三单元 Warming up 部分中的练习借助图片的方式展示了计算机发展的历史，让学生构想计算机未来会演变成什么样子。选修八第三单元 Warming up 的练习中，学生需两人一组就自己熟悉的现代发明进行讨论，讲述这些发明如何改变人们的生活。选修七第二单元 Warming up 中的练习首先讲述了机器人的概念、种类、功能等，接着让学生分组列出一些科幻类的文学作品、电视节目等。上述练习都是通过科技发展的缩影如计算机、机器人等来呈现经济和社会发展的成果的。

第二，政治、法律与社会问题价值观。必修二第一单元 Using Language 中 Reading and writing 部分的第二道练习题让学生阅读一封简短的信件，对信中所提的"发现的文物是否要上交"这一问题进行讨论。必修四第二单元 Using Language 中 Reading, speaking and writing 部分的练习让学生亲手设计海报来为"绿色食品"的安全性和重要性打广告，使其体会食品安全的必要性。必修五第三单元 Pre-reading 中的第一道练习题让学生列出人类如今正在面临的问题，引发学生对社会问题的思考，帮助其辩证地看待社会发展的两面性。

第三，历史与文化价值观。必修一第二单元 Using Language 中 Reading 部分的第二道练习题让学生以小组的形式列举自己听过的我国方言，从而使其感受我国语言的文化差异并体会文化的多样性。必修三第一单元 Using Language 中 Listening and speaking 部分的第一道练习题让学生看图讨论特立尼达岛在狂欢节会有什么活动，引导学生了解不同文化下的节日及其庆祝活动。选修六第二单元 Using Language 中 Writing 部分的练习让学生写一首以"slowly"开头、每一行都押韵的诗，让学生借此了解诗歌的基本特征，学会欣赏诗歌。

总的来说，体现人与社会价值观的练习借助一些缩影呈现经济与社会发展的盛况从而号召学生为推动社会进步贡献力量；通过呈现社会所存在的问题引发学生的思考，使其对社会形成全面的认知；依托历史史实或文化典型，让学生对历史文化有更深入的认识，引导其做一个知史明智、富有文化底蕴的人。

3. 人与自然价值观

第一，自然之美价值观。在必修一第三单元 Using Language 中 Reading and discussing 部分的第一道练习题里，学生通过对比主人公在旅行中的前后态度可感悟出正是西藏这片神奇土地的美丽之处使得主人公享受这次旅行。第二道练习让学生想象主人公在离开宿营地前会有怎样的对话，对话内容紧紧围绕主人公昨夜所看到的那引人入胜的浩瀚星空开展。可见，上述两道练习题展现的都是自然之美。

第二，认识自然价值观。必修二第三单元 Using Language 中 Listening and speaking 部分的第一道听前练习题让学生列举 IT（信息技术）所包括的形态或载体，使其对 IT 的构成有一个科学的认识。选修九第四单元 Using Language 中 Listening and discussing 部分的第一道练习题展示了奇特植物的图片，让学生认真观看图片后描述每种植物并说明这些植物的奇特之处，从而丰富学生对自然界的认识。

第三，爱护自然价值观。必修二第四单元 Warming up 部分讲述了野生动物的生存困境，以图文的形式展现了中国在野生动物保护上所付出的努力以及取得的成效，还通过让学生列举正在被我国保护的野生动物使其充分体会到野生动物保护的必要性和紧迫性。必修五第三单元 Pre-reading 部分的第一道练习题让学生列出人类如今正在面临的问题，把学生的目光转向各类环境问题，让他们树立起保护环境、爱护自然的意识。选修七第三单元 Pre-reading 部分的练习让学生在观看完一张虎鲸帮助捕鲸人捕捉其他鲸鱼的图片后去猜图片里正在发生什么，使学生认识到动物和人类是很好的朋友并应受到人类的保护。

综上所述，传递人与自然价值观的练习主要采用自然界的不同侧面来展现自然之美，通过让学生认识自然现象与规律从而向他们传播自然知识，通过描写环境问题产生的原因及解决对策引导学生爱护、敬畏自然。

四、课文与练习中的价值观分析讨论

前文提到，教材是塑造学生价值观的重要载体，好的教材要充分发挥育人的作用，引导学生立德成才。本部分通过讨论人教版高中英语教材课文和练习中各价值观的分布比例及其走势变化的合理性、原因等，剖析该教材在育人方面所起的作用。

(一)人与自我价值观

人与自我价值观无论在课文还是练习中的占比均在 30% 左右,且从必修到选修均呈上升走势,足见教材对学生个体层面价值观塑造的重视。高中英语课程标准指出:高中外语教育具有多重人文意义,是培养公民外语素质的重要过程,要满足学生心智和情感态度的发展需求以及高中毕业生就业、升学和未来生存发展的需要。① 教材对人与自我价值观的重视无疑高度吻合课标的这一理念。

1. 道德与品质价值观

道德与品质价值观无论在课文还是在练习中的占比均排第二,且在课文中的比例呈上升走势。教材通过传递此价值观,对学生进行道德与品质方面的教育,培养德、智、体全面发展的合格人才,这不仅必要而且意义重大。高中是基础教育的最后阶段,教育和引导学生养成良好的道德品质、走健康成才道路是高中德育的重要内容。② 人教版高中英语教材重视传递道德与品质价值观,引导学生树立优良的道德品质从而达到育人目的,这极具合理性。

2. 生命与安全价值观

生命与安全价值观在课文与练习中的占比均不足 2%,仅有 3 篇课文和 3 道练习题体现了此价值观,且在必修教材中没有练习涉及,这是该版教材的待优化之处。高中阶段的学生面临生活、就业或升学等压力,不少人感到焦虑和无助。高压之下,有的学生不知如何排解导致做出轻生的选择。教材有必要通过适当的方式引导学生树立正确的生命观、培养学生正确的生命意识。就安全教育而言,国家将每年 3 月最后一周的星期一定为"全国中小学生安全教育日",可见国家对安全教育的重视程度。然而,我国安全教育的现状却不容乐观,一些中小学还没有开设安全教育类课程。中学生由于情绪波动起伏较大,是安全知识相对欠缺、自我防范能力和救助能力相对较差的弱势群体。③ 因而,教材可加大对高中生安全教育方面的渗透。

3. 卫生与健康价值观

卫生与健康价值观在课文与练习中的比例均为 5 个百分点上下,虽然比例不足,但从必修到选修均呈上升走势,分布整体合理。高中生在生理发展与心理发展

---

① 中华人民共和国教育部. 普通高中英语课程标准(实验)[S]. 北京:人民教育出版社,2003:1.
② 福建省教育委员会. 高中道德教育的实践与体会[J]. 课程·教材·教法,1995(10):37-38.
③ 冯永刚,员志慧. 俄罗斯中小学安全教育及其对我国的启示[J]. 外国中小学教育,2017(3):18-24.

之间的不平衡会带来所谓的"青春期骚动",这会让他们出现强烈的情绪反应等,加大其心理疾病的发病率。① 教材结合选修课程的设计目的,通过有意识地增加相关方面的文章和练习来引起学生对身心健康的重视,帮助其学会正确的压力排解方法并对如何保持身心健康给予指导,这样的做法值得肯定。

(二)人与社会价值观

人与社会价值观在教材中的占比最高,其核心地位无可取代。从必修到选修,该价值观无论在课文还是练习中的比例都呈下降走势,与比例呈上升走势的人与自我价值观互补。正如高中英语课标指出的那样,选修课程的目的是满足不同学生的就业选择、升学深造以及个人的兴趣和发展的需要。② 选修教材给予学生个体方面更多的关注,为人与自我价值观的比例上升提供了合理化解释。

1. 经济与社会发展价值观

经济与社会发展价值观在课文与练习中的比重同样均为5个百分点上下,比重较小且均呈下降走势,这是该教材另一不合理之处。高中英语课标指出,高中阶段的外语教育要满足国家的经济建设和科技发展对人才培养的要求。③ 因此,教材可加大对学生进行经济与社会发展方面的价值观渗透的比例。尤其是对于那些毕业后直接就业的高中生而言,在他们踏入社会、进行职业选择之前,更需要对经济与社会的发展获取足够的了解以做出正确的抉择。

2. 政治、法律与社会问题价值观

政治、法律与社会问题价值观在课文与练习中的占比均排第四,从必修到选修均呈上升走势,这体现了教材对此价值观的重视。但不足之处在于,无论是课文还是练习均以论述社会问题为主,鲜有涉及政治或法律方面的内容。高中阶段是学生形成正确三观的关键时期。作为未成年人,高中生的社会化程度还比较低,是非判断能力有待提高,且容易受到不良意识、思潮和行为的影响,教材有必要加大对政治与法律方面的价值观渗透、帮助学生形成正确的三观。

3. 历史与文化价值观

历史与文化价值观在课文与练习中的占比均在35%左右,虽然从必修到选修呈下降走势,但仍占据主要位置,这具有合理性。高中英语课标明确指出,高中英语课程除了要提高学生用英语进行思维和表达的能力外,还要帮助学生形成跨文化交

---

① 郑和钧,邓京华. 高中生心理学 [M]. 杭州:浙江教育出版社,1993:22.
② 中华人民共和国教育部. 普通高中英语课程标准(实验)[S]. 北京:人民教育出版社,2003:3.
③ 中华人民共和国教育部. 普通高中英语课程标准(实验)[S]. 北京:人民教育出版社,2003:1.

际的意识和基本的跨文化交际能力,进一步拓宽其国际视野。① 因此,历史与文化价值观的总比例排名第一无可厚非,这是英语教材与其他学科教材的本质区别之一。至于选修教材中该价值观呈下降走势,原因可能与选修课程更为重视学生就业选择、升学深造等个人方面的发展有一定关系。

(三) 人与自然价值观

从必修到选修,人与自然价值观无论在课文还是练习中的占比均在两成上下浮动,前后差距不大,说明教材对该价值观一直都比较重视,也反映出由于大部分练习都是基于课文的基础而设计,因而练习中的价值观走势变化大体与课文一致。

1. 自然之美价值观

自然之美价值观无论在课文还是练习中的占比均为最低,且选修教材的练习中缺乏该价值观的呈现。虽然高中生心智已更加成熟,需更关注社会问题及承担更多社会责任,但对美的欣赏和教育应该贯穿每个年级,这对引导学生感知、观察与体验自然界的美以及热爱自然都有影响。因此,自然之美价值观在课文和练习中的渗透可以适当加强,尤其是在练习中的比例可酌情加大。

2. 认识自然价值观

认识自然价值观在课文与练习中的占比分别为 20.32% 和 17.09%,均排第三,这有助于学生增进对自然的认识与了解,进而敬畏自然并爱护自然。从必修到选修,该价值观在课文中的比例略微下降,而在练习中略微上升,整体分布合理。每个单元都有特定的话题,虽然课文和练习都是基于话题进行设计的,但两者所传递的价值观的比重未必完全一致,这再次证明了课文和练习之间的互补关系。

3. 爱护自然价值观

爱护自然价值观在课文与练习中的占比均不足 5%,排名靠后,在练习中的比例呈下降走势,这与当下环境问题的严峻性不匹配。当今社会依旧存在气候变暖、生物多样性减少、土地荒漠化、大气和海洋污染、资源匮乏等现象,这些都给地球带来了直接危害,环境问题在全世界的形势不容乐观。每一个公民都需时刻树立起环境保护的意识,对学生的教育更是如此。因此,教材中的爱护自然价值观比例有待提高,以让学生懂得爱护自然、追求人与自然之间平衡的重要性。

---

① 中华人民共和国教育部. 普通高中英语课程标准(实验)[S]. 北京:人民教育出版社,2003:6.

五、课文与练习中的价值观呈现方式频次分析

本部分将探究人教版高中英语教材课文与练习中价值观呈现方式的类型,并从横向与纵向两个角度展开。横向指价值观呈现方式在必修或选修教材中的占比分布,纵向指价值观呈现方式在整个高中阶段(必修加选修)的走势情况。

(一)课文中的价值观呈现方式频次分析

在充分考虑课文所呈现的价值观内容及每篇课文体裁特征的基础上,按每篇课文使用一种最主要的价值观呈现方式来统计,将人教版高中英语一至十一册教材中体现了价值观的141篇课文所使用的呈现方式大致分为直接体现、人物形象、故事情节、叙事说理四大类(见表3.3)。

表 3.3 人教版高中英语教材课文中的价值观呈现方式频次分析表

价值观呈现方式	必修一至五		选修六至十一		必修一至选修十一	
	频次	百分比/%	频次	百分比/%	频次	百分比/%
直接体现	40	64.52	52	65.82	92	65.25
人物形象	6	9.68	3	3.80	9	6.38
故事情节	7	11.29	9	11.39	16	11.35
叙事说理	9	14.52	15	18.99	24	17.02
总计	62	100	79	100	141	100

统计结果显示,"直接体现"位列第一,占比超过六成,和其余呈现方式之间的差距明显;"叙事说理"与"故事情节"排名第二和第三,占比均低于20%;"人物形象"则低于10%。该情形同样适用于必修一至选修十一。从必修到选修,呈上升走势的呈现方式为"直接体现""叙事说理"和"故事情节",但上升幅度都不大,均在5%以内;"人物形象"呈下降走势,降幅约6%。

图3.1直观地反映了课文中各价值观与其呈现方式之间的关系。该图基于以下统计方式得出:若某一价值观对应不同的呈现方式,则为这些呈现方式各计一个频次;若某一呈现方式对应不同的价值观,则为这些价值观各计一个频次。

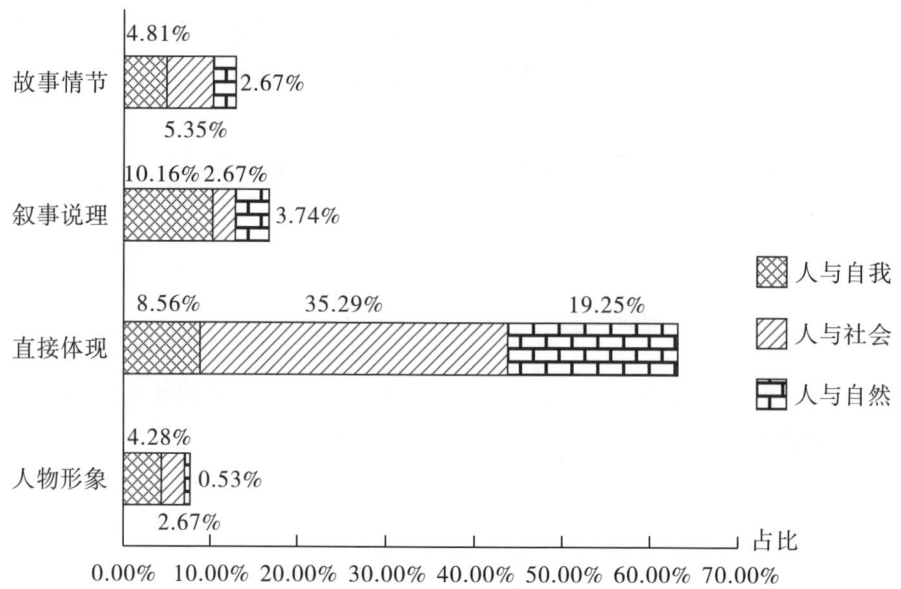

图3.1 人教版高中英语教材课文中的价值观与其呈现方式占比统计图

如图所示,"故事情节"最多用于呈现人与社会价值观,其次是人与自我,最后是人与自然;"直接体现"也是最多用于呈现人与社会价值观,人与自然排第二,人与自我居于末尾;同"直接体现"完全相反,"叙事说理"最多用于呈现人与自我价值观,人与自然次之,人与社会最少;和"叙事说理"相同的是,"人物形象"也是最多用于呈现人与自我价值观,但人与社会排第二,最少用于呈现人与自然。

在呈现人与自我价值观的方式中,"叙事说理"与"直接体现"的比例排名前两位,"故事情节"次之,"人物形象"排最后;在呈现人与社会价值观的方式方面,"直接体现"所占比例稳居第一,是排第二位的"故事情节"的6倍多,是并列末位的"叙事说理"及"人物形象"的13倍多;在呈现人与自然价值观的方式里,"直接体现"的比例接近两成,占比均不到4个百分点的"叙事说理"与"故事情节"相差不大,"人物形象"的占比则不到1个百分点。

(二)练习中的价值观呈现方式频次分析

练习中的价值观呈现方式频次分析与课文中的价值观呈现方式频次分析一致,按每道练习题使用一种最主要的价值观呈现方式来统计,将人教版高中英语一至十一册教材中体现了价值观的366道练习题所使用的呈现方式大致分为思考讨论、情境体验、合作学习、直接体现四大类(见表3.4)。

表 3.4　人教版高中英语教材练习中的价值观呈现方式频次分析表

价值观呈现方式	必修一至五		选修六至十一		必修一至选修十一	
	频次	百分比/%	频次	百分比/%	频次	百分比/%
思考讨论	62	36.47	104	53.06	166	45.36
情境体验	16	9.41	5	2.55	21	5.74
合作学习	15	8.82	17	8.67	32	8.74
直接体现	77	45.29	70	35.71	147	40.16
总计	170	100	196	100	366	100

经统计，排在前两位的"思考讨论"与"直接体现"的占比均超过四成，是剩余两类呈现方式比例的4～8倍。从必修到选修，"思考讨论"的比例呈上升走势，增幅约17%；其余三类呈现方式的比例都呈下降走势，降幅均在10%以内。无论是必修还是选修，都倾向使用"直接体现"和"思考讨论"来呈现价值观；"情境体验"在必修中使用的频率要多于选修，而在合作学习中两者基本持平。

图3.2直观地反映了人教版高中英语教材练习中各价值观与其呈现方式之间的关系："合作学习"同"直接体现"一样，两者体现人与社会价值观最多，其次是体现人与自然，最后是体现人与自我；虽然"思考讨论"也是最多用于呈现人与社会价值观，但人与自我排名第二，排最后的为人与自然；与前三类呈现方式不同的是，"情境体验"是唯一以呈现人与自我价值观为主的呈现方式，人与社会次之，人与自然排最后。

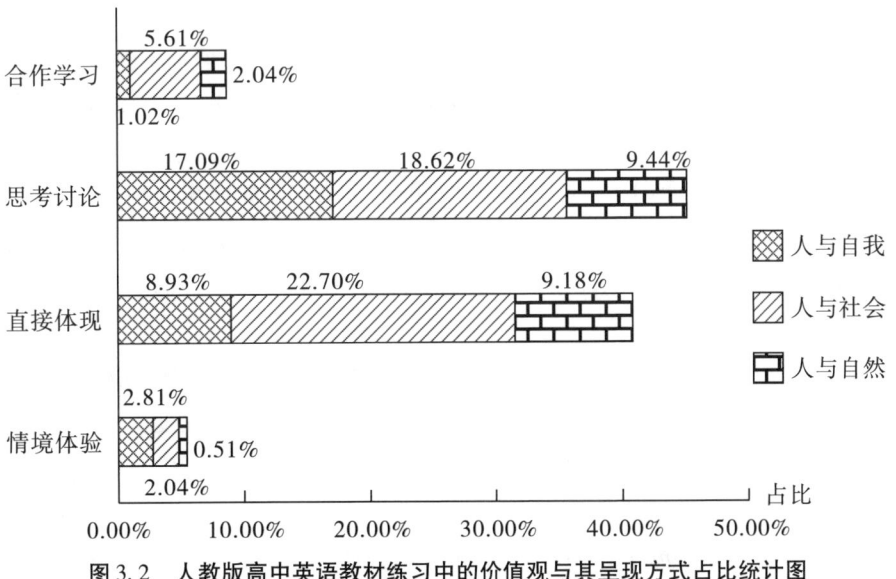

图 3.2　人教版高中英语教材练习中的价值观与其呈现方式占比统计图

在呈现人与自我价值观的方式中，排在首位的"思考讨论"的比例约为排在第二的"直接体现"的2倍，"情境体验"与"合作学习"的占比相差不大，均低于3%；在呈现人与社会价值观的方式方面，排在前两位的"直接体现"与"思考讨论"占比均为两成左右，远多于占比均低于6%的"合作学习"与"情境体验"；在呈现人与自然价值观的方式里，四类呈现方式的占比均不足10%，"思考讨论"与"直接体现"差距不大，"情境体验"是占比唯一低于1%的价值观。

六、课文与练习中的价值观呈现方式内容分析

频次分析主要从宏观的角度切入，整体上描述出教材中价值观呈现方式的分布及其变化趋势。本部分的内容分析主要从微观的角度切入，用课文与练习中的具体内容来说明教材如何呈现价值观。

（一）课文中的价值观呈现方式内容分析

1. 直接体现

直接体现这一呈现方式通过直接描述事物的形成原因、发展历程、现状、所产生的影响等传递价值观，其特点是直奔主题。通过这类方式传达价值观的课文有《通向现代英语之路》（The road to the modern English）、《采访》（An interview）、《什么是信息技术》（What is information technology?）、《地心引力理论》（Theories of gravity）、《烧伤的急救》（First aid for burns）、《主题公园——是娱乐，又不仅仅是娱乐》（Theme parks—fun and more than fun）、《哥白尼的革命性理论》（Copernicus' revolutionary theory）、《西方绘画艺术简史》（A short history of western painting）、《克隆：它将把我们引向何方？》（Cloning：where is it leading us?）、《海洋航行》（Sailing the oceans）等。以下列举部分课文进行说明。

《采访》（An interview）一文通过两千年前古希腊作家帕萨米亚斯与一位当代中国女孩李燕之间的虚拟对话，直接向学生叙述了古代和现代奥运会的异同以及奥运会的基本情况。随着课文中采访问题的逐步展开，学生对奥运会的了解也会越来越全面。

《烧伤的急救》（First aid for burns）一文先直接讲述了皮肤的构成、作用及其对人体的重要性，紧接着介绍了烧伤的起因、烧伤的三种不同程度、烧伤表现出的主要症状和所应采取的急救措施。本文清晰易懂，学生阅读后可以直接获取面对不同程度的烧伤该如何处理的急救知识。

《海洋航行》（Sailing the oceans）以百科全书的形式向学生介绍了在现代航海

仪器发明之前人们是怎样航海的。该文不仅叙述了古代航海者怎样借助自然环境进行航海，如沿着海岸航行、利用天体定位等，还描述了早期航海者怎样利用航海仪器来确定经度和纬度。学生通过该文不仅能了解到早期海洋航行的相关知识，还能感受到人类的智慧。

总体而言，直接体现的呈现方式通过明晰的方式谈论特定的事物，使学生直白地了解蕴含其中的价值观。采用此类方式呈现价值观的文章多与历史、文化、自然科普等相关。

2. 人物形象

人物形象这一呈现方式通过刻画人物的性格特征、言行举止以及人物在不同时期的心理历程等呈现特定的价值观。通过这类方式传达价值观的课文有《安妮最好的朋友》（*Anne's best friend*）、《伊莱亚斯的故事》（*Elias's story*）、《为什么不继续她的事业？》（*Why not carry on her good work?*）、《一位伟大的中国科学家》（*A great Chinese scientist*）、《马蒂的故事》（*Marty's story*）、《我有一个梦想》（*I have a dream*）等。以下列举部分课文进行说明。

《安妮最好的朋友》（*Anne's best friend*）一文树立了一个乐观自信的犹太女孩形象。主人公由于特殊的身份，为了躲避纳粹者的迫害只能藏身于小阁楼中。但即使身处困境，她却依旧向往光明，对外面的世界充满了渴望。学生在阅读主人公写的日记时可以从中感受到主人公乐观自信的人生态度与纯洁美丽的心灵。

《为什么不继续她的事业？》（*Why not carry on her good work?*）刻画了一个不懈奋斗、无私奉献、大爱无疆的医者形象。我国著名的妇产科专家林巧稚带着苦干的决心和善良的天性走进医学院的大门，她以执着的追求和不懈的努力获得事业上的成功，以善良和爱心赢得人们的尊敬。不但如此，她还把毕生的心血奉献给了她的病人和中国的医疗事业，自己却选择独身。文章在突出人物形象的同时，也在引导学生学习和传承优良品质。

《一位伟大的中国科学家》（*A great Chinese scientist*）描绘了一个爱国、坚定、有理想的科学家形象。钱学森立志成为一名火箭科学家，为此他做了清晰的计划：先成为一名工程师再去美国读博士。学成之后他放弃了高薪待遇，怀揣着梦想与初心回到祖国，为国家的航天事业做出了巨大贡献。

概而论之，这类呈现方式通过刻画特定的人物，讴歌人物身上体现出来的优良品质，引导学生向这些人物学习并发扬传统优良品质。

3. 故事情节

故事情节是一种通过讲述故事并以连贯的情节揭示故事主题从而达到体现某种价值观的目的的呈现方式。采用此类方式传递价值观的课文有《渡渡鸟的故事》(*The story of the Dodo*)、《到这里来用餐吧》(*Come and eat here*)、《百万富翁》(*The million pound bank note*)、《开车还是不开车》(*To drive or not to drive*)、《包君满意》(*Satisfaction guaranteed*)、《蛇的困扰》(*The problem of the snakes*)、《皮格马利翁》(*Pygmalion*)、《李尔王》(*King Lear*)、《傲慢与偏见》(*The story of Pride and Prejudice*)等。

《渡渡鸟的故事》(*The story of the Dodo*)讲述了背景为数百年前的虚构故事。主角"渡渡鸟"和"人"是很好的朋友,两者无论去哪里都如影随形。然而,"渡渡鸟"身边的同类朋友开始慢慢消失。当被告知罪魁祸首是"人"时,"渡渡鸟"还是选择了相信"人",但也正是这份天真的信任让它自己最后也丧失了生命。该文以连贯的情节向学生讲述了渡渡鸟如何从世界上消失的虚构故事,旨在提醒学生要保护野生动物。

《蛇的困扰》(*The problem of the snakes*)呈现了一个小女孩如何采用科学的方法解决来自蛇的困扰的故事。小女孩的妈妈发现家里总有蛇爬进来,小女孩就想通过发明一样既能把蛇捉住又不伤害它们的东西来解决这个困扰。于是她开始研究蛇的习性,想出了三种方法并逐一进行实验,最终成功解决问题。在亲戚和朋友的敦促下,小女孩最后申请了专利。学生在阅读这个具有连贯情节的故事时,不仅见识了发明诞生的过程,也增长了专利申请方面的知识。

《傲慢与偏见》(*The story of Pride and Prejudice*)描述了这样的故事:一个乡村舞会上,傲慢的达西先生认为这样的舞会是为社会地位低下的人所开设的,拒绝了和不够漂亮的伊丽莎白一起跳舞。伊丽莎白也不喜欢达西先生,对他还持有偏见。最后,达西先生发现了伊丽莎白的优点与美丽,伊丽莎白也发现了达西先生的善良。这个故事通过连贯的情节展示了由错误的第一印象所造成的误会,启示学生树立正确的交友观,不以第一印象随意评判人,待人要真诚、谦逊和客观。

整体而言,此类呈现方式通过时间、地点、人物、起因、经过和结果等要素,呈现人和人、人和环境之间关系的具体事件,让学生在情节的跌宕起伏中体会蕴含其中的价值观。

4. 叙事说理

叙事说理通过叙述事情发展的过程,解释其背后的具体原因,从而呈现特定的价值观,即"摆事实,讲道理"。借助此类方式传递价值观的课文包括《地球的一个不眠之夜》(A night the earth didn't sleep)、《动物灭绝》(Animal extinction)、《青蛙弗雷迪》(Freddy the frog)、《不均衡饮食可以怎样影响你的健康》(How an unbalanced diet can affect your health)、《英雄青年获奖记》(Heroic teenager receives award)、《全球在变暖——这会带来什么影响吗?》(The earth is becoming warmer—but does it matter?)、《致建筑师的一封信》(A letter to an architect)、《路永在前方》(The road is always ahead of you) 等。以下列举部分课文进行说明。

《动物灭绝》(Animal extinction) 叙述地球有史以来许多动物的消失,尤其提到了灭绝动物中最有名的恐龙消失的原因,还陈述了近些年来一些野生动物灭绝的事实,保护野生动物的紧迫性透过文字得以传递。学生阅读完这篇课文后,既能感受到动物灭绝的悲哀,也会对保护动物有更深刻的认识。

《英雄青年获奖记》(Heroic teenager receives award) 讲述17岁的约翰·詹森如何采取果断的急救措施,挽救了被连捅数刀、血流不止、双手几乎被砍断了的安·斯莱德的生命。约翰快捷的操作、专业的急救知识挽救了一条鲜活的生命,这也是在向学生表明急救知识的重要作用。

在《致建筑师的一封信》(A letter to an architect) 中,爱丽斯·梅杰给班克斯敦新影院的建筑设计师桑德斯女士写信,询问桑德斯女士是否考虑到了残障顾客的特殊需求,例如是否为乘坐轮椅的人进入电影院提供了便利,是否给有听力障碍的人提供了耳机等。通过向建筑师提建议的形式,课文揭示了社会上所存在的对残疾人关心不足的问题,旨在号召社会对弱势群体多给予关爱,引导学生主动关心、帮助弱势群体。

由上可见,叙事说理通过呈现特定的事实及其发展,引发学生的感悟与共鸣,使其体会字里行间所传递出来的价值观。

(二) 练习中的价值观呈现方式内容分析

1. 直接体现

直接体现即直接呈现知识或直接陈述事物的成因与发展等,学生从字面意思即可明晰其中所含的价值观。必修一第一单元 Pre-reading 部分的第一道练习题让学生反思自己为什么需要朋友并列举朋友对自己来说很重要的原因,这直接体现了友情方面的价值观。必修三第二单元 Warming up 部分运用图文的形式展现了不同食物的分类方法以及各种食物对人体的作用,通过直接询问学生是否拥有膳食平衡的饮食习惯从而引导学生关注膳食均衡。选修八第四单元 Warming up 部分通过三幅图片以及文字说明引出皮格马利翁的故事,接着直接告知学生此故事来自一个经典的希腊神话,这体现了历史与文化方面的价值观。

总的来说，直接体现通过开门见山的语言，直接凸显练习中所含的价值观，学生无需对其进行推测或揣摩，这是与其他呈现方式如思考讨论的明显区别。

2. 情境体验

情境体验通过提供生动具体的场景让学生获得某种体验，从而帮助学生更好地把握其所传递的价值观。必修一第一单元 Warming up 部分以调查的形式，呈现了诸如"你的朋友伤心地来到学校，但上课铃声响了你要去教室"等日常生活中朋友间可能发生的真实问题以及如何解决问题的情境，旨在帮助学生学会审视自我，引导学生形成正确的交友观。选修六第三单元 Writing 部分让学生设想自己是处理学生问题的顾问，给想拒绝吸烟却遇到困难的李晓雷回信并提供有用的建议，使学生在情境中明确养成良好生活习惯、关注身心健康的重要性。选修十第四单元 Reading and writing 部分预设了一位名叫 Dong Hua 的人在学习上遇到了困难，要求学生用电子邮件回信并提出自己的看法和建议。学生在帮助 Dong Hua 的同时也是在反思有效学习方法方面的问题，包括如何克服自身学习短板、借鉴他人科学的学习方法等。

整体上，情境体验通过情境设计、角色扮演、回信、调查等方式，使学生设身处地地感受事物或问题并产生共鸣。

3. 思考讨论

思考讨论是学生围绕特定问题进行思维碰撞从而领悟价值观的呈现方式。必修一第四单元 Reading and speaking 部分的第三道练习题让学生根据新唐山市的邮票图片提示，就如何重建一个震后城市进行思考，使学生在讨论中认识到地震的巨大破坏力并主动了解地震方面的相关知识。在必修四第一单元的 Warming up 的练习中，学生需思考并讨论所列出的六位女性是否为伟大人物，分析她们有什么共同点以及是什么使她们伟大等问题，从而学习这些人物身上的高尚品格。选修六第四单元 Reading and writing 部分的第一道练习题让学生列举出"关爱地球"组织提供的、关于减缓全球变暖的建议，并就自己是否可以落实每一条建议进行讨论，旨在引导学生从身边小事做起，自觉爱护环境和自然。

与直接体现不同，通过思考讨论的方式传递价值观可以使学生更好地发挥主观能动性以及在解读的过程中加深对价值观的理解。

4. 合作学习

合作学习这一方式通过让学生以小组或"结对子"的形式共同完成既定任务，使其在完成任务的过程中体会价值观。必修一第二单元 Pre-reading 部分的第一道练习题要求学生和搭档一起列举出以英语作为官方语言的国家，在拓宽学生知识面的同时传递了历史与文化方面的价值观。选修六第四单元 Reading and writing 部分的第二道练习题让学生以"结对子"的方式共同为学校设计一张海报，向全校师生介绍减少空气中二氧化碳含量的不同方法，旨在让学生树立保护环境的意识。必修五第五单元 Listening，speaking and writing 部分的第四道练习题让学生两两合作，共同为所描述的不同情境提供急救措施，以此引导学生学习相关的急救知识并将其运用于实际生活中。

培养学生的合作能力既是高中教育的目标之一，也是英语课程标准强调的重点，这种能力直接关乎学生的终身发展。不管是教材还是练习，都应注重通过合作学习这一呈现方式来传递价值观。

七、课文与练习中的价值观呈现方式分析讨论

不论教材中蕴含多少丰富的价值观素材，最终都得借助一定的方式呈现出来。好的价值观呈现方式能让学生在学习知识、发展能力的同时不知不觉地接受价值观的熏陶。本部分将对人教版高中英语教材课文与练习中的价值观呈现方式进行讨论。

（一）课文中的价值观呈现方式

1. 直接体现

就像历史与文化在课文中的所有价值观里占据最大比例一样，直接体现在课文中的所有价值观呈现方式里所占比例最大，且从必修到选修呈轻微上升走势。由于历史与文化占比最大，而该价值观又主要以直接、显性的方式呈现，直接体现占据所有呈现方式的最大比例也就合情合理。以直接体现为主要呈现方式的还有认识自然价值观。此价值观涉及与自然现象、活动、规律等方面息息相关的内容，通过显性的方式呈现能使学生更加准确地认识特定领域的专业知识。此外，和认识自然价值观差不多的政治、法律与社会问题价值观也借由该方式呈现，其目的也是让学生对所呈现的内容有直接、准确的认识，加深学生对各种社会问题的印象。

2. 人物形象

人物形象主要用于传递道德与品质、历史与文化两大价值观。课文描绘人物的不同形象，突出人物的高尚品质，学生在字里行间便能领悟其中所含的价值观。课文还通过选用具有代表性的历史人物或文化背景下的典型人物，形象地传递相应的历史或文化价值观，同样易被学生吸收。人物形象呈现方式的比例位列最后，从必

修到选修呈下降走势,其原因可能与这类方式较为直观、易被接受有关。该方式通过刻画特定的人物,讴歌其身上的优良品质,以此触发价值共鸣,学生理解起来也比较容易。然而随着学生年龄的增长,其认知水平不断提升,他们更需要多接触有利于锻炼思维的价值观呈现方式,这也就解释了为什么人物形象所占比例不是很高且呈下降走势。

3. 故事情节

故事情节的占比在课文中的所有价值观呈现方式里排名第三,从必修到选修起伏不大。这类呈现方式相对而言更受学生喜欢,它借助真实或虚构的主人公,通过紧凑连贯、跌宕起伏的情节,形象生动地揭示主题。故事情节主要用于传递道德与品质、历史与文化,以及卫生与健康、生命与安全、爱护自然以及政治、法律与社会问题等价值观。在呈现这些价值观时,课文通过故事主线,把情节紧密串联在一起,十分有利于学生理解和感受其中的主旨。此外,随着学生年龄的增长,他们对故事寓意的解读会更深入,也会更有共鸣。因而,这种价值观呈现方式一直维持在一个稳定的比例水平。

4. 叙事说理

叙事说理的占比在课文中的所有价值观呈现方式里排名第二,从必修到选修呈上升走势,这具有合理性。该方式不是直接呈现价值观,而是需要学生在评判事情的利与弊中归结价值观,因此更有利于锻炼批判性思维,也更适合高年级的学生。叙事说理主要用于传递道德与品质、卫生与健康以及政治、法律与社会问题等价值观。在呈现这些价值观时,课文通过叙说某些正面或反面的事件,引发学生的深思并突出事件所带来的影响,使得学生在思辨当中不断挖掘并理解其中所含的价值观,让学生的思维能力得到提升。

(二)练习中的价值观呈现方式

1. 思考讨论

思考讨论以传递道德与品质以及政治、法律与社会问题等价值观为主,要求学生围绕特定事件进行讨论、评价或反思等。学生讨论时针对练习中的不同观点进行思维的碰撞,在锻炼批判性思维的同时,也能通过深入交流内化习题所传递出的价值观。在所有练习中的价值观呈现方式里,思考讨论占比最大,从必修到选修呈上升走势。"高中生认知结构的各种要素迅速发展,思维能力基本上完成了向理论思维的转化，抽象逻辑思维占了优势地位，辩证思维和创造思维有了很大的发展。"①也许正因为如此，教材中的练习才突显了思考讨论这种价值观呈现方式的比例。

2. 直接体现

直接体现主要用于传递历史与文化、认识自然、自然之美等价值观，其采用单刀直入、平铺直叙的方式故容易被学生理解。直接体现的占比在练习中的所有价值观呈现方式里位列第二。虽然直接体现的比例从必修至选修呈下降走势，但仍停留在高位，其原因与课文中的价值观呈现方式情况相同，即由于历史与文化在练习中的所有价值观里占比最大，因此用来传递该价值观的呈现方式的占比相应也大。此外，认识自然在练习中的占比同样较高，这也加大了用来传递该价值观的直接体现的比例。与思考讨论这种需要学生去揣摩与分析的呈现方式相比，直接体现更适合那些常识性的或认知难度较大、容易出现理解偏差的内容。

3. 合作学习

合作学习主要用于传递历史与文化、认识自然、卫生与健康等价值观，通过让学生以小组或"结对子"的形式围绕特定的主题进行列表或设计海报等活动，使其在完成任务的过程中理解练习中所含的价值观。合作学习占比不足一成，从必修至选修起伏不大，在练习中的所有价值观呈现方式里位列第三位，合理性欠缺。如前所述，发展学生的合作能力一直是高中教育的目标之一，也是英语课程标准强调的重点，这种能力直接关乎学生的终身发展。高中英语课标明确指出，高中英语课程要倡导体验、实践、讨论、合作与探究的学习方式，发展学生的综合语言运用能力。② 因此，教材应更加注重通过合作学习的呈现方式来传递价值观。

4. 情境体验

情境体验主要以呈现道德与品质价值观为主，以传递历史与文化、认识自然、卫生与健康等价值观为辅。情境体验所占比例最少，从必修到选修呈下降走势，其原因可能同样与难易程度有关。这类呈现方式通常是提供一个情境，让学生参与角色扮演或展开情境对话，使其在身临其境中直观地感知价值观。该方式比较注重互动性、体验性，往往与学生的经历紧密联系，因而所传递的价值观更容易被感知。然而，随着学生心智水平的不断提升，在对学生的培养方面更应把重心放在其逻辑思维上，这也从另一角度印证了为什么思考讨论的占比呈上升走势。

---

① 王保中. 普通高中信息技术课程目标的"具象"和"本土"问题探析[J]. 中国电化教育，2011(7)：7-10.
② 中华人民共和国教育部. 普通高中英语课程标准（实验）[S]. 北京：人民教育出版社，2003：23.

第二节 北师大版高中英语教材价值观研究

一、数据收集

由北京师范大学外国语言文学学院资深英语教育专家王蔷教授主编的高中英语教材被选定为中学英语教材价值观研究的另一对象。该教材是通过全国中小学教材审定委员会审定的高中英语实验教材之一,由北京师范大学出版社于 2009 年出版。这套教材不仅语言鲜活、插图丰富、装帧精美,而且内容较为新颖,其中的话题有很强的时代性及丰富的人文内涵,具体涉及生活习俗、运动明星、文化艺术、自然与环保、社会与生活、未来世界等。教材每个单元以特定的话题为中心,听、说、读、写四方面的学习内容共同指向学生的综合语言运用能力。

北师大版高中英语教材严格按照新课程标准编写,共十一册,每册书 3 个单元,十一册书共 33 个单元。教材一至五册为必修教材,对应高中英语课程标准六级与七级水平(高中毕业必须达到的水平);六至十一册为选修教材,对应八级与九级水平。一至八册每单元约 14 页,九至十一册每单元约 20 页。

本节研究的数据收集范围为北师大版高中英语教材必修一至选修十一中的课文及练习。课文指阅读部分的文章、听力文本以及其他部分的长篇文章,每一单元 4 ~ 8 篇,一至十一册教材共计 184 篇课文。为了获得完整的数据,这 184 篇课文均被列为数据收集对象。教材中每篇课文都有与其相关的、形式多样的练习。有些练习诸如词汇(vocabulary)、语法(grammar)、语音(pronunciation)等属于纯粹的语言操练,这些练习由于没有体现价值观而被排除在数据收集范围之外。因此,十一册教材中仅来自热身(warm-up)、阅读(reading)、听力(listening)、口语(speaking)、写作(writing)、文化角(culture corner)、公告牌(bulletin board)、单元日志(unit diary)、语言意识(language awareness)和任务(task)等部分的 628 道练习题被纳入数据收集范围。

二、课文与练习中的价值观频次分析

基于高中英语课程的特殊性以及对高中英语教学现状的研判（具体参见第三章第一节第二部分的开头说明），本节研究不是从年级维度进行研究，而是从必修和选修维度进行教材价值观的统计与分析。

（一）课文中的价值观频次分析

以"英语教材价值观分析框架"为参照，结合教材配套教师用书对每章节主题及相关内容的信息描述，确认184篇课文全都有体现价值观。由于每篇课文篇幅较长、内容较多，体现的价值观次数不一（从1次到多次不等）、轻重程度不同，因此每篇课文只取最能体现文章主旨的1～2次进行分析。按此方式统计，184篇课文共体现价值观221次（见表3.5）。

表3.5 北师大版高中英语教材课文中的价值观频次分析表

价值观		必修一至五		选修六至十一		必修一至选修十一	
		频次	百分比/%	频次	百分比/%	频次	百分比/%
人与自我	道德与品质	22	21.78	18	15.00	40	18.10
	生命与安全	1	0.99	0	—	1	0.45
	卫生与健康	2	1.98	8	6.67	10	4.52
	小计	25	24.75	26	21.67	51	23.07
人与社会	经济与社会发展	10	9.90	11	9.17	21	9.50
	政治、法律与社会问题	3	2.97	16	13.33	19	8.60
	历史与文化	53	52.48	56	46.67	109	49.32
	小计	66	65.35	83	69.17	149	67.42
人与自然	自然之美	5	4.95	1	0.84	6	2.71
	认识自然	0	—	6	5.00	6	2.71
	爱护自然	5	4.95	4	3.33	9	4.07
	小计	10	9.90	11	9.17	21	9.49
总计		101	100	120	100	221	100

如表 3.5 所示，在三大主价值观方面，人与社会的占比超过 65%，且前后呈略微上升的走势；居于第二位的人与自我占据两成左右的比例，前后呈轻微下降的走势；人与自然的比例不到一成，所占百分比前后基本持平。从分布情况来看，课文中三大主价值观的比例浮动范围均不超过 5%。另外，不管是选修教材还是必修教材中的课文，比例排名都是人与社会第一，人与自我第二，人与自然第三。

就九项分价值观而言，在人与社会维度里有着绝对优势的历史与文化占据近一半的比例，虽然从必修到选修呈下降走势但仍旧位列第一；道德与品质紧随其后，占比近两成，在人与自我维度里同样占有最大优势；位居第三的经济与社会发展占比不到 10%，从必修到选修的走势趋于稳定；排在第四的政治、法律与社会问题虽占比仅为 8.60%，但从必修中的第六位升至选修中的第三位，其增长幅度明显；卫生与健康位列第五，虽仅占不到 5% 的比例，但前后相比增长了 4.69%；爱护自然虽排第六，但在人与自然维度里占比最大且前后变化幅度较小；排在后三位的分别是自然之美、认识自然以及生命与安全，占比均低于 3%，其中认识自然在必修教材中缺失，生命与安全在选修教材中缺失，这三项的比例与排在首位的历史与文化均差了四成多。

（二）练习中的价值观频次分析

以"英语教材价值观分析框架"为参照，结合教材配套教师用书对每章节主题及相关内容的信息描述，确认出 628 道练习题全部都有体现价值观。和课文一样，按每道练习题体现 1~2 次价值观的方式统计，628 道练习题共体现价值观 701 次（见表 3.6）。

表 3.6　北师大版高中英语教材练习中的价值观频次分析表

	价值观	必修一至五		选修六至十一		必修一至选修十一	
		频次	百分比/%	频次	百分比/%	频次	百分比/%
人与自我	道德与品质	79	24.45	70	18.52	149	21.26
	生命与安全	2	0.62	5	1.32	7	1.00
	卫生与健康	7	2.17	24	6.35	31	4.42
	小计	88	27.24	99	26.19	187	26.68

续上表

价值观		必修一至五		选修六至十一		必修一至选修十一	
		频次	百分比/%	频次	百分比/%	频次	百分比/%
人与社会	经济与社会发展	26	8.05	52	13.76	78	11.13
	政治、法律与社会问题	15	4.64	37	9.79	52	7.42
	历史与文化	176	54.49	159	42.06	335	47.79
	小计	217	67.18	248	65.61	465	66.34
人与自然	自然之美	6	1.85	3	0.79	9	1.28
	认识自然	1	0.31	13	3.44	14	2.00
	爱护自然	11	3.41	15	3.97	26	3.71
	小计	18	5.57	31	8.20	49	6.99
总计		323	100	378	100	701	100

如表3.6所示，就三大主价值观而言，与课文中的情形相一致，练习同样最为重视人与社会价值观，虽然从必修到选修其比例有轻微下降，但始终保持在65%上下的高位波动，领先地位不可动摇；人与自我占比超过四分之一，位列第二，从必修到选修同样有轻微下降；排在最后的人与自然的比例虽不到一成，但前后有小幅上升。另外，不管是选修还是必修中的练习，比例排名都是人与社会第一，人与自我第二，人与自然第三。

在九项分价值观方面，历史与文化占据近一半的比重，在必修练习中的比例甚至超过了50%，虽然从必修到选修其比例有所下降但仍旧处于核心地位；紧随其后的道德与品质占比超过两成，虽然从必修到选修其比例有小幅下降，但在人与自我价值观维度里仍占有最大优势；排在第三、第四和第五位的分别是经济与社会发展，政治、法律与社会问题以及卫生与健康，三者从必修到选修的增幅均在5%上下；爱护自然排第六，虽是人与自然维度里占比最多的价值观，但比例仅不到5%；排在后三位的分别是认识自然、自然之美以及生命与安全，占比均不超过2%。整体而言，除历史与文化下降趋势比较明显外，其余价值观的前后变化程度不大。

三、课文与练习中的价值观内容分析

价值观融入教材是进一步提升综合育人水平、促进学生全面成长的重要途径。通过援引教材中的典型课文与练习,本部分将阐述教材中的价值观呈现的情况,以全面透视北师大版高中英语教材在知识传授与价值塑造相结合方面的表现。

(一)课文中的价值观内容分析

1. 道德与品质价值观

教材中反映道德与品质价值观的课文包括《民族英雄》(*National hero*)、《超级英雄——克里斯托弗·里夫》(*Superhero—Christopher Reeve*)、《成功之路》(*The road to success*)、《太空英雄们》(*Space heroes*)、《成功源自高情商》(*Success comes with a high EQ*)、《我的老师》和《我的学生》(*My teacher & My student*)、《海伦·凯勒》(*Helen Keller*)、《一名胜利者的勇气》(*The courage of a winner*)等。以下列举部分课文进行说明。

必修一第二单元中的阅读文章《民族英雄》(*National hero*)通过介绍我国著名的宇航员杨利伟以及他为我国航天事业做出的巨大贡献,赞扬了他坚持不懈、无私奉献的高尚品格。杨利伟为了国家的航天事业,不畏艰难,接受最严格的训练,在顺利飞上太空后还代表中国人民向全世界表达了和平开发太空资源的意愿。

必修一第二单元中的阅读文章《超级英雄——克里斯托弗·里夫》(*Superhero—Christopher Reeve*)通过对克里斯托弗·里夫的采访,赞扬了他乐观积极、乐善好施的高尚品格。在受重伤之后,他并没有因此放弃自己。相反,他以一种超强的毅力与病魔对抗,最终重拾电影制作事业。此外,他还募得很多资金用于医学研究,用他自己的方式鼓舞了许多有生理或心理问题的人们。这样的超级英雄值得所有人赞叹!

必修五第十四单元中的阅读文章《成功之路》(*The road to success*)通过一个真实的人物事迹阐述了通向成功所需的优良品质。环球电视栏目主持人王君燕在大学毕业后,凭借着忠于事实的原则,调查了一桩非法交易的案件,不仅帮助了受害人,还协助警方抓住了罪犯。王君燕的努力也获得了回报,她凭借那篇报道拿到了大奖。王君燕用她的实际经历告诉我们,正是好奇心、努力工作以及忠于事实的原则才有了她今天的成就。

总的来说,这类课文通过描述人物事迹或直抒己见的方式,向学生说明道德和品质的重要性,提醒学生养成关心与帮助他人、坚韧不拔、敢于吃苦等优秀品质。

2. 生命与安全价值观

教材中仅有必修五第十三单元的 Listening text 这一篇文章呈现了生命与安全价值观。该文从一则失踪学生的新闻切入，文中的对话者在猜测两名失踪学生可能会遇到的意外突发情况，如流血、受伤、寒冷、饥饿等，以此强调自救自护的重要性，告诉学生在出行出游时应做好自身的安全防护，重视自己的生命与安全。

通过该例子可知，这类课文采用案例的形式烘托出安全的重要性，提醒学生爱惜生命，掌握日常生活中的安全防范常识及突发事故中的急救技能，树立"生命至上""安全第一"的理念。

3. 卫生与健康价值观

教材中传递卫生与健康价值观的课文包括《完美的一天？》（*A perfect day?*）、《历史上的传染病例》（*Epidemics throughout the history*）、《压力！》（*Stress!*）、《你会感觉怎样？》（*How would you feel?*）、《昏迷中的人是否应该持续使用生命支持机器？》（*Should people in comas be kept on life support machines?*）、《宠物心理学——有益于你的健康》（*Pet psychology—it's good for your health*）等。

必修一第一单元的阅读文章《完美的一天？》（*A perfect day?*）刻画了两类人不同的生活状态。"沙发土豆人"布莱恩·博莱克依靠妻子养活，成日待在家里看电视长达十六七个小时，过着一种懒散的生活。工作狂鲍勃·布莱克则每天争分夺秒地投身于工作，休息和娱乐的时间非常少，几乎没有时间陪伴家人，每天忙忙碌碌。课文通过刻画这两个生活状态完全不同的典型人物以体现健康生活方式的重要性。

选修七第二十一单元中的阅读文章《历史上的传染病例》（*Epidemics throughout the history*）讲述了历史上一些影响较大的传染病如"禽流感""黑死病""非典"等给人类带来的巨大影响。课文通过传染病知识的科普让学生了解到疾病的危害，使学生进一步意识到疾病预防与保健的重要性。

选修十第二十八单元中的阅读文章《压力！》（*Stress!*）介绍了压力过大可能会给人们造成的不适表现及如何应对压力的措施。课文提到，压力过大会造成抑郁、易怒、失眠、头痛等症状，会给人的身体健康带来危害。为此，课文提出了一些应对压力的做法：定期锻炼身体，学会制订计划，做一个乐观的人，学会一种放松的方法，不要害怕让他人分担压力等。

如上所述，这类课文传递卫生与健康价值观的方式主要是通过描述一些情节片段或者用叙事说理的方式，让学生懂得身心健康是一个人全面发展的基础，号召学生通过科学的方式实现健康和智力成长的统一，在形成有规律的生活作息的同时养成乐观向上的良好心态。

4. 经济与社会发展价值观

教材中体现经济与社会发展价值观的课文包括《虚拟空间的未来》(*The future of cyberspace*)、《现代工作需求》(*Today's job requirements*)、《一个变化中的城市》(*A changing city*)、《移动电话是如何改变世界的》(*How the mobile phone changed the world*)、《适者生存》(*Survival of the fittest*)、《汉纳·琼斯展望未来》(*Hannah Jones looks into the future*)、《科学发展的先驱者》(*Pioneers on science*)、《太空：最后的边界》(*Space：the final frontier*) 等。以下列举部分课文进行说明。

必修二第四单元中的阅读文章《虚拟空间的未来》(*The future of cyberspace*) 阐述了人们对数字空间未来发展的设想。课文中的部分专家对互联网发展表示出了消极态度，担心网络的快速发展会导致网络犯罪的增加；部分专家则持积极态度，认为网络的迅猛发展会极大程度地方便人们的生活，如网上购物、网上娱乐等。无论如何，虚拟现实已经成为人们现实生活中的一部分，也早已融入了人们生活的方方面面。

必修五第十四单元中的阅读文章《现代工作需求》(*Today's job requirements*) 讲述了现代社会各类职业的发展前景以及需求。过去，人们一生中可能只从事一两份工作。现在，一切都变得很不一样，同一个岗位上连续工作五年对人们来说已经是相当长的一段时间了。此外，随着各类职业的迅速发展，其需求也发生了变化。现代职业要求的是具备团队协作能力、组织能力和创新精神的人才。

选修九第二十五单元的阅读文章《一个变化中的城市》(*A changing city*) 描述了北京这座城市过去几十年间发生的变化。从前热闹的胡同和四合院现在已被一栋栋公寓楼取代；电视机和洗衣机这些在以前很难买到的奢侈品如今已普及到每家每户；以前的主要交通工具是自行车，而现在的环城公路已经禁止自行车通行。在这座快速发展的国际大都市中，环境优雅的购物中心琳琅满目，还有高耸入云的五星级酒店也吸引了来自国内外的游客。

整体而言，这类课文通过讲述经济发展和社会变化，引导朝气蓬勃的青年学生朝着成为一名推动经济社会发展的栋梁之才而奋斗，号召其为国家建设添砖加瓦。

5. 政治、法律与社会问题价值观

教材中呈现政治、法律与社会问题价值观的课文包括《百米纪录8秒？》(*100 meters in 8 seconds?*)、《战争回忆》(*War memories*)、《社会老龄化太快了吗？》(*Are societies ageing too fast?*)、《鼓手走人》和《在多次被淋后老爷爷遭监禁》(*Drummer hits the road & Grandpa jailed after one shower too many*)、《让我们抛弃考试吧！》(*Let's ditch exams!*)、《花钱，花钱，花钱！》(*Spend，spend，spend!*) 等。以下列举

部分课文进行说明。

选修七第二十一单元的阅读文章《百米纪录 8 秒？》（*100 meters in 8 seconds?*）揭露了运动员参加体育竞赛时服用兴奋剂这样一个社会问题。服用兴奋剂对运动员而言能提升比赛速度，增加打破世界纪录的可能性，但体育界对这一问题采取的是零容忍态度。通过服用兴奋剂在体育竞赛中取胜这一做法不仅不利于身体健康，也有悖奥林匹克体育精神，使获胜者失去"英雄"的含义。

选修八第二十三单元的阅读文章《战争回忆》（*War memories*）讲述了关于战争的四个小故事，它们分别是：越南农民杜沙逃脱"美莱大屠杀"，圣诞节当天交战双方达成不开火协议，一个战争中被炸掉双腿的年轻人在医院拒领高级长官颁的奖，五个士兵在一次特别的训练任务中壮烈牺牲。每个故事从不同角度揭露了战争的残酷，旨在引导学生学会正确看待战争问题。

选修九第二十五单元的阅读文章《社会老龄化太快了吗？》（*Are societies ageing too fast?*）阐述了当今社会的老龄化问题以及可采取的应对措施。联合国推测，到 2050 年，每 5 个人当中就有 1 个老年人。社会老龄化的原因主要有两个：一是医疗条件的显著改善增加了人们的平均寿命；二是出生率随着人们受教育程度的上升而下降。针对此，专家的建议是：政府应该建立一个健全的社会保障制度，个人要尽早养成储蓄习惯及健康习惯。我们不应该认为衰老是一种疾病，而应该为保障老龄化社会的未来贡献自己的绵薄之力。

综上所述，这类课文通过选取不同主题，分别对社会的方方面面进行剖析，揭露出某类问题的现状、表现或形成原因，向学生抛出具有启发性的问题以引起学生的注意及反思。

6. 历史与文化价值观

教材中反映历史与文化价值观的课文包括《圣诞节的记忆》（*Memories of Christmas*）、《剪纸艺术》（*The art of paper*）、《郑和七下西洋》（*Zheng He and his seven voyages*）、《万圣节快乐》（*Happy Halloween*）、《传统中药》（*Traditional Chinese medicine*）、《马可·波罗和他的旅行》（*Marco Polo and his travels*）、《丝绸之路》（*The silk road*）、《欧元——世界第二大货币》（*The Euro—the second biggest currency in the world*）等。以下列举部分课文进行说明。

必修一第三单元的阅读文章《圣诞节的记忆》（*Memories of Christmas*）讲述了英语国家的人们如何庆祝圣诞节。课文主要介绍了一些圣诞节的庆贺活动以及风俗，比如装饰圣诞树、唱圣诞歌、寄圣诞卡片、圣诞老人送礼物、圣诞节大餐等，旨在让学生了解圣诞节文化及领略异国习俗。

必修二第六单元的阅读文章《剪纸艺术》（*The art of paper*）是对中国剪纸艺术

家陈子鉴的采访。课文介绍了三种主要的剪纸：第一种是装饰剪纸，用于节日庆典，代表着好运；第二种是宗教剪纸，用于寺庙的装饰或死者的祭祀；第三种是图案设计剪纸，用于衣服及首饰盒的装饰。通过这些知识，学生可以从中感受到中华传统民族文化的魅力。

必修三第七单元的文化角文章《郑和七下西洋》（*Zheng He and his seven voyages*）讲述了我国著名航海家郑和1405—1433年7次远渡西洋的历史故事，这也是中国古代规模最大、时间最久的海上航行。这七次航行中，郑和率船队从南京出发，途经西太平洋和印度洋，拜访了30多个国家和地区，极大地促进了中外文化的交流与发展。

概括而言，这类课文通过介绍伴随人类文明发展的历史地理、风土人情、传统习俗、文学艺术等，让学生接受世界优秀传统文化的熏陶，帮助学生增长智慧、扩大视野、提高跨文化交际能力。

7. 自然之美价值观

教材中传递自然之美价值观的课文包括《新西兰档案》（*New Zealand fact file*）、《位于中国的世界遗址》（*World heritage sites in China*）、《南什罗普郡的乡村》（*The countryside of south Shropshire*）、《水下世界——观赏海洋生物的最佳地点》（*Underwater world—the best place to see sea creatures*）等。以下列举部分课文进行说明。

必修二第四单元的文化角文章《新西兰档案》（*New Zealand fact file*）的最后一部分介绍了新西兰的景点。新西兰北岛的岛屿湾有着美丽的原始森林和海滩；南岛的阿尔卑斯山南部、西海岸地区以及峡湾地区的自然公园也都有着迷人的景观。通过阅读本篇课文，学生可从中领略到新西兰的自然之美。

必修二第六单元的文化角文章《位于中国的世界遗址》（*World heritage sites in China*）呈现了丽江古城与九寨沟风景区的景色。丽江古城的静谧溪流，九寨沟多姿的山脉、湖泊、瀑布等，一处处美丽景观让学生直接感受到了中国世界遗址之美，激发了学生对祖国大好河山的热爱之情。

选修七第二十单元的阅读文章《南什罗普郡的乡村》（*The countryside of south Shropshire*）描述了南什罗普郡乡村的自然风光。在那里，人们可以游览风景如画的斯托克塞城堡和威格摩城堡废墟，可以在清澈的泰米河上划独木舟，可以穿过莫蒂莫的森林到达威尔士的边境……

总体而言，这类课文以优美的文字及配图描绘了世界上某些地方的美丽景色，旨在引导学生欣赏自然美的形与色，提升其对美的感知与鉴别素养。

8. 认识自然价值观

教材中体现认识自然价值观的课文包括《大脑智能》（*Brain power*）、《男女在看待运动方面的偏好》（*Male/female preferences in viewing sports*）、《主要分水岭》（*The great divide*）等。

选修七第二十一单元的听力文章《大脑智能》（*Brain power*）主要从大脑的构造、不同区域的功能等方面介绍了大脑各个部位的运作规律。大脑的重量只有一公斤多，却包含了超过一千亿个细胞。大脑中的不同区域会对人的身体产生不同影响，例如负责控制视觉和听觉的区域会解读眼睛和耳朵给大脑发送的信号，从而形成一种对外部世界的印象。通过学习课文，学生能扩充关于大脑及其运作等方面的自然科学知识。

在选修十第三十单元的阅读文章《男女在看待运动方面的偏好》（*Male/female preferences in viewing sports*）里，作者就"运动"这一话题调查了20名男性和30名女性的观点，发现受访者的性别影响了他们观看体育节目的喜好。绝大部分男性受访者钟爱观看体育节目，而只有少数女性受访者会观看体育节目。此外，研究还表明，两性的成长环境和他们成年后对体育运动的偏好存在密切联系。

选修十第三十单元的阅读文章《主要分水岭》（*The great divide*）说明了不同性别之间存在的生理和心理上的一些差异。例如，性别生物学研究发现：吸烟的女性比吸烟的男性患肺癌的概率高出70%；男性由于免疫系统较弱更容易患感染性疾病；由于抗生素对不同性别起着不一样的功效，女性患上心脏病之后会比男性更容易复发。课文中的这些科普知识让学生进一步了解了不同性别间的生理和心理差异。

总之，这类课文通过呈现自然现象和知识，引导学生认识与探究自然，提升学生的科学素养，让学生崇尚科学精神、树立科学思想。

9. 爱护自然价值观

教材中反映爱护自然价值观的课文包括《积少成多》（*When less is more*）、《我们受得了这么热吗？》（*Can we take the heat?*）、《濒临灭绝的物种》（*Endangered species*）、《白自行车回来了！》（*Return of the white bikes!*）、《太阳能汽车赛》（*Solar car racing*）、《世界野生动物基金会》（*The world wildlife fund*）等。以下列举部分进行说明。

必修四第十单元的阅读文章《积少成多》（*When less is more*）前半部分讲述了水土流失给生态环境以及人类带来的危害，阐明了控制水土流失的重要性；后半部分则倡议学生把零用钱用于水土流失防治工程中，激发学生保护自然环境的意识。

在选修八第二十二单元的阅读文章《我们受得了这么热吗？》（*Can we take the heat?*）一文中，科学家们认为全球变暖可能是21世纪所面临的最严重的环境问题之一。全球变暖导致的后果将非常严重，会引起极地冰山融化、海平面上升进而淹没许多岛屿和城市。课文的最后,作者就如何减少空气中的二氧化碳含量提出了具体建议,呼吁大家积极行动起来并在生活上做出一些改变,如搭乘公共交通工具、购买节能灯泡等。

选修八第二十二单元的听力文章《濒临灭绝的物种》(*Endangered species*)指出现今世界上有成千上万濒临灭绝的物种,例如我国唯一的淡水海豚——长江海豚,由于河流污染和人类活动,它们的数量正在减少。为了保护长江海豚,我国已经陆续采取了一系列措施,但需要做的工作还有很多。

概而论之,这类课文通过介绍人类当今面临的不同自然环境问题,提醒学生在亲近自然的同时要爱惜自然,号召学生从自我做起并为保护环境贡献一份力量。

(二)练习中的价值观内容分析

1. 人与自我价值观

第一,道德与品质价值观。在必修一第二单元 Lesson 3 的 Voice your opinion 部分的一道练习题中,学生需讨论"成为运动明星有什么好处",思考运动明星给他人树立了怎样的榜样,从而学习体育明星的优良品质。必修五第十三单元 Lesson 1 中的 Language in use 部分让学生小组合作设计一份调查问卷,使学生意识到情商的重要性并明白具有什么品质的人受欢迎。选修六第十七单元 Lesson 2 中 Speaking 部分的第二道练习题让学生给搭档讲笑话,使学生意识到幽默给人带来的愉悦,培养学生的幽默感。

第二,生命与安全价值观。必修五第十四单元 Lesson 1 中的 Language in use 部分让学生观察图片中各类安全标识的意义,提醒学生野外旅行时禁止随意下水、随地生火,提高学生对生命安全的重视程度。选修八第二十四单元 Communication workshop 中 Speaking 部分的第一、二道练习题询问学生如果在山上度过为期两周的野营生活将遇到什么问题,通过给学生创设情境让他们设身处地去考虑自救自护问题,激发其对出行安全问题的重视。

第三,卫生与健康价值观。必修一第一单元 Lesson 1 中的 Voice your opinion 部分让学生评价课文里描述的两种不同生活方式,加深其对健康生活方式的认识。为了增强学生的健康意识,选修七第二十一单元 Warm-up 部分的第四道练习题要求学生做一份关于自我身体健康的测试,从而帮助其反思自己的生活习惯是否需要改进。选修九第二十六单元 Reading 部分的第一道练习题让学生审视自己一天中的不同情绪并将其与同伴分享,培养学生正确认识与调节不同心理情绪的能力。

总体而言,体现人与自我价值观的练习主要通过让学生评价自己或他人言行、设计问卷、角色体验等方式进行道德品质教育;反映生命与安全价值观的练习主要通过直接提醒或创设情境等方式敲响学生心中生命与安全的警钟；呈现卫生与健康价值观的练习主要通过让学生评价、自省等方式引导学生注重身心健康。

2. 人与社会价值观

第一，经济与社会发展价值观。在必修二第四单元 Lesson 1 中的 Voice your opinion 部分，学生需评价互联网带来的利与弊，从而思考科技发展带来的影响。在必修五第十四单元 Lesson 4 的第一道练习题中，学生结合社会发展实际开展小组讨论，就"过去二十年间哪些职业变得重要起来""现今社会中拥有什么样的技能可以获得好工作"等职业话题发表观点。在选修七第二十单元的 Bulletin board 部分中，学生通过头脑风暴写下"人们可能在 20 年后看到的发明"，以此感受社会发展之快，并坚定为祖国的繁荣富强不断奋斗的决心。

第二，政治、法律与社会问题价值观。必修三第九单元 Communication workshop 中的 Writing 部分让学生给学校杂志写一份关于当地交通情况的报告，以触发学生对当地交通问题的思考。必修四第十一单元 Lesson 2 中的 Voice your opinion 部分询问学生对狗仔队跟拍名人的看法，帮助学生养成从不同角度看待社会问题的习惯。选修八第二十三单元 Lesson 3 的 Speaking 部分让学生以小组形式针对战争问题进行讨论，让学生意识到战争给人类带来的灾难，激发学生维护世界和平的意识。

第三，历史与文化价值观。必修一第三单元 Lesson 4 中 Writing 部分的第二道练习题让学生对比英语国家的圣诞节和中国的春节并具体找出两者的异同点，帮助学生体会不同历史文化背景下的节日习俗。在必修二第六单元 Lesson 3 中的 Voice your opinion 部分，学生需观察课文中的剪纸插图，了解中国博大精深的剪纸文化，从而增强文化自信。选修七第十九单元 Communication workshop 的 Speaking 部分让学生通过情境体验了解英国的教育模式、风土人情、风俗习惯等，帮助学生领略世界文化间的差异性。

由上可见，体现人与社会价值观的练习通过科技进步与社会发展的缩影来描绘世界的日新月异；反映政治、法律与社会问题价值观的练习通过向学生呈现当下社会所存在的各种问题，并让学生就这些问题展开讨论，以增强其社会参与意识及社会责任感；呈现人与社会价值观的练习通过介绍国内外的历史或文化，帮助学生增长历史知识及增强文化自信，为其成为中外文化交流的使者打下基础。

3. 人与自然价值观

第一，自然之美价值观。在必修二第四单元 Communication workshop 的 Writing 部分中，学生需参考教材介绍悉尼的例子，制作一个网页来推荐自己的家乡，介绍家乡的著名建筑物和风光，从而加大对家乡之美的关注。在选修六第十八单元

Warm-up 的第四道练习题中，学生针对"美"这个话题，就"美的事物""美的地方"等进行自由谈论，以重新审视对美的认识、收获对美的感悟。选修七第二十单元中 Language awareness 5 的第一道练习题让学生分享自己认为的中国最美的地方并说明原因，引导他们通过分享来感受祖国大好河山之美。

第二，认识自然价值观。必修三第七单元的 Bulletin board 部分普及了海洋生物海星和企鹅的生理构造、生活习性等方面的知识，勾起了学生探索其他海洋生物的好奇心，引导学生了解与认识自然。选修七第二十一单元 Lesson 2 中 Speaking 部分的第一道练习题让学生小组讨论与大脑运作原理及规律相关的内容，激发学生了解大脑的兴趣，让学生增长对于人体构造的科学知识。选修八第二十二单元的 Bulletin board 部分介绍了内瓦德鲁伊斯火山爆发及 2004 年印度洋大地震，陈述了自然地质灾害的形成以及随之而来的灾难性后果，增强了学生对地质灾害的了解。

第三，爱护自然价值观。必修三第七单元 Unit diary 部分的第六道练习题让学生列举出三条保护海洋环境的措施，使学生意识到当今海洋污染对环境造成的恶劣影响，从而触发学生思考海洋污染问题的治理对策。必修四第十单元 Lesson 3 中 Voice your opinion 部分的练习让学生思考当前的居住环境，询问学生怎样做才能改善环境，旨在帮助他们意识到身边的环境问题。选修八第二十二单元 Communication workshop 的 Writing 部分让学生从环境污染、濒危动物、全球变暖及自然灾害四者中选择一个主题并撰写一篇报告，让学生在写作中深刻意识到环境问题带给地球、人类和自然的危害。

综上所述，体现人与自然价值观的练习通过呈现自然界的美来培养学生对美的感知、欣赏和创造的能力，通过普及不同领域的自然科学知识提升学生的科学素养，通过让学生探讨身边的各类环境问题及其危害，引导学生树立保护生态、爱护环境的意识。

四、课文与练习中的价值观分析讨论

通过讨论北师大版高中英语教材课文和练习中各价值观的分布及其走势的合理性等，本部分将阐释该版教材在落实立德树人任务方面所起的作用。

（一）人与自我价值观

三大主价值观中，人与自我占比排名第二。从必修到选修，课文及练习中的人与自我价值观比例虽然均有略微下降，但始终保持在 20% 以上的比例，这说明该版教材对塑造学生个体价值观的重视。高中阶段的学生虽然已初步形成自己的价值观,但其还未完全定型且容易受到外界环境的影响,教材因此重视对学生人与自我价值观的塑造。

1. 道德与品质价值观

和人与自我主价值观的情形相似,虽然从必修到选修,课文及练习中道德与品质分价值观的比例均有略微下降,但仍高居第二,这具有合理性。高中生处于由青少年向成年过渡的阶段,其道德与品质的发展还不完全稳定与成熟,他们在面临各种诱惑或不良思想时容易出现问题甚至引发犯罪。因此,教材注重道德与品质价值观的渗透,这对引导学生尤其是那些意志相对薄弱、辨别能力相对欠缺的学生来说显得非常必要。高中是道德教育的关键期,基础教育阶段的道德品质教育应牢牢抓住这一关键期,为学生日后成为一名德才兼备的国家栋梁筑牢根基,这对学生个体、家庭、学校以及社会都影响重大。

2. 生命与安全价值观

在九项分价值观中,生命与安全所占比例最小,教材中只有 1 篇必修课文和 7 道练习体现了此价值观。日常生活中,各种自然或人为的灾害可能会随时给学生的生命安全带来隐患。我国现行的一些法律法规都强调了学校对学生进行安全教育的责任与义务,这充分体现了国家对中小学生安全问题的高度重视。[①] 然而,仅仅依靠学校及家庭对学生进行保护远远不够,学生自己更要树立自护自救的观念,掌握自护自救的知识与技能,以便灵活地应对各种危险及灾害。因此,教材可适当加大生命与安全价值观内容的比例。

3. 卫生与健康价值观

卫生与健康价值观在课文与练习中的比例均不足5%,这是该教材有待优化的地方之一。有研究显示,高三学生出现焦虑、抑郁及自杀意念的现象均明显高于其他年级学生,而主要的诱发因素来自日常学业压力和高考升学压力。[②] 高中生因这些压力导致出现心理问题的频率越来越高。教育部颁布的《中小学心理健康教育指导纲要》明确指出,中小学生正处在身心发展的重要时期,随着其生理和心理的发育和发展、社会阅历的扩展及思维方式的变化,特别是面对社会竞争的压力,他们在学习、生活、自我意识、情绪调适、人际交往和升学就业等方面,会遇到各种各

[①] 王昌伟,赵晓. 浅析中小学有关安全教育方法和内容的相关思考 [J]. 中国校外教育,2019(22):36-37.

[②] 陈梦缘. 当前中小学生非正常死亡的原因及对策建议 [J]. 中小学心理健康教育,2019(8):36-40.

样的心理困扰或问题。① 在现实中,部分学生(包括高中生)在面对这些心理困扰或问题时并不懂得如何去面对或解决。有鉴于此,教材适当加大生命与安全价值观的渗透不仅必要而且重要。

(二) 人与社会价值观

三大主价值观中,人与社会价值观牢牢占据最大比例,表明该教材十分注重激发高中生的社会参与意识及社会责任感。"高中生作为实现'中国梦'的主力军,是实现中华民族伟大复兴的关键力量,是祖国的未来。高中生的公共参与不仅关系到自身综合素质的提高和人的全面、自由发展,也关系到我国社会主义文明的建设。"② 该版教材无论在必修或选修、课文或练习中,都将大部分比重放在人与社会价值观的呈现上,这样做能够有效激发学生的公民意识与社会责任感,能在最大程度上让学生关注社会与经济发展,使其对存在的政治、法律与社会热点问题形成自己的思考,帮助其加深对中国特色社会主义文化的认同感与自信。

1. 经济与社会发展价值观

经济与社会发展价值观无论在课文还是在练习中都只占一成左右的比例,这一数值尚有提升的空间。随着高中生知识的积累与经验的丰富,他们的认知水平不断得到发展,心智状态日趋成熟,因而也变得更适合思考经济与社会发展问题。另一方面,部分高中生毕业后选择直接就业,但又还"不了解社会职业,对职业的认识相当模糊,更不知道学校的学习与未来职业的联系"。③ 因此,可在教材的课文或练习中适当增加经济与社会发展价值观方面的内容,在帮助学生了解社会发展动态、为其未来职业选择奠定基础的同时,也增强学生建设祖国、推动社会进步的意识。

2. 政治、法律与社会问题价值观

政治、法律与社会问题价值观的占比虽不足一成,但从必修到选修呈现出了增长的趋势,这有利于引导学生关注社会的方方面面以及培育学生的社会责任感。美中不足的是,教材把相当一部分比重的介绍放在了社会问题上,对政治或法律问题的关注有限,这不利于培养学生的政治素养和法治意识。一方面,包括政治认同感、政治鉴别力、政治敏锐性等在内的政治素养对学生的个人成长和社会的稳定发

---

① 中华人民共和国教育部. 中小学心理健康教育指导纲要(2012年修订)[EB/OL]. http://www.moe.gov.cn/srcsite/A06/s3325/201212/t20121211_145679.html,2012-12-11.
② 吴芳. 高中生公共参与素养培育研究[D]. 长沙:湖南师范大学,2019:2.
③ 刘伟. 职业生涯规划教育在高中历史教学中的渗透[D]. 武汉:华中师范大学,2015:14.

展等都有至关重要的作用；另一方面，为了预防高中生违法犯罪行为的发生，帮助他们将法律知识转化为法律意识，一定比例的法制教育也非常必要。为此，教材中关于政治与法律方面的课文和练习的数量可以再酌情增加。

3. 历史与文化价值观

在所有分价值观中，历史与文化的比例位列第一，虽然从必修到选修呈下降走势，但仍居高位，这符合英语课程的理念。历史与文化是英语课程中不可缺少的重要因素。正如北师大版高中英语教材主编王蔷教授所指出的那样："在整套教材的设计中，我们始终关注中国文化的讲述，力求精选、精编能够体现中华优秀文化及科技发展、良好的社会风气和国际影响力等方面的内容，帮助学生形成文化自信，为他们成为中华优秀文化的传播者奠定基础。"① 教材突出历史与文化价值观，目的就是加深学生对中华文化的理解，培养学生的民族与文化自信，让学生在传播中国优秀文的化同时，学会用英语讲好中国故事。

（三）人与自然价值观

三大主价值观中，人与自然占比最小，无论是在课文还是练习中的比例均不到十分之一，且与人与自我、人与社会价值观的比例差距过大。现阶段，由于人们环境保护意识的淡薄以及人类活动的破坏，环境问题正变得越来越突出并已成为困扰全球的一大挑战，而教材中低比例的人与自然价值观与这一形势不是很匹配。

1. 自然之美价值观

自然之美的比例在九项分价值观中排在倒数第二，在人与自然维度中占比最小，且在课文和练习中均呈下降走势，这对培养学生的美感不利。美无处不在、无时不在，对美的感知和欣赏在一个人的综合素养中不可或缺，它还在一定程度上影响着人们的生活质量。自然之美价值观旨在让学生透过英语教材的引导去观察、感知和体验自然之美，培养学生挖掘美、欣赏美和创造美的能力，帮助学生形成高尚的审美情趣以及塑造自身的心灵美。遗憾的是，该教材中对自然之美的渗透比较有限。

2. 认识自然价值观

认识自然价值观在课文与练习中的占比均低于3%，纵使从必修到选修有小幅上升，但总体而言比例依旧偏低。该价值观旨在向学生进行科学教育，丰富学生对自然界的认识，引导学生探究自然界各要素之间、人与自然之间和谐共生的可持续

---

① 王蔷，王琦. 2019版普通高中英语（北师大版）教材的修订依据、主要变化与特色[J]. 基础教育课程，2019（15）：59-65.

发展规律。教材可以适当提升该价值观的比重,拓展高中生的科学知识,夯实他们的科学素养,帮助他们在正确认识自然现象、自然规律的基础上从科学的角度去思考问题,提高他们认识自然及探索自然的能力。

3. 爱护自然价值观

爱护自然虽然在人与自然维度中的比例最高,但整体同样偏低。当今,全球普遍面临着气候变暖、环境污染、资源匮乏等环境问题。随着这些问题日益加剧,人们对环境教育的重视程度正在不断提升,向每一个公民进行"爱护环境、保护自然"方面的宣传与教育被摆在了突出位置。因此,在生态环境问题日渐严峻的背景下,高中生作为社会群体的重要组成部分,向他们进行爱护自然方面的价值观渗透、培养他们善待自然的生态观念显得十分重要。教材可酌情增加体现了这一价值观的课文及练习的数量,以更好地培养学生保护环境、爱护自然的意识。

五、课文与练习中的价值观呈现方式频次分析

本部分将探究北师大版高中英语教材课文与练习中价值观呈现方式的类型有哪些,这些方式在必修或选修教材中的占比分布,以及某一呈现方式在整个教材体系中的走势情况。

（一）课文中的价值观呈现方式频次分析

在充分考虑课文所呈现的价值观内容及每篇课文体裁特征的基础上,按每篇课文使用一种最主要的价值观呈现方式来统计,将北师大版高中英语一至十一册教材中体现了价值观的184篇课文所使用的呈现方式大致分为直接叙说、交际传递、议论说理、人物典型、其他等几大类（见表3.7）。

表3.7 北师大版高中英语教材课文中的价值观呈现方式频次分析表

价值观呈现方式	必修一至五		选修六至十一		必修一至选修十一	
	频次	百分比/%	频次	百分比/%	频次	百分比/%
直接叙说	33	42.86	34	31.78	67	36.41
交际传递	21	27.27	21	19.63	42	22.83
议论说理	8	10.39	31	28.97	39	21.20
人物典型	14	18.18	14	13.08	28	15.22
其他	1	1.30	7	6.54	8	4.35
总计	77	100	107	100	184	100

统计结果显示，排名第一的"直接叙说"无论在必修还是选修教材中都具有最高的使用频率，同时也是唯一一个占比超过三成的呈现方式，其在必修教材中的占比甚至超过四成；排名第二的"交际传递"占比超过两成，从必修到选修的比例呈下降走势；"议论说理"位列第三，占比也超过两成，但与"交际传递"不同的是，"议论说理"前后增长近20%；排在第四的"人物典型"占比15%左右，前后呈小幅下降走势；排在最后的是其他呈现方式，这类方式在选修部分的占比要高于必修部分。整体而言，浮动比例最大的是"议论说理"，其余三类呈现方式的浮动范围均在5%～11%左右。

图3.3直观地反映了北师大版高中英语教材课文中各价值观与其呈现方式之间的关系，该图基于以下统计方式得出：若某一价值观对应不同的呈现方式，则为这些呈现方式各计一个频次；若某一呈现方式对应不同的价值观，则为这些价值观各计一个频次。

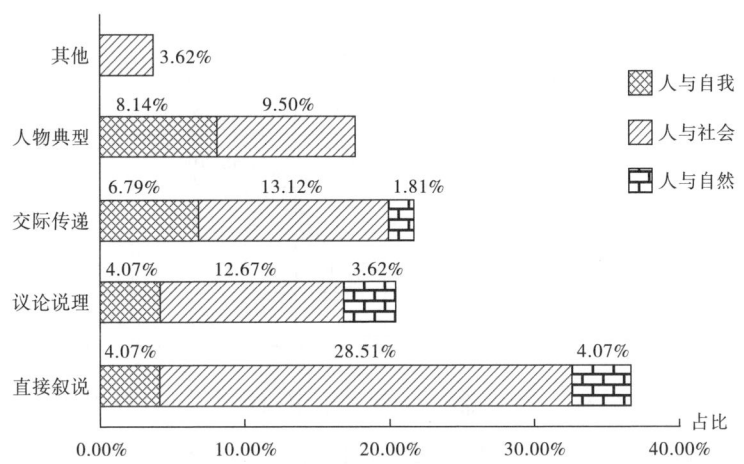

图3.3 北师大版高中英语教材课文中的价值观与其呈现方式占比统计图

如图3.3所示，"直接叙说""交际传递""议论说理"这三类呈现方式均多用于呈现人与社会价值观，其次分别是人与自我、人与自然价值观；"人物典型"用于传递人与社会价值观的比例稍高于其用于传递人与自我价值观的比例；其他呈现方式只传递了人与社会价值观。

在呈现人与自我价值观的方式中，"人物典型"占比虽然最大，但与其他呈现方式的差距均不大；在呈现人与社会价值观的方式方面，排在第一的"直接叙说"占比接近30%，其比例是第二位"交际传递"、第三位"议论说理"、第四位"人物典型"的2～3倍，更是排在末位的其他呈现方式的7倍多；在呈现人与自然价值观的方式里,"直接叙说"的比例仍旧最高,"议论说理"其次,"交际传递"最后,但三者相差仅在3个百分点以内。

(二)练习中的价值观呈现方式频次分析

与课文的统计方式一致,按每道练习题使用一种最主要的价值观呈现方式来统计,将北师大版高中英语一至十一册教材中体现了价值观的628道练习题所使用的呈现方式大致分为直接体现、分析评价、情境体验、小组讨论、任务创编、对比说明六大类(见表3.8)。

表3.8 北师大版高中英语教材练习中的价值观呈现方式频次分析表

价值观呈现方式	必修一至五		选修六至十一		必修一至选修十一	
	频次	百分比/%	频次	百分比/%	频次	百分比/%
分析评价	95	32.76	77	22.78	172	27.39
直接体现	42	14.48	45	13.31	87	13.85
情境体验	40	13.79	29	8.58	69	10.99
小组讨论	48	16.55	131	38.76	179	28.50
任务创编	35	12.07	30	8.88	65	10.35
对比说明	30	10.34	26	7.69	56	8.92
总计	290	100	338	100	628	100

据统计结果可以发现,排名前两位的"小组讨论"和"分析评价"占比均超过25%,"小组讨论"是选修教材练习中占比唯一超过三成的呈现方式,"分析评价"则是必修教材练习中占比唯一超过三成的呈现方式;位于第三、四、五位的分别是"直接体现""情境体验"及"任务创编",三者比例均在10%以上且彼此的差距不超过5%;"对比说明"位居最后,占据不到一成的比例。整体而言,变化趋势最明显的呈现方式是"小组讨论",从必修至选修的增幅超过两成,其他呈现方式均表现出10%以内的下滑幅度。

图3.4直观地反映了北师大版高中英语教材练习中各价值观与其呈现方式之间的关系。六类方式均主要用于呈现人与社会价值观,其次是人与自我价值观,再次是人与自然价值观。在呈现人与自我价值观的方式中,"小组讨论"占比位列第一,与紧随其后的"分析评价"的比例差距仅在1%以内;"情境体验""直接体现"以及"任务创编"分别位居第三、四、五位,三者间的比例差距均不到2个百分点;

位居末尾的是"对比说明",仅占 1.45%。在呈现人与社会价值观的方式里,占比约两成的"小组讨论"高出第二位"分析评价"约 4 个百分点;位于第三、四、五位的"直接体现""任务创编""情境体验"的比例均低于 10%,三者间的比例差距在 3 个百分点以内;排在末尾的"对比说明"的比例不到小组讨论的三分之一。就呈现人与自然价值观的方式而言,前两位排名依旧没有变化,"直接体现"随后;"情境体验"与"任务创编"并列第四,最后仍为"对比说明";所有呈现方式的占比均未超过 3%,因此差距也十分微小。

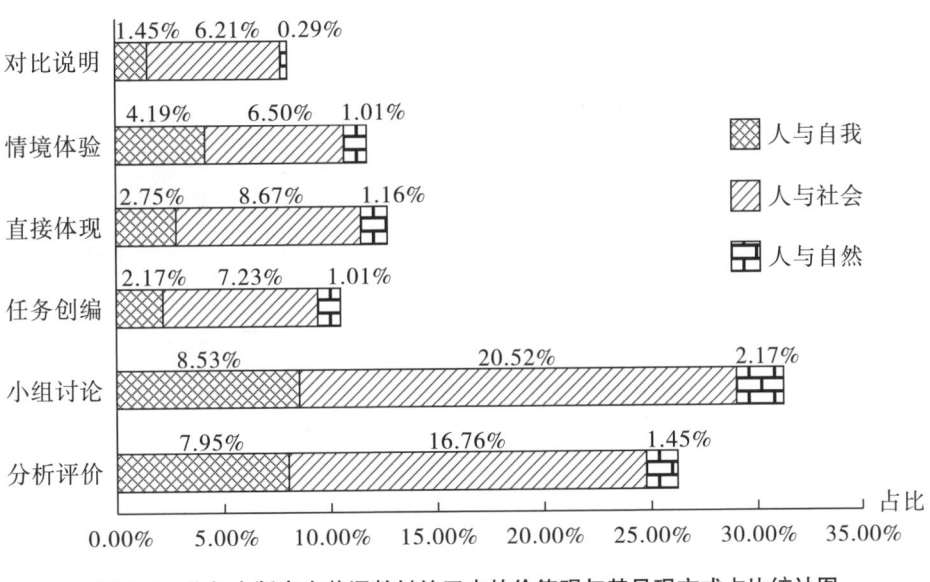

图 3.4 北师大版高中英语教材练习中的价值观与其呈现方式占比统计图

六、课文与练习中的价值观呈现方式内容分析

频次分析以"面"的方式展现了教材中价值观呈现方式的分布及其变化趋势。本部分将借助"点"的方式,用课文与练习中的具体内容来说明北师大版高中英语教材如何呈现价值观。

(一)课文中的价值观呈现方式内容分析

1. 直接叙说

直接叙说通过直接叙述或说明事物的形成原因、发展历程、现状、所产生的影响等传递价值观,其特点是直奔主题,学生从字面就能直接概括出课文所体现的价值观。通过这类方式传达价值观的课文有《节日》(*Festivals*)、《我们跳舞吧!》

（Let's dance！）、《英文姓氏的起源》（The origins of English surnames）、《英国茶文化与咖啡文化》（English tea and coffee culture）、《婚礼》（Weddings）、《音乐的类型》（Styles of music）、《郑和七下西洋》（Zheng He and his seven voyages）、《丝绸之路》（The silk road）等。以下列举部分课文进行说明。

必修一第三单元的阅读文章《节日》（Festivals）通过小短文的形式向学生描述了中秋节、元宵节、端午节等节日的民风民俗，重点介绍了中秋节的月饼、元宵节的花灯以及端午节的赛龙舟等。学生可以从文章中直接获取到关于节日文化的相关知识，从而增进对中华民族传统文化的了解。

必修二第五单元的阅读文章《我们跳舞吧！》（Let's dance！）介绍了三种舞蹈类型——芭蕾舞、民间舞及流行舞。芭蕾舞在中西文化中是一种不可或缺的艺术形式，国外的《天鹅湖》和中国的《白毛女》就是典型代表；民间舞主要用于庆贺活动，有狮子舞、龙舟舞、秧歌舞等；流行舞由民间舞蹈发展成为现代流行的踢踏舞、交谊舞等。该文脉络清晰，学生可以从文章中了解到不同舞种的发展，这十分有利于培育学生对舞蹈艺术的审美。

选修六第十六单元的阅读文章《英文姓氏的起源》（The origins of English surnames）介绍了英文姓氏的不同来源：父亲的名字、职业、地区以及性格特点等，并举例进行说明。通过该文，学生可以知道英文姓氏的起源及中文姓氏与英文姓氏间的文化差异，对姓名文化也会有进一步的了解。

由上可见，直接叙说通过直白明晰的方式谈论特定的事物，使学生深入、全面地了解蕴含于其中的知识及背后的价值观。

2. 议论说理

议论说理通过剖析或论述事理的方式来表达作者的观点，并以此体现特定的价值观。以此类方式传递价值观的课文包括《网络空间的未来》（The future of cyberspace）、《毁灭之路》（The road to destruction）、《情人眼里出西施》（Beauty is in the eye of beholder）、《积少成多》（When less is more）、《成功源于高情商》（Success comes with a high EQ）、《适者生存》（Survival of the fittest）、《百米纪录8秒？》（100 Metres in 8 seconds？）、《我们受得了这么热吗？》（Can we take a heat？）等。以下列举部分课文进行说明。

必修二第四单元的阅读文章《网络空间的未来》（The future of cyberspace）围绕网络这一话题展开，从积极和消极两个方面探讨了网络空间的发展将带来的影响。例如，网络发展会给人类生产和生活带来极大的便利，但也可能会引发网络犯罪率上升及影响社会秩序。通过从积极和消极两个方面对网络空间的未来进行思考，学生将学会更加全面地看待这一问题，并形成自己对网络技术发展的看法。

必修三第九单元的阅读文章《毁灭之路》（The road to destruction）通过一则报道，并结合相关的数据，论述了汽车给人们的生活及社会带来的一系列问题，如空气污染、车祸、交通堵塞等。文章同时提出了切实可行的建议，如尽量步行、搭乘公共交通工具、拼车等，以此呼吁学生增强环境意识及投身到保护地球的行动中去。

选修六第十八单元的阅读文章《情人眼里出西施》（Beauty is in the eye of beholder）论述了美的衡量标准。在有些国家，女性采用瘦身饮食及其他方法让自己保持纤瘦的身材，而在另外一些国家，稍微超重被认为是更加迷人。美其实是多维的，外在美虽然可以被快速察觉，但一定需要内在魅力（如良知、热心等）来强化。内在美才是我们真正应该关注的东西。

整体而言，议论说理通过罗列事实、剖析事物、讲述道理等表达作者的主张，引发学生的感悟与共鸣，使学生体会文中所蕴含的价值观。

3. 交际传递

交际传递通过人物或角色之间的信息、意见或情感的交流来传递价值观。以此类方式传递价值观的课文包括《保护海洋》（Protecting the sea）、《面试》（Interviews）、《人工智能》（Artificial intelligence）、《派对》（Parties）、《世界新闻》（World news）、《狗仔队》（The paparazzi）、《住在国外》（Living abroad）、《姓名故事》（Name stories）等。以下列举部分课文进行说明。

必修三第七单元的听力文章《保护海洋》（Protecting the sea）借助两个人物的对话，从过度捕捞、垃圾污染等方面对海洋污染问题进行讨论，并列举了政府对海洋污染问题所采取的举措，如控制捕捞、设置休渔期等。通过两位主人公的对话，学生能从中了解到造成海洋污染的原因及相关解决措施，从而增强环保的意识。

必修五第十四单元的听力文章《面试》（Interviews）通过面试官和应聘者之间的谈话，呈现了职场面试中的礼仪习惯及社交技巧。通过这篇文章，学生可以了解到职场中需要具备的不同素质，如有道德、有组织能力等，为以后进入社会奠定基础。

选修七第二十单元的听力文章《人工智能》（Artificial intelligence）通过人类播报员和虚拟播报员 Ananova 之间的对话，介绍了 Ananova 是如何被发明出来的以及它所具备的功能，如能够说十六种语言等。借助两位角色之间的对话，学生可以体会到科技的高速发展，感受到人工智能已经渐渐融入我们的生活。

概而论之，交际传递通过课文中不同人物或角色间的交流，让学生从中获取相关信息的同时潜移默化地接受价值观的熏陶。

4. 人物典型

人物典型通过描述特定人物及其在特定领域做出的贡献，使学生理解该人物所传递出来的价值观。以此类方式传递价值观的课文包括《克里斯托弗·里夫》（*Christopher Reeve*）、《海伦·凯勒》（*Helen Keller*）、《我最爱的喜剧》（*My favorite comedy*）、《运动明星》（*Sports stars*）、《民族英雄》（*National hero*）、《阿兰尼斯——名副其实的歌唱家》（*Alanis—a true performer*）、《格洛克》（*Grock*）、《一名胜利者的勇气》（*The courage of a winner*）等。以下列举部分课文进行说明。

必修一第二单元的阅读文章《克里斯托弗·里夫》（*Christopher Reeve*）树立了主人公克里斯托弗·里夫的超级英雄形象。他虽然遭遇意外并身受重伤，却没有因此放弃自己。他不仅重返电影制作行业，而且募得许多的钱用于医学研究。学生阅读完他的故事之后会被这样一个永不言弃、顽强奋斗的人物所鼓舞。

选修六第十六单元的阅读文章《海伦·凯勒》（*Helen Keller*）讲述了一个女孩的励志故事。海伦·凯勒从小因病丧失了听觉和视觉，并具有严重的语言障碍。在老师锲而不舍的鼓励下，她努力学习，靠强大的意志力克服了身体上的种种障碍。她还把精力投入盲人福利和教育事业中，其自强不息的事迹一直影响着后人。

选修六第十七单元中的阅读文章《我最爱的喜剧》（*My favorite comedy*）讲述了扮演憨豆先生的演员——罗恩·阿特金森的人生经历。童年期的罗恩·阿特金森受口吃困扰，却在一次偶然的机会中发现了自己的表演天分，于是开始了表演生涯。后来，他所扮演的憨豆先生给世界不同国家的人带去了欢乐，他也因此成为了国际知名的喜剧人物。

总之，人物典型通过刻画特定的人物形象，讴歌其身上体现出来的优良品质，引导学生向这些人物学习。

（二）练习中的价值观呈现方式内容分析

1. 小组讨论

小组讨论指通过分组的形式，让学生就某个问题开展交流，使学生在思维的碰撞中感受价值观的渗透。必修二第六单元 Communication workshop 中的 Speaking 部分通过呈现乔治·格罗茨的作品《大都市》，让学生围绕这幅画的主题展开小组交流并发表看法，旨在加深学生对西方绘画艺术的理解。必修四第十一单元 Communication workshop 中的 Speaking 部分通过呈现几幅广告插图，让学生小组交流观看完这几则广告后的感受，并讨论哪一则广告更打动人心，从而加深其对广告文化的认识。必修五第十五单元 Lesson 1 中的 Voice your opinion 部分询问学生毕业后可以通过什么样的方式继续学习，还让小组成员各自分享答案，从而使其意识到终身学习对个人发展的重要性。

小组讨论有助于增加学生间的相互交流以及形成观点的碰撞，在培养他们口头表达能力的同时也有利于增强其对价值观的理解。

2. 分析评价

分析评价指让学生针对特定的问题进行辨别、剖析、判断、整合等，从而加深其对价值观的理解。必修一第二单元 Lesson 3 中的 Voice your opinion 部分通过询问学生成为运动明星有什么好处、分析运动明星的品质及榜样作用等，激励学生成为一个正面、积极的人物。必修二第五单元 Lesson 1 中的 Voice your opinion 部分让学生分析流行音乐和摇滚乐受广大年轻人喜爱的原因，以此提升学生对音乐文化的认识。选修六第十八单元 Lesson 1 中的第一道练习题呈现了一幅图片并询问学生图片里的人物是否好看，旨在帮助学生形成对美的正确看法。

分析评价这类呈现方式把价值观的渗透贯穿在启发学生独立思考、培养学生分析问题与解决问题的过程中，能实现情感培养与理性教育的双丰收。

3. 情境体验

情境体验指有目的地引入或创设生动具体的场景，让学生获得特定的情感体验，从而帮助学生更好地把握所传递的价值观。必修一第三单元 Communication workshop 中的 Speaking 部分让学生想象自己正在参加一个派对，学习派对中的交往技巧，如自我介绍、向对方表达自己的心情等，使学生身临其境地体验不同场合中的社交技巧。必修三第七单元 Lesson 2 中 Writing and Speaking 部分的第一道练习题通过创设一个情境，让学生想象自己通过做一个关于海洋问题的研究去了解海洋历史及海洋生物等方面的内容，从而提升学生对海洋文化的了解。必修五第十四单元 Lesson 1 中的 Language in use 部分要求学生观看一幅旅游景点的图片并回答旅游区的警察会如何劝导游客不要游泳、露营、生火或乱扔垃圾等，旨在向学生强调安全出行、文明旅游的重要性。

创造特定的情境对学生的学习活动起着一定的协助和导向作用，学生会在耳濡目染、潜移默化中接收文本所要传递的价值观。

4. 任务创编

任务创编以任务作为主线，让学生在任务的开展过程中通过互动、交流等方式感知价值观。必修二第四单元 Communication workshop 中的 Writing 部分让学生制作一个关于家乡网页的任务，使其在了解家乡风土人情与自然之美的同时感受互联网的魅力。选修六第十八单元的 Bulletin board 要求学生在学习所给出的英语诗歌后尝试写一首英语小诗，使其在写诗的过程中领略诗歌文化的魅力。选修十第三十单元的 Task 部分介绍了参加 Shipwrecked 节目的十位候选人，要求学生选出自己心目中的六位最佳候选人并向全班分享自己的评判原则及结果。通过这个任务，学生不仅能了解到什么样品格的人更适合参加野外求生节目,还能直观地感受到这些榜样人物的精神激励。

任务创编把价值观渗透和培养学生的探索精神、实践与创新能力结合起来,是一种体现了"做中学"理念的价值观呈现方式。

5. 直接体现

直接体现这一呈现方式意味着直接呈现特定的价值观,学生不需揣摩,仅从字面意思就能够感受到文本背后的情感与态度等。必修一第一单元 Lesson 2 中的第三道练习题通过问题的形式直接介绍了一些关于压力的心理知识,如导致压力的原因、缓解压力的办法等,旨在提醒学生要重视心理健康及如何有效缓解心理压力。必修二第五单元 Lesson 2 中的第一道练习题直接询问学生关于京剧的知识,同时介绍了京剧诞生的时间、京剧中的乐器以及京剧角色生旦净末丑的装扮等,让学生直接获取关于京剧的知识并加深其对我国戏剧文化的认识与热爱。选修八第二十四单元 Communication Workshop 中 Writing 部分的第一道练习题询问学生对我国犯罪问题的了解有多少,介绍了偷窃、贩毒、谋杀等罪行以及相关的惩处如有期徒刑、无期徒刑等,旨在让学生意识到法律的严肃性,提醒学生严格要求自己,不做违法乱纪之事。

直接体现这一方式多用于向学生"明明白白"地陈述事实或者解释难以理解的知识,学生也会因正面接受价值观的熏陶而印象更加深刻。

6. 对比说明

对比说明把具有异同的事物放在一起做比较,让学生清晰地认识事物之间的差异及形成差异的原因等。必修一第三单元 Lesson 4 中的 Comparing cultures 部分让学生将英国的圣诞节与中国的春节做对比,使学生在比较两个节日的异同中进一步感受中外节日文化及体会世界文化的多样性。必修四第十二单元 Lesson 2 中的第三道练习题通过对比意大利、英国、日本、美国及中国在行为方式上的差异,如"运用手势""直视他人"等,帮助学生认识不同的肢体语言文化。选修六第十八单元中 Culture corner 部分的第二道练习题要求学生比较中国诗人李白和外国诗人华兹华斯在写作风格上的异同,从而帮助学生领略中外浪漫主义诗歌的不同魅力以及感受诗歌文化的博大精深。

对比说明这一方式能极大地提高学生的跨文化交际意识与能力,扩大学生的国际视野,这一方式多用于呈现历史与文化价值观。

七、课文与练习中的价值观呈现方式分析讨论

北师大版高中英语教材的课文和练习在呈现价值观的方式上既有共性，也有差异。本部分将讨论这些价值观呈现方式在必修与选修教材中的比例分布、走势等是否与学生的年龄、认知规律、生活经验等相吻合。

（一）课文中的价值观呈现方式

1. 直接叙说

直接叙说在课文中所有的价值观呈现方式里所占比例最大，其分布和课文中的历史与文化价值观一致，即从必修到选修呈下降走势。由于历史与文化在九项分价值观里占据了近一半的比例，且该价值观主要通过直接叙说的方式呈现出来，因此导致直接叙说在所有呈现方式里占据最大比例。其次，相当比例的政治、法律与社会问题、认识自然等价值观也是通过直接叙说的方式得以呈现，其原因都是在于帮助学生认清复杂的事物与问题或提高学生的吸收程度，使其对所学内容印象深刻。

2. 议论说理

议论说理的比例为21.20%，从必修到选修呈明显上升走势，这具有合理性。议论说理这一呈现方式多出现在教材的议论文中，主要用于传递政治、法律与社会问题以及经济与社会发展等价值观，旨在引导学生对文章主题进行多角度、深层次的剖析，加深学生对文章的理解，训练其思辨能力。此外，对于高中学段的学生而言，其认知水平相比初中有了明显提高，理应接受更多的思维训练，这也就较好地解释了为什么议论说理从必修到选修呈明显上升走势。

3. 交际传递

交际传递在课文的价值观呈现方式中占比排名第二，前后呈小幅下降走势。该呈现方式主要用于教材的听力文章中，通过人物间的对话、访谈、演讲等，启发学生从第三者的角度去感悟其中的价值观，是一种比较适合高中生的隐性价值观传递方式。在真实交际场景的烘托下，随着人物之间交际的展开，学生通过日常生活累积起来的图式被不断激发，他们对文章的理解也随之加深，在解读文章的同时也汲取了文本所传递的价值观。

4. 人物典型

在课文的价值观呈现方式中，人物典型的比例只位列第四且呈下降走势，主要用于传递道德与品质、历史与文化以及政治、法律与社会问题等价值观，是一种隐

性的价值观呈现方式。高中生正处于个体身心发展的加速期和过渡期，他们需要具有榜样作用的参照人物从正面引导其思想和行为从而健康成长，这些榜样对高中生价值观的塑造具有极其重要的意义。① 此外，这类呈现方式通俗易懂，能较好地激发学生的兴趣。因此，课文中可适当提高这一呈现方式的比例。

5. 其他

除上述四种主要呈现方式外，课文里还有少数其他呈现方式，例如通过诗歌等文学作品来呈现价值观。如何最大程度实现英语学科的育人价值一直是英语专家学者以及一线英语教师们探讨的热点，而文学阅读对于拓展英语学科的育人价值亦是不可忽视的。文学阅读作为一种特殊的载体在丰富学生的精神生活、培养学生健全的人格、让学生树立积极的价值观等方面都具有积极的作用。② 基于此，通过对学生进行适当的文学熏陶从而培育学生的价值观具有积极、正面的作用。

（二）练习中的价值观呈现方式

1. 小组讨论

在练习的价值观呈现方式中，小组讨论所占比例最高且上升幅度超过20%。分组教学在现代教学方法中较为常见。教师让学生围绕一个主题进行分组交流，促进不同学生个体间的思维碰撞。学生在教师的引导下，从问题或学习任务出发，利用各种资源，通过形式多样的探究活动获得知识和技能、培养积极的情感体验。③ 此外，培养学生的合作能力也一直是中小学英语教育的重要目标之一。因此，练习中小组讨论的比例呈上升趋势较为合理。

2. 直接体现

与课文中的直接叙说方式所不同的是，同样作为显性呈现方式的直接体现只占练习中所有价值观呈现方式的13.85%，其原因在于课文中历史与文化价值观主要通过直接叙说得以传递，而练习中该价值观只是部分通过直接体现的方式得以传递。此外，从必修到选修，该呈现方式的比例呈现出略微下滑的走势，这符合高中生的身心发展特征。对于进入高中阶段的学生而言，教材中直接体现的比例不宜过多，尤其是在课文中直接叙说这一呈现方式的比例已达到一定程度的基础上，培养的重心更应放在学生逻辑思维、批判性思维等能力的提升上。

---

① 曾玲. 高中语文教材中爱国人物形象的教学研究 [D]. 长沙：湖南师范大学，2019：2.
② 何泽. 高中英语文学阅读教学行动研究 [D]. 上海：华东师范大学，2017：14.
③ 朱霞云. 高中英语合作学习探究性任务的设计 [J]. 教学与管理，2017（10）：68-69.

3. 分析评价

在练习的价值观呈现方式中，分析评价占 27.39%，其比重远大于直接体现，这具有合理性。这一呈现方式旨在让学生获取文本信息后，对事物形成自己独立的思考，通过从多方面对事物进行分析与评价后汲取相关的价值观，从而锻炼学生的思考、判断、论证及推理等思维能力。高中阶段正是学生思维能力发展的黄金时期，所以分析评价这一呈现方式对高中生而言十分必要。遗憾的是，从必修到选修，该价值观呈现方式的比例呈缩小趋势，对学生思维品质的提升不利。

4. 任务创编

在练习的价值观呈现方式中，任务创编仅占一成左右的比例且前后有小幅下降。任务型教学在目前的外语教学中扮演着重要角色，其目的在于通过任务使学生掌握如何运用语言把事情做好。在涉及听、说、读、写等各项微技能的语言任务中，学生通过完成任务不仅能够加深对语篇材料的认识、获得对这些材料的独特体验，还能同时接受相关价值观的熏陶。因此，教材中的练习可酌情加大任务创编这种价值观呈现方式的比例。

5. 情境体验

和任务创编一样，情境体验在练习中所占比例不多且呈现出略微下滑的趋势。情境体验主要是帮助学生通过创设的情境设身处地地去感知事物，让学生从内心产生积极的情感体验，使学生在身临其境中更好地感受教材所要传达的价值观。为了得到更有效的价值观渗透效果，练习的设计可多采用情境体验这种与学生生活经历密切相关的呈现方式，让学生在情感共鸣中产生主动参与、积极融入的欲望。

6. 对比说明

对比说明在练习中占据最少的比例，不足 10%。该呈现方式让学生在比较事物的过程中体会所要传递的价值观，主要用于历史与文化以及政治、法律与社会问题等价值观。例如，通过中外节日文化的对比，学生能从中体会到文化的多样性，而这不仅有利于培养学生跨文化意识及跨文化交际的能力，还能拓宽学生的国际视野。此外，对比说明还有利于教师总结知识点、增强学生的记忆等。有鉴于此，练习中对比说明这一价值观呈现方式的比重可适当加大。

第四章 高校英语教材价值观研究

第一节 本科英语教材价值观研究[①]

一、数据收集

由上海外国语大学知名博士研究生导师何兆熊教授主编、由上海外语教育出版社于2013年出版的高校英语专业本科生教材——《综合教程》被选定为高校英语教材价值观研究的对象。作为"十二五"普通高等教育本科国家级规划教材,《综合教程》基于《高等学校英语专业英语教学大纲》编写而成,凝聚了英语专业教材研究的众多成果,在外语教材界具有公认的权威性和极大的影响力,自出版以来受到了广大师生的认可,目前已成为国内使用较为广泛的综合英语教材。该版教材的主题多元,选材广泛,内容覆盖个人、社会与自然等不同领域。《综合教程》共六册,第一册至第四册为基础阶段用书,供大学一、二年级的英语专业学生使用,第五册和第六册为提高阶段用书,供三年级本科生使用。每册书包括14个单元,每单元约20页,一个单元主要包括两篇文章及相应的练习。

该教材的基础阶段用书和提高阶段用书在单元结构上有所不同。除第一册的语音(phonetics)、第一册与第二册的听力(listening)、第三册与第四册的课文修辞方式(rhetorical features of the text)外,一至四册教材的单元结构基本一致,即均由主副两篇课文、相应练习及名人名言组成。第五、六册教材的单元也由主副两篇课文及相关练习构成,但无名人名言、听力(listening)及听写(dictation),第六册增加了改错(proof-reading)。

[①] 作为课题结题成果之一,本节部分内容已发表在《黑龙江高教研究》2020年第6期。

本节研究初步选取《综合教程》第一至第六册教材中的 168 篇课文和部分练习作为数据收集的对象。有些练习为纯粹的信息获取或语言操练，故被排除在外。具体而言，第一至第六册教材中，仅第一至第二册的听力（listening）、第一至第六册的口语活动（oral activities）、第三至第六册的写作（writing）、第一至第四册的综合技能（exercises for integrated skills）和第五至第六册的语言训练（language work）等练习被列为初步的数据收集对象，共计 378 道练习题（见表 4.1）。

表 4.1 本科英语教材《综合教程》价值观研究数据收集表

年级/册		课文	练习
大一	第一册	两篇文章	听力、口语活动、综合技能
	第二册		听力、口语活动、综合技能
大二	第三册		写作、口语活动、综合技能
	第四册		写作、口语活动、综合技能
大三	第五册		写作、口语活动、语言训练
	第六册		写作、口语活动、语言训练

其中，听力部分以听力文本（transcript）为分析对象。口语活动部分包括演讲（giving a talk）、小组讨论（having a discussion）和对话（making a dialogue）。综合技能部分包括听写（dictation）和完形填空（blank-filling）。语言训练部分包括完形填空（blank-filling）和改错（proof-reading）。

二、课文与练习中的价值观频次分析

价值观不仅分布在教材里一篇篇主题多样、体裁不一的课文中，还分布在内容丰富、形式灵活的练习中。本部分将分别聚焦教材中的课文及练习，以年级区分，全面勾勒出价值观在本科英语教材《综合教程》中的分布及其走势。

（一）课文中的价值观频次分析

以"英语教材价值观分析框架"为参照，结合教材配套教师用书对每章节主题及相关内容的信息描述，确认出全部课文均有体现价值观。由于每篇课文篇幅较长、内容较多，其涉及的价值观次数不一（从 1 次到多次不等）、轻重程度不同，因此每篇课文只取最能体现文章主旨的 1~2 次进行分析。按此统计，168 篇课文共体现价值观 183 次（见表 4.2）。

表 4.2 本科英语教材《综合教程》课文中的价值观频次分析表

价值观		大一		大二		大三		大一至大三	
		频次	百分比/%	频次	百分比/%	频次	百分比/%	频次	百分比/%
人与自我	道德与品质	24	38.10	20	31.75	16	28.07	60	32.79
	生命与安全	0	—	0	—	0	—	0	—
	卫生与健康	1	1.59	0	—	1	1.75	2	1.09
	小计	25	39.69	20	31.75	17	29.82	62	33.88
人与社会	经济与社会发展	0	—	1	1.59	2	3.51	3	1.64
	政治、法律与社会问题	13	20.63	10	15.87	16	28.07	39	21.31
	历史与文化	18	28.57	29	46.03	19	33.33	66	36.07
	小计	31	49.20	40	63.49	37	64.91	108	59.02
人与自然	自然之美	1	1.59	1	1.59	2	3.51	4	2.19
	认识自然	3	4.76	2	3.17	1	1.75	6	3.28
	爱护自然	3	4.76	0	—	0	—	3	1.64
	小计	7	11.11	3	4.76	3	5.26	13	7.10
总计		63	100	63	100	57	100	183	100

如表4.2所示，在三大主价值观占比方面，人与社会接近六成，稳居第一；人与自我超过三成，位列第二；人与自然不足一成，排于最后。这也是三大主价值观在三个不同年级教材课文中的排名情况。从走向来看，人与社会的比例逐年增加，尤其是从大一至大二的增幅高达约14%；人与自我的比例虽逐年下降，但在各年级教材的课文中始终稳定在30%~40%上下，并未出现断层式的降幅；人与自然价值观呈波动变化趋势，大幅下降后小幅回升，下降幅度虽然仅为6.35%，但在大二教材中已比大一教材减少超过一半，至大三回升幅度仅为0.5%。

在九项分价值观占比方面，占据前三的历史与文化、道德与品质以及政治、法律与社会问题三者之和超过90%；位居第四的认识自然虽然在人与自然中占比最大，也仅为3.28%，略高于紧随其后的自然之美；并列第六的爱护自然以及经济与社会发展的占比均为1.64%，二者分别为人与自然、人与社会占比最低的分价值观；排在第八的卫生与健康仅占1.09%，与同属人与自我的道德与品质价值观差距悬殊；生命与安全则在教材中完全没有体现。从走向来看，超半数分价值观的分布有规律可循。其中，道德与品质和认识自然逐年减少；与之相反，经济与社会发展和自然之美呈总体上升的趋势；政治、法律与社会问题呈现"V"字形走势，而历史与文化呈现倒"V"字形分布，二者的互补使人与社会价值观的总体频次在各年级较为均衡。其余三项价值观因没有体现明显的规律故不予描述。

三个年级教材的课文均出现了价值观缺失的情况。大一缺失了生命与安全、经济与社会发展价值观；大二缺少了生命与安全、卫生与健康、爱护自然价值观；大三缺失了生命与安全、爱护自然价值观。从年级层面来说，大二教材的课文缺失最多价值观；从分价值观层面而言，生命与安全价值观缺失得最多。

（二）练习中的价值观频次分析

以"英语教材价值观分析框架"为参照，结合教材配套教师用书对每章节主题及相关内容的信息描述，确认有 12 道练习题因没有体现价值观而被剔除。和课文一样，按每道练习题体现 1~2 次价值观的方式统计，剩余 366 道练习题共体现价值观 374 次（见表 4.3）。

表4.3 本科英语教材《综合教程》练习中的价值观频次分析表

价值观		大一		大二		大三		大一至大三	
		频次	百分比/%	频次	百分比/%	频次	百分比/%	频次	百分比/%
人与自我	道德与品质	38	26.57	31	24.80	17	16.04	86	22.99
	生命与安全	0	—	0	—	1	0.94	1	0.27
	卫生与健康	8	5.59	0	—	1	0.94	9	2.41
	小计	46	32.16	31	24.80	19	17.92	96	25.67
人与社会	经济与社会发展	1	0.70	6	4.80	5	4.72	12	3.21
	政治、法律与社会问题	33	23.08	22	17.60	30	28.30	85	22.73
	历史与文化	48	33.57	59	47.20	44	41.51	151	40.37
	小计	82	57.35	87	69.60	79	74.53	248	66.31
人与自然	自然之美	1	0.70	0	—	3	2.83	4	1.07
	认识自然	12	8.39	7	5.60	2	1.89	21	5.61
	爱护自然	2	1.40	0	—	3	2.83	5	1.34
	小计	15	10.49	7	5.60	8	7.55	30	8.02
总计		143	100	125	100	106	100	374	100

如表4.3所示，在三大主价值观方面，占比超过六成的人与社会位列第一，并在各年级教材练习中的百分比均保持在55%以上；人与自我接近三成，排名第二；占比不足一成的人与自然位居最后，最大值仅为大一教材中的10.49%，该数值比人与自我的最小值少了7个百分点左右。上述排名也是三大主价值观在三个不同年级教材练习中的排名。相较于课文而言，练习中三大主价值观之间的差别更大，其中以人与社会价值观的优势最为明显。从走向来看，练习和课文中的三大价值观变化规律相同。人与社会占比呈现逐年上升的趋势，仍是大一至大二的升幅较大；与之相反，人与自我占比逐年递减，降幅均在7%左右，其在大三的比例相较于大一减少了近一半；人与自然价值观呈波动变化趋势，在下降近一半的比例后小幅回升。

从九项分价值观来看，与课文中的情况类似，排名前三的历史与文化、道德与品质以及政治、法律与社会问题三者比例之和高达86.09%；认识自然排第四，且仍是人与自然中占比最大的分价值观；经济与社会发展、卫生与健康、爱护自然分别占据第五、第六、第七位，三者之和不足7个百分点；末两位为自然之美以及生命与安全，二者分别为人与自然和人与自我中占比最小的分价值观。从走向来看，除近一半的分价值观因出现缺失导致分布规律不明显外，道德与品质和认识自然呈下降趋势；政治、法律与社会问题呈"V"字形分布，而与之互补的历史与文化则呈倒"V"字形分布。

从缺失情况来看，大一和大二教材的练习缺失部分价值观，仅大三教材的练习包含所有预设的价值观。大一缺失了生命与安全价值观；大二缺失的价值观多达四项，包括生命与安全、卫生与健康、自然之美和爱护自然。从年级的角度看，大二教材的练习所缺失的价值观最多；从分价值观的层面看，生命与安全的缺失情况最为严重。

三、课文与练习中的价值观内容分析

频次分析从定量的角度揭示了各项价值观在不同年级教材中的分布比例及其变化趋势，本部分将从定性的角度，通过运用课文及练习中的代表性例子来具体说明教材中所蕴含的价值观。

（一）课文中的价值观内容分析

1. 道德与品质价值观

教材中体现道德与品质价值观的课文包括《永不说再见》（*Never say goodbye*）、《闪电来袭》（*When lightning struck*）、《永远的情人》（*My forever valentine*）、《救赎》

（Salvation）、《信仰的力量》（The power of belief）、《全新的开始》（Fresh start）等。以下列举部分课文进行说明。

《永不说再见》（Never say goodbye）通过描述作者的经历，强调一个人不应屈服于悲伤，要学会使自己变得更加坚强。当作者即将搬离旧房子时，因为不得不说再见而陷入痛苦之中。他的祖父用自身经历告诉他：应该把第一次"问候"的欢乐深藏于心，待到分别之时，再回想起那份快乐，这样心里便会感受到幸福和欢愉。在祖父的帮助下，作者克服了离别的痛苦并理解了"永不说再见"的含义。

《闪电来袭》（When lightning struck）通过描述作者的一次飞行经历，赞扬了人们善良和互助的品质。作者在乘坐航班时，飞机被闪电击中，机身猛烈摇晃，乘客们感到非常恐怖。大家虽然都十分害怕，但是不仅没有大声尖叫或者嚎啕大哭，反而试图安慰和鼓励身边的人。最后，飞机安全着陆，作者十分感谢同行的乘客，决定将自己感受到的这份善意日后传递给他人。

《救赎》（Salvation）一文的作者通过叙述自己的童年经历来告诉人们：只有依靠自己才能实现所想、获得所需。当作者还是个孩子的时候，他相信耶稣会拯救他的灵魂并来到自己身边。然而，在一次宗教复兴大会中，作者并没有看到所期待的那一道光，耶稣也并没有来到他身边。那天晚上，作者掩面哭泣，他意识到世上没有上帝，任何人都必须靠自己。

如上所述，这类课文通过叙述故事或经历来渗透各种道德与品质，如坚强乐观、善良互助、自立自强等，以培养学生的高尚人格，提高学生的个人涵养，引导学生树立正确的自我价值观，这体现了英语教材人文性和工具性的统一。

2. 生命与安全价值观

教材中没有课文体现生命与安全价值观。

3. 卫生与健康价值观

教材中仅有2篇课文体现卫生与健康价值观，分别是《应对艾滋病》（Dealing with AIDS）和《如何步入老年》（How to grow old）。

《应对艾滋病》（Dealing with AIDS）通过叙述作者好友大卫的经历以唤起人们对健康的重要性的认识。大卫因疾病折磨导致健康状况每况愈下，作者陪伴大卫共同面对疾病，直至大卫最后离世。此后，作者开始致力于艾滋病方面的科普教育工作。该文通过描述真实的事例，提醒学生时刻关注健康问题。

《如何步入老年》（How to grow old）的作者提出了如何在老年阶段保持心理健康、克服对死亡的恐惧的建议，比如避免过分沉湎于往事，避免寄希望于年轻人以获取活力，培养广泛的兴趣爱好等。虽然这是一篇关于老龄话题的文章，但学生仍能从中学有所获。

总的来说，两篇课文都强调了健康的重要性，提出了如何保持健康的建议，旨在引导学生从意识和行动上重视健康。这两篇课文，一篇着重生理健康，一篇强调心理健康，尽管其数量不多，但涵盖了身、心两方面。

4. 经济与社会发展价值观

教材中体现经济与社会发展价值观的课文包括《探索未知》（Into the unknown）、《美国的生活方式》（How America lives）、《电子书的世界来了》（The world of e-books is here）等。

《探索未知》（Into the unknown）的作者迈克尔·艾略特描述了中国正变得越来越强大，并表达了对中国崛起的关注。课文中，作者谈到了中国的成就、全球影响力和国际关系等，并在文末提出：中国的发展令人十分惊讶，相信这会为世界带来前所未有的繁荣与和平。该文从另一个视角让学生看到了祖国的发展，使学生感受到了我国各项发展欣欣向荣。

《美国的生活方式》（How America lives）介绍了美国社会的现状与发展前景。作者首先描述了美国社会的现状，例如存在许多因循守旧的方面等，随后列举了美国当下面临的诸多变化：民众越来越保守、婚恋模式正发生改变等。作者最后指出，由于其自然环境、基础建设等方面的优势，美国的发展仍旧领先世界上很多国家。

《电子书的世界来了》（The world of e-books is here）的作者马克·雷明顿分析了新技术产品——电子书的优势和其充满希望的未来。电子书成本较低，能提供更多的机会，这对作家和出版商来说帮助都很大。作者同时认为，虽然电子书将风靡世界，但却无法完全替代纸质书，未来将是电子书与纸质书共存的时代。

总体而言，这类课文通过选取不同的角度来呈现经济与社会发展的现状、前景及影响，以培养学生的国家意识及推动社会发展的责任。

5. 政治、法律与社会问题价值观

教材中体现政治、法律与社会问题价值观的课文包括《大学压力》（College pressures）、《城市生活的愚蠢》（The idiocy of urban life）、《蚂蚁之战》（The battle of the ants）、《永不下线》（Always on）、《我宁做黑人不做女人》（I'd rather be black than female）等。以下列举部分课文进行说明。

在《大学压力》（College pressures）一文中，作者明确指出了当今大学生面临的四种压力：经济压力、来自父母的压力、来自同龄人的压力以及自我强加的压力。作者认为，由于许多压力都是学生个人造成的，因此只有靠他们自己才能解决问题。

《永不下线》(Always on) 探讨了互联网和手机等给人们的生活所带来的问题。"永不下线"意味着人们总是在使用手机或互联网,这直接导致了人们对电子产品的依赖。人们沉迷于虚拟世界,忽视了现实世界对自身的意义。作者指出,人们应当思考:技术对我们来说到底意味着什么,我们所真正渴求的又是什么。

《我宁做黑人不做女人》(I'd rather be black than female) 一文的作者认为,性别歧视比种族歧视要严重得多,尤其是不为人所熟知的政治领域中的性别歧视。作者呼吁女性勇于投身政治事业,敢于面对性别偏见,通过女性独有的优势来回报社会并为国家做出贡献。

可见,此类文章通过呈现不同领域的社会问题,深入分析原因并提出解决方法,旨在提高学生的社会意识及社会适应能力,为其踏入社会后将面对的各种社会问题做好准备。

6. 历史与文化价值观

教材中体现历史与文化价值观的课文包括《美国牛仔裤潮》(The jeaning of America)、《大学,巍然屹立》(A university stands and shines)、《轻轻松松写烂诗》(How to write a rotten poem with almost no effort)、《中餐》(Chinese food)、《为迷信辩解一二》(A few kind words for superstition) 等。以下列举部分课文进行说明。

《大学,巍然屹立》(A university stands and shines) 阐述了大学的文化底蕴及其重要性。该文认为,大学比世界上大多数事物都要更加辉煌、美好和持久,能够成为大学中的一员是非常荣幸的事情。该文从宏观的角度丰富了学生对大学的理解。

《轻轻松松写烂诗》(How to write a rotten poem with almost no effort) 一文的作者提到,虽然诗歌可以满足我们的精神需求,让我们的生活更美好,但它却并不受欢迎,因为许多人认为很难写好一首诗。为此,作者以幽默的方式介绍了一种简单的创作四行诗的方法,从而引导更多的人去创作诗歌和走进艺术生活。

《为迷信辩解一二》(A few kind words for superstition) 的作者指出,相信迷信的群体不仅包括无知的人或者文盲,还有那些学识渊博和头脑清醒的人,如教授、医生、科学家等。在某种程度上,人类迷信,是因为他们渴望了解和控制自己的命运,而不是因为文化素养的高低。该文为学生重新认识迷信、了解"迷信文化"提供了一种视角。

总的来说,教材中体现历史与文化价值观的课文所呈现的内容较为丰富和深刻,有助于加深学生对历史和文化的认识,拓宽学生的视野。

7. 自然之美价值观

教材中体现自然之美价值观的课文包括《做大自然的孩子——父母与孩子双方

的任务》(Becoming a child of nature: it's a twofold task of parents and children)、《空中轮廓线和摩天大楼》(Skylines and skyscrapers)、《迷人的九月》(Sweet september)、《季节的灵魂》(The hearts of the seasons)等。

《空中轮廓线和摩天大楼》(Skylines and skyscrapers)描绘了美国曼哈顿建筑物的天空轮廓线之美。空中轮廓线由城市中无数的建筑物构成，它们在某种程度上似乎没有体现任何逻辑，但由于其整体表现出的统一性，它们仍旧被称为建筑领域的最美事物之一。这篇文章呈现出了矛盾与美感的统一，加深了学生对建筑美的理解。

在《迷人的九月》(Sweet September)一文中，作者将九月描述为美丽的季节、缥缈的季节、收获的季节、生命重生的准备季节，把九月塑造为一年中独特而有吸引力的月份。学生在阅读该文时，脑海中不难联想到季节美的画面。

在《季节的灵魂》(The hearts of the seasons)一文中，作者认为人们应该享受当前的季节，感受它所带来的天气、风景、味道等，而不是忽视当季的美好而去苦苦寻找未出现的其他季节的脚印。作者建议人们应该跟随自然的步伐，享受应季的独特之美。

从上述展现了季节之美、建筑之美的文章可看出，课文不仅介绍了自然界本身所蕴含的美，还呈现了人类基于对自然的认识所创造的美，旨在提高学生发现美、认识美、理解美、创造美的能力。

8. 认识自然价值观

教材中体现认识自然价值观的课文包括《艾滋病：获得性免疫缺陷综合征》(AIDS: acquired immune deficiency syndrome)、《一个目击者的故事》(The story of an eyewitness)、《关注全球变暖》(Focus on global warming)、《旧金山地震和火灾的记忆》(Memories of the San Francisco earthquake and fire)、《佛罗里达东部的鳄鱼》(The alligators of east Florida)等。以下列举部分课文进行说明。

《艾滋病：获得性免疫缺陷综合征》(AIDS: acquired immune deficiency syndrome)介绍了致命性疾病——艾滋病的起源、发展、影响以及预防措施等。该文旨在通过科学知识的普及让学生对艾滋病采取更科学的态度，并知晓正确的预防措施。

《关注全球变暖》(Focus on global warming)从科学的角度分析了全球变暖的原因和后果等。人类活动是导致全球变暖的主要原因，工厂燃煤、汽车燃油、垃圾填埋等使得二氧化碳和甲烷两种温室气体量达到史上最大值，从而导致天气越来越炎热，人类健康面临的威胁也愈发严峻。通过学习该文，学生对全球变暖问题将有更充分的认识和了解。

《佛罗里达东部的鳄鱼》(The alligators of east Florida) 从两个角度描写了作者寻找鳄鱼的情景。一是作者对凶猛鳄鱼的恐惧，尤其是遭遇鳄鱼袭击深化了作者的这一惧怕心理；二是作者发现了鳄鱼温情的一面，当看见鳄鱼窝时，他发现鳄鱼攻击自己是出于保护幼鳄的天性，雌鳄鱼照顾幼崽就像母鸡照顾小鸡一般，这一场景使作者为之感动。该文不仅介绍了鳄鱼凶狠的常规印象，更描写了鳄鱼舐犊情深的画面，丰富了学生对动物的认识。

概括而言，此类课文通过介绍自然方面的不同领域的知识，从而促进学生对自然界的了解，提升学生的科学素养。

9. 爱护自然价值观

教材中体现爱护自然价值观的课文包括《做大自然的孩子——父母与孩子双方的任务》(Becoming a child of nature：it's a twofold task of parents and children)、《关注全球变暖》(Focus on global warming)、《大气层中的罪魁祸首》(The villain in the atmosphere) 等。

《做大自然的孩子——父母与孩子双方的任务》(Becoming a child of nature：it's a twofold task of parents and children) 一文指出，若孩子在年幼时发现了自然之美，他们长大后便会尊重和爱护自然，而家长在此过程中起着关键作用。父母应肩负起培养孩子欣赏、理解和尊重自然的任务，以身作则，教会孩子如何与自然相处，将爱护自然的种子根植于孩子的童年土壤中。

《关注全球变暖》(Focus on global warming) 介绍了公众对全球气候问题的担忧，分析了全球变暖的原因和后果，并提出了应对措施。作者提倡采取科学的方法解决该问题，如使用清洁能源汽车、采用再生能源技术、停止砍伐森林资源等。作者还呼吁每个人都应该参与进来，齐心协力解决这一全球性问题。

《大气层中的罪魁祸首》(The villain in the atmosphere) 的作者指出，大气层中的二氧化碳本身不会对人类造成危害，然而随着消耗的燃料越来越多，森林不断被砍伐，人类的活动让二氧化碳浓度不断上升，随之产生温室效应，而这才是导致大气污染的真正罪魁祸首。因此，作者呼吁人们重视环境问题，从两方面着手保护地球：一是通过植树造林等保护好森林植被；二是开发不释放二氧化碳的新能源。

综上所述，此类课文通过阐述生态环境问题的严重性及家庭教育的必要性，揭示了尊重、保护自然的紧迫性以及人与自然和谐共处的重要性，呼吁人们在日常生活中履行保护环境、爱护自然的责任。

（二）练习中的价值观内容分析

1. 人与自我价值观

第一，道德与品质价值观。第一册第三单元的 Giving a talk 部分要求学生"结合自身经验，谈谈说声'谢谢'的重要性"，让学生意识到"谢谢"二字带来的力量。第四册第一单元的 Writing 部分要求学生以"如何建立自信"为主题写一篇作文，旨在让学生通过联系自身经验，思考建立自信的方法并意识到其重要性。第四册第二单元中的 Giving a talk 部分安排了一个"在火车站排队买票时遭遇插队"的情境，学生需描述该情境，并发表自己的观点，从而进一步体会到在公共场所文明守礼的价值和意义。

第二，生命与安全价值观。体现该价值观的练习题只有一道。第五册第五单元的 Writing 部分要求学生写一篇关于如何避免"中奖短信诈骗"的作文，让学生通过描述相关图例并向手机用户提出建议等，提高学生自我保护的意识。

第三，卫生与健康价值观。第一册第二单元的 Blank-filling 部分直言体育要比我们想象的更有价值，体育的作用不仅仅是娱乐消遣，更在于保护我们的身心健康。由于我们受到各种致命疾病的威胁，第一册第四单元的 Having a discussion 部分要求学生探讨人类所面临的健康威胁，分析原因并提出保护自身免受疾病侵害的建议。

整体而言，体现道德与品质价值观的练习旨在促进学生对美德的理解，鼓励学生积极向上；体现生命与安全、卫生与健康价值观的练习旨在提醒学生注意人身安全以及身心疾病对生命造成的威胁，帮助学生健康成长。

2. 人与社会价值观

第一，经济与社会发展价值观。第六册第二单元的 Having a discussion 部分要求学生围绕网络写作对传统写作的影响这一主题展开讨论，论述科技发展对我们生活的利与弊。第三册第四单元的 Blank-filling 部分介绍了经济发展背景下诞生的休闲产业。休闲产业尽管有弊端，但也带来了一些积极的影响，比如提供了大量的工作岗位。

第二，政治、法律与社会问题价值观。第一册第五单元中的 Having a discussion 部分要求学生以"学术造假"为话题，发表对作弊、抄袭等问题的看法，以引发学生对诚信问题的再思考。第二册第十二单元的 Giving a talk 部分要求学生针对青少年犯罪现象愈发严重的问题提供具体的例子，探析其背后的原因并提出解决问题的实际措施，以提升学生对青少年道德危机的关注。

第三，历史与文化价值观。第一册第十单元中的 Having a discussion 部分要求学生介绍作家查尔斯·狄更斯及其作品，以提升学生对外国著名作家及其代表性文学作品的了解。第二册第十四单元中的 Blank-filling 部分描述了犹太人和东正教的婚礼仪式，拓展了学生关于世界宗教方面的知识。第三册第九单元的 Blank-filling 部分阐述了法国饮食文化的特点：多样性、简单性、复杂性，为那些对法餐有误解的人提供了重新认识法餐的机会。

概而论之，体现人与社会价值观的练习旨在引导学生了解社会的方方面面，既包括社会发展进步的积极方面，也包括社会不同领域所存在的问题，还包括诸如人类的饮食习惯、风俗习惯、文学作品等文化底蕴，从而在增强学生专业知识的同时，提升他们对社会的认识与关注。

3. 人与自然价值观

第一，自然之美价值观。第五册第十三单元的 Giving a talk 部分要求学生描述他们最喜欢的昆虫，让学生通过对自然界生物的观察发现自然之美。第六册第十单元的 Proof-reading 部分指出，我们周围充满了自然界的美，如太阳初升、生命破土等，我们应该善于感知和体验自然美的力量。

第二，认识自然价值观。第一册第五单元的 Blank-filling 部分呈现了某一科学研究的结果，即颜色与情绪、情感等因素相关，这扩充了学生的自然科学知识。第四册第十一单元的 Blank-filling 部分介绍了有关雷暴的研究成果。雷暴的性质类似于动物，因为它也是由细胞组成的。这一研究成果为学生重新认识自然界中的雷暴提供了新的路径。

第三，爱护自然价值观。在第二册第八单元的 Giving a talk 部分中，学生需对中国特定地区环境污染的原因和影响进行调查，进而提出解决方法。在同单元的 Having a discussion 部分，学生需围绕"经济发展与环境保护协同发展"的主题进行探讨。第五册第十三单元的 Having a discussion 部分要求学生围绕人与动物之间的理想状态和动物园饲养野生动物面临的挑战等方面展开讨论，旨在引导学生反思动物的生存问题并唤起他们爱护动物的意识。

总的来说，体现人与自然价值观的练习旨在展现大自然之美，介绍自然科学知识，呈现自然环境问题，让学生意识到人类的生存与大自然息息相关，并唤起学生对大自然的敬畏之情，进而在行动上保护环境、爱惜自然。

四、课文与练习中的价值观分析讨论

在对课文与练习中呈现的各价值观依次进行频次分析与内容分析后,本部分将对得出的分析结果予以讨论,旨在阐释课文和练习中各价值观的分布比例及其走势变化的合理性及原因等。

(一)人与自我价值观

无论在课文还是在练习中,人与自我价值观的占比均排第二。2020年出台的国家《普通高等学校本科英语专业教学指南》明确指出,英语专业课程除了要培养学生扎实的英语基本功和专业知识与能力外,还应提升学生的道德品质与身心素质。[①] 人与自我价值观直接指向学生的道德品质与身心素质,理应在教材中扮演不可忽视的角色。

1. 道德与品质价值观

无论在课文还是在练习中,道德与品质在九项分价值观中的占比均排第二,是人与自我价值观的主要构成,其优势地位明显。该价值观指向的是或隐性或显性的品德教育。大学生正处于价值观重塑期的关键阶段,他们面对的人际关系、学业测评、就业或升学压力等一系列问题要求他们具有强大的意志力。教材中体现道德与品质价值观的内容能培养学生的品质,练就学生过硬的心理素质,提高他们承受挫折的能力,进而为其专业学习、人际交往、职业发展等奠定基础。同时,在全球化背景下,学生难免会受到不良风气、消极思想等的侵蚀,教材中高比例的道德与品质价值观渗透能培养学生积极正面的道德观念,帮助学生明辨是非并做出正确的抉择。

2. 生命与安全价值观

在九项分价值观中,生命与安全所占比例最小,仅有1道练习题体现了此价值观,这是该版教材的不足之处。生命与安全是个人学习与生活的根本保障,然而有调查显示,"现代高校对大学生的生命价值缺乏最基本的关注,为此大学生生命异化现象严重,表现出对生命的漠视、生命意义的扭曲、生命价值的迷失等特征"[②]。

---

① 教育部高等学校外国语言文学类专业教学指导委员会英语专业教学指导分委员会. 普通高等学校本科外国语言文学类专业教学指南(上)——英语类专业教学指南[S]. 北京:外语教学与研究出版社,2020:1-2.

② 褚惠萍. 当代大学生生命教育研究[D]. 南京:南京师范大学,2014:123.

还有研究表明："进入 21 世纪后，虽然大学生自杀率显著降低，但是我国大学生自杀的风险仍居于高位"。① 对生命教育的忽视导致部分大学生生命意识淡漠，生命防范知识薄弱，这在客观上要求教材加大生命教育内容的比例。再者，经济和科技的高速发展在推动社会进步的同时，也给人们的生活带来了挑战。例如，科技发展使得当代大学生的安全遭受到了复杂多变的威胁，层出不穷的电信诈骗、网络诈骗等让不少大学生蒙受损失。该教材中的生命与安全价值观占比微乎其微，不利于提高大学生爱护生命的意识和面对突发事件、意外伤害时的应对能力。

3. 卫生与健康价值观

卫生与健康价值观在课文与练习中的比例也非常低，在课文中只体现了两次，这是该版教材另一有待完善之处。大学生虽然生理上趋于成熟，但心理上仍处于"心理断乳期"和"理想间歇期"的激烈碰撞阶段，相当一部分的大学生存在不同程度的心理健康问题，教材中低比例的卫生与健康价值观不利于学生接受心理健康教育。综合课文和练习中的情况来看，该价值观在大一教材中的比例最大。究其原因，可能是相较于大二、大三的学生，大一新生心理最不稳定，自我认知、自我调节等能力相对较低，也最为需要心理健康知识。从内容来看，教材中体现该价值观的内容同时强调身体健康与心理健康，二者所占比例相当，较为合理。具体而言，心理健康部分的内容包括如何应对心理问题（如抑郁症）、学会解压等；身体健康部分的内容涉及运动对身体的益处、疾病防范、学会身体放松等。

（二）人与社会价值观

无论在课文还是在练习中，人与社会在三大主价值观中都占据着最大的比例，并且逐年上升，这具有合理性。大学生是推动社会进步的重要力量，是承担着建设祖国大任的未来一代，他们对社会的认知程度、社会参与意识及社会责任感的强弱对整个国家有着举足轻重的影响。《普通高等学校本科英语专业教学指南》在人才培养规格方面也明确指出，英语专业学生应具有良好的社会责任感。② 该版教材中体现人与社会价值观的内容能帮助学生了解不同国家的文化风俗差异、社会的发展变化、社会各领域面临的问题等，能不断提高学生对社会的认知与适应能力并增强其社会责任感。

---

① 吴才智，江光荣，段文婷. 我国大学生自杀现状与对策研究 [J]. 黑龙江高教研究，2018，36（5）：95-99.
② 教育部高等学校外国语言文学类专业教学指导委员会英语专业教学指导分委员会. 普通高等学校本科外国语言文学类专业教学指南（上）——英语类专业教学指南 [S]. 北京：外语教学与研究出版社，2020：1.

1. 经济与社会发展价值观

经济与社会发展价值观的分布较为合理,整体上呈现出小幅上升之势。相较于大一新生,大三学生需为踏入社会做好准备,因此需更加关注社会的发展,了解社会的动态,并不断完善自己,以更加符合社会发展对人才提出的要求。从内容来看,教材中体现了该价值观的部分涵盖城市的发展变化、科技发展所带来的便利、新兴产业的兴起发展、美国社会的发展现状与前景、中国自身的发展前景等,覆盖领域较为多样。但该价值观总体比例较小,且仅有3篇课文作了详细深入的呈现,其余12道练习题主要是浅层次的介绍或以思考题的方式让学生讨论,故该价值观在呈现的深度和广度上均有提升的空间。

2. 政治、法律与社会问题价值观

无论在课文还是在练习中,政治、法律与社会问题在九项分价值观中的比例均排第三,且在大三教材中的占比最大。大学生作为国家未来建设的主力军之一,他们毕业后在承担起社会所赋予的职责的过程中,会面对一系列社会问题,而能否解决这些问题直接关系到他们的健康发展。因此,大学作为个体步入社会前的缓冲阶段,应该涉及这方面的教育,从而使学生了解社会的现状、面临的问题,并启发其思考解决的对策。教材中较大比例的政治、法律与社会问题价值观的渗透能增强学生对社会的认知,唤起学生的社会责任感。从内容上看,教材以关注社会问题为主,如性别歧视、教育问题、青少年暴力问题等,旨在培养学生面对社会问题时的应对能力,帮助学生不断适应社会生活。

3. 历史与文化价值观

无论在课文还是在练习中,历史与文化在九项分价值观中的比例均位列第一,体现了英语教材的专业特色,即致力于培养具有扎实英语语言基础和广博文化知识的复合型英语人才。教材所涉及的中外历史与文化元素较为丰富,包括语言文化、标志事物、著名人物、风俗习惯等,旨在拓宽学生的文化视野,提高其文化敏感性与跨文化交际能力。从分布上来看,该价值观呈倒V字形波动,在大二教材中的比例最大,随后比例下降,和政治、法律与社会问题价值观的分布相补充,即其中一方的比例下降时,另一方上升,这具有合理性。大三学生即将踏入社会,理应更多地引起他们对社会的关注与思考。

(三)人与自然价值观

在三大主价值观中,人与自然所占比例最小,且与人与自我、人与社会的差距过大,这并非是合理的安排。此外,该价值观在各年级的分布亦难寻规律性。现阶段，由于人类活动的不断破坏，世界普遍面临着大气污染、水土流失、生物多样性遭破坏、垃圾危害等环境问题，这表明增强学生的环境保护意识尤为重要。因此，教材在人与自然价值观的分布上有改善的空间。

1. 自然之美价值观

自然之美价值观所占比例很低，分布未体现出规律性。自然之美包括自然现象之美、季节风景之美、建筑之美等，体现该价值观的内容不仅仅是为了介绍大自然原本之美，也是为了呈现人类利用自然原理所创造出的美，帮助学生领略美、热爱美、享受美。教材中自然之美价值观的比例过低且分布不规律，这不利于激起学生欣赏和热爱大自然的积极情感体验，也不利于培养学生发现美、感受美、创造美的能力。

2. 认识自然价值观

认识自然是人与自然主价值观中占比最大、分布最为规律的分价值观。无论在课文还是在练习中，该价值观在大一教材中的比例均达到最大值，之后逐年下降。这样一种分布的目的在于先让学生对自然有较充分的认识，包括各种自然现象、自然灾害的成因、人与自然的关联等，然后在此基础上因势利导，适当在教材中增加爱护自然方面的内容。学生越了解自然，便能越敬畏自然、爱护自然，这样的起承转合能让认识自然与爱护自然两项分价值观的效用最大化。

3. 爱护自然价值观

与自然之美相同，爱护自然价值观的比例也很低，课文与练习中均有缺失的情况，分布也最不规律。在人与自然三项分价值观中，自然之美与认识自然是爱护自然的基础，爱护自然是自然之美和认识自然的目的。教师引导学生欣赏自然之美和认识自然也是为了激起学生爱护自然的意识和行为。在资源短缺、环境污染、生态破坏等危机背景下，教材中低比例的爱护自然价值观不符合当下生态文明建设的潮流以及社会可持续发展的目标，对培养学生"人与自然和谐共生"的理念以及爱惜环境、保护自然的意识不利。

五、课文与练习中的价值观呈现方式频次分析

本节中的前几部分回答了课文和练习中"有哪些价值观"的问题。本部分将聚焦价值观的呈现方式，依旧从频次分析和内容分析两个方面，致力于回答教材中的课文和练习"如何呈现价值观"这一问题。

（一）课文中的价值观呈现方式频次分析

在充分考虑课文所呈现的价值观内容及每篇课文体裁特征的基础上，按每篇课文使用一种最主要的价值观呈现方式来统计，将本科英语教材《综合教程》中体现了价值观的 168 篇课文所使用的呈现方式大致分为直接说明、寓理于事、议论说理、人物形象四大类（见表 4.4）。

表 4.4 本科英语教材《综合教程》课文中的价值观呈现方式频次分析表

价值观呈现方式	大一		大二		大三		大一至大三	
	频次	百分比/%	频次	百分比/%	频次	百分比/%	频次	百分比/%
直接说明	26	46.43	29	51.79	26	46.43	81	48.21
寓理于事	17	30.36	12	21.43	14	25.00	43	25.60
议论说理	10	17.86	13	23.21	13	23.21	36	21.43
人物形象	3	5.36	2	3.57	3	5.36	8	4.76
总计	56	100	56	100	56	100	168	100

如表 4.4 所示，"直接说明"稳居第一，占比接近一半，约为其他三类呈现方式的比例之和；排在第二位的"寓理于事"与排在第三位的"议论说理"相差不大，二者均占四分之一左右的比例；位居末位的"人物形象"比例不足 5%。就各呈现方式在不同年级教材课文中的占比排名而言，大部分情况下均为"直接说明"第一，"寓理于事"第二，"议论说理"次之，最后为"人物形象"，唯一的例外是"议论说理"在大二教材的课文中以 1.78% 的微弱优势反超"寓理于事"。此外，所有价值观呈现方式在各年级教材的课文中均有出现，没有缺失的情况。

就走势情况而言，"直接说明"表现出先升后降的波动变化，升降幅均为 5.36%，在三个年级教材中的优势都很明显；"寓理于事"与"人物形象"的变化趋势相同，均呈 V 字形，即先下降至大二的最低值再小幅回升；"议论说理"总体呈上升走势，在大二和大三教材的课文中占据相同的比例。"寓理于事"和"人物形象"在大一教材的课文中均达到峰值，二者随后又跌至谷值，而"议论说理"与"直接说明"则正好相反，可见不同呈现方式之间存在互补的关系。整体而言，各呈现方式的前后浮动范围均较为平缓，都在 10% 以内。

图 4.1 直观地反映了本科英语教材《综合教程》课文中各价值观与其呈现方式之间的关系，该图基于以下统计方式得出：若某一价值观对应不同的呈现方式，则

为这些呈现方式各计一个频次；若某一呈现方式对应不同的价值观，则为这些价值观各计一个频次。

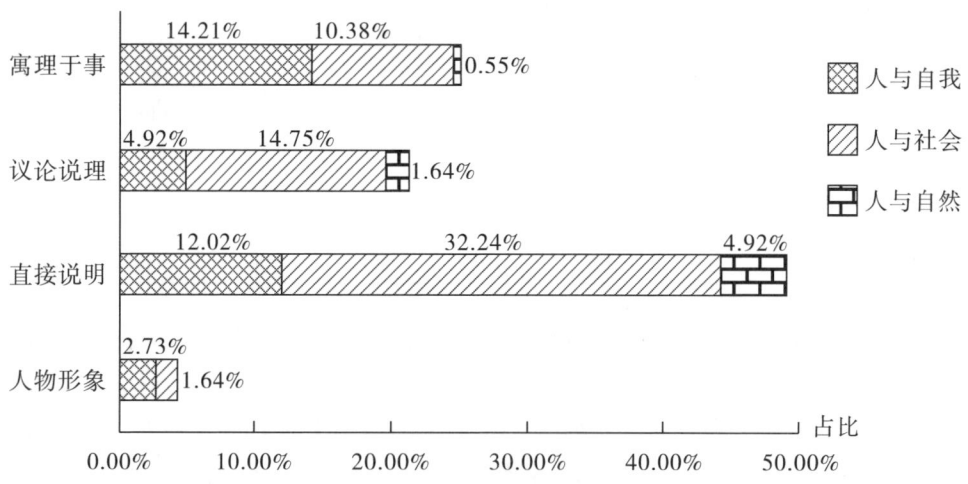

图 4.1　本科英语教材《综合教程》课文中的价值观与其呈现方式占比统计图

如图 4.1 所示，"直接说明"和"议论说理"最多用于呈现人与社会价值观，其次是人与自我，最后是人与自然；"寓理于事"和"人物形象"最多用于呈现人与自我价值观，人与社会次之；"人物形象"未呈现人与自然价值观。在所有呈现方式中，"直接说明"的表现最为突出，除了在体现人与自我价值观时以约 2% 的微弱差异位列第二，在体现其他两项价值观时均以绝对优势排在首位。

呈现人与自我价值观的方式以"寓理于事"和"直接说明"为主，二者的比例均远高于"议论说理"和"人物形象"，尤其是"寓理于事"均高出二者约 10 个百分点；在呈现人与社会价值观的方式中，"直接说明"是唯一占比超过三成的呈现方式，比其余呈现方式之和还高出 5.47%；在呈现人与自然价值观的方式里，最常用的是"直接说明"，虽然其占比不足 5%，但仍大于其余呈现方式的比例之和。

（二）练习中的价值观呈现方式频次分析

与课文一致，按每道练习使用一种最主要的价值观呈现方式来统计，将本科英语教材《综合教程》中体现了价值观的 366 道练习题所使用的呈现方式大致分为情景共鸣、直接体现、叙事明理、思考讨论和问题假设五大类（见表 4.5）。

表 4.5　本科英语教材《综合教程》练习中的价值观呈现方式频次分析表

价值观呈现方式	大一		大二		大三		大一至大三	
	频次	百分比/%	频次	百分比/%	频次	百分比/%	频次	百分比/%
思考讨论	39	27.86	46	36.80	57	56.44	142	38.80
直接体现	56	40.00	48	38.40	32	31.68	136	37.16
问题假设	17	12.14	24	19.20	5	4.95	46	12.57
叙事明理	16	11.43	7	5.60	7	6.93	30	8.20
情景共鸣	12	8.57	0	—	0	—	12	3.28
总计	140	100	125	100	101	100	366	100

如表 4.5 所示，排在前两位的"思考讨论"和"直接体现"的占比均高于 35%，两者之和高达 75.96%；排在第三的"问题假设"占比 12.57%，比排在末两位的"叙事明理"和"情景共鸣"的比例之和还多 1 个百分点左右。上述排名也基本吻合各呈现方式在不同年级教材练习中的排名，唯一的例外是"直接体现"在大一和大二教材练习中的占比反超"思考讨论"。此外，除了"情景共鸣"有缺失外，其余呈现方式在各年级教材的练习中均有体现。

就走势情况而言，"思考讨论"的占比从大一至大三稳步上升，前后增幅接近 30%，是练习中增长幅度最大的呈现方式；"直接体现"的占比在 30%～40% 之间浮动，逐年平缓递减，降幅均在 7% 以内；"问题假设"的走势呈倒"V"字形，大二时比重最大，紧接着急速下跌，降幅超过 14%，在所有呈现方式中降幅最大；与"问题假设"完全相反，"叙事明理"的变化趋势呈"V"字形，先大幅下降后略有上升；"情景共鸣"由于主要用于听力文本当中，故只出现在大一教材的练习中。整体而言，练习中的呈现方式变化较为多样：既有持续攀升，也有不断下降，还有"V"字形或倒"V"字形的波动变化。

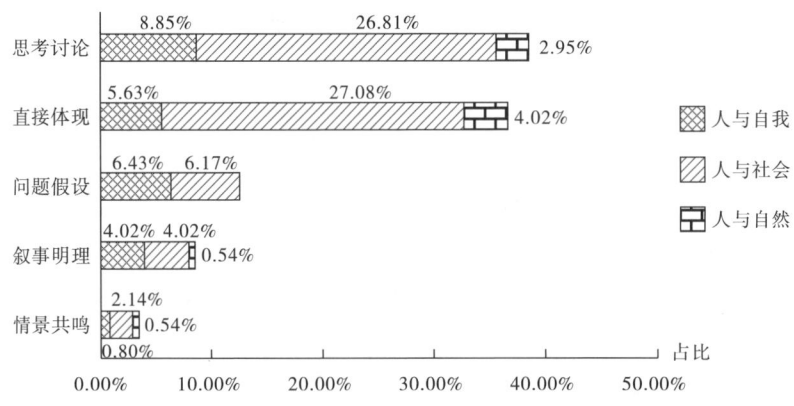

图 4.2　本科英语教材《综合教程》练习中的价值观与其呈现方式占比统计图

图4.2直观地反映了本科英语教材《综合教程》练习中各价值观与其呈现方式之间的关系。如图所示，"思考讨论""直接体现""情景共鸣"三者都是最多用于体现人与社会价值观，其次是人与自我，最后是人与自然；"问题假设"在体现人与自我价值观及人与社会价值观方面的比例相差无几，但并未体现人与自然价值观；"叙事明理"在呈现人与自我和人与社会两项价值观的比例方面相同，均为人与自然价值观的7倍多。在所有呈现方式中，"直接体现"的优势最为明显，在体现人与社会和人与自然两项价值观的比例上均位列第一。

在呈现人与自我价值观的方式中，占比8.85%的"思考讨论"排名第一，且与剩余呈现方式的差异幅度均在10%以内；在呈现人与社会价值观的方式层面，占比排在前两位的"直接体现"和"思考讨论"相差无几，两者都在27%左右，且均以超20%的比例领先于其余呈现方式；在呈现人与自然价值观的方式里，"直接体现"的比例虽只有4%左右，但却基本是除"问题假设"以外的其余呈现方式的比例之和。

六、课文与练习中的价值观呈现方式内容分析

本部分通过结合课文与练习中的实际文本来阐述不同价值观是分别通过何类方式得以呈现，用具体数据充实与丰富上一部分的研究结果。

（一）课文中的价值观呈现方式内容分析

1. 寓理于事

寓理于事指通过描述感动人心或发人深省的故事来渗透价值观，故事可实可虚。通过这类方式呈现价值观的课文有《永不说再见》（*Never say goodbye*）、《救赎》（*Salvation*）、《十四级台阶》（*Fourteen steps*）、《婚礼的故事》（*The wedding story*）、《八卦》（*Gossip*）、《全新的开始》（*Fresh start*）、《解酒水》（*The chaser*）、《七月四日》（*The fourth of July*）、《猎象记》（*Shooting an elephant*）、《爱与恨》（*Love and resentment*）等。以下列举部分课文进行说明。

《十四级台阶》（*Fourteen steps*）通过一则残疾人的故事歌颂了善良与关爱的品质。作者因身患疾病不得不挂拐杖。随着年龄的增长，他变得沮丧、自私、冷漠。某一个雨夜，他驾驶的车子轮胎爆裂，是一位善良的小女孩和盲人爷爷在雨中为他更换轮胎。作者深受感动的同时，也深刻反省自己：不应因身体残疾而滋生冷漠，要像小女孩和爷爷一样帮助他人。

《全新的开始》（*Fresh start*）一文的作者通过描写自己刚上大学时的经历，说

明了我们不用太在意别人的目光这样一个道理。作者在学校餐厅意外滑倒，被就餐的同学"鼓掌欢呼"，尴尬到三天不敢去餐厅。可当作者看到另一同学也经历了相同的"不幸"却能幽默从容、泰然处之时，才忽然意识到"自己太把自己当回事了"。作者借此经历鼓励读者打破自我意识的束缚，敢于试错，做真正的自己。

在《七月四日》(*The fourth of July*)一文中，作者通过描述自身的种种真实经历，揭露了美国社会的种族歧视问题。例如，作者及其家人在一家冰淇淋店遭受种族歧视，他们因为是黑人而不被允许在店内吃冰淇淋。又例如，20世纪40年代，黑人在开往南方的火车上不准进入餐车。作者通过叙述这些事情或经历，揭示了美国种族歧视和白人至上的现状，并呼吁平等。

2. 议论说理

议论说理指通过论述事情来表达主张，进而说明某种道理，即"摆事实，讲道理"。通过这类方式呈现价值观的课文有《城市生活的愚蠢》(*The idiocy of urban life*)、《探索未知》(*Into the unknown*)、《同性恋》(*Gay*)、《美》(*Beauty*)、《我们养育的是一代宠坏了的捣蛋鬼吗？》(*Are we raising a generation of spoilt brats*?)等。以下列举部分课文进行说明。

《同性恋》(*Gay*)一文的作者认为，同性恋者不应在我们的社会中受到歧视，他们应该得到平等对待。通过揭露社会严重歧视同性恋者的现状，作者提出社会应该宽容对待同性恋者的观点，人们应该更多地关注"他是谁"，而不是关心"他是什么"。

在《美》(*Beauty*)一文中，作者认为不应将女性与美过多地联系在一起，因为这对美的概念本身以及对女性都是一种贬低。女性过分追求美丽，将其当成一种职责，这导致追求理想化的美成为一种女性自我压抑的形式。作者指出，女性需和美的好处与特权保持一定的距离，打破社会对女性美的性别歧视。

《我们养育的是一代宠坏了的捣蛋鬼吗？》(*Are we raising a generation of spoilt grats*?)探讨了溺爱孩子的问题并提出了应对的方法。作者首先描绘了孩子被宠坏的常见场景，接着解释了父母过度溺爱孩子的原因以及所带来的一系列不良影响，最后提出建议："成人必须为责任设定底线，而且坚决执行"。

3. 直接说明

直接说明指课文以清晰、明了的方式介绍事物的现状、原因、结果等并呈现特定的价值观，目的在于使学生更好地理解那些晦涩难懂的内容，主要用于呈现历史与文化、认识自然以及政治、法律与社会问题等价值观。通过这类方式呈现价值观的课文有《艾滋病：获得性免疫缺陷综合征》(*AIDS*：*acquired immune deficiency syndrome*)、《好莱坞》(*Hollywood*)、《迪士尼公司》(*The Disney company*)、《重新审视摩天大楼》

(*Rethinking skyscrapers*)、《诗歌的阐释》(*The interpretation of poetry*)、《你的身体是否泄露了你的秘密?》(*Does your body betray you?*)、《美国牛仔裤潮》(*The jeaning of America*)、《在马克思墓前的讲话》(*Speech at the graveside of Karl Marx*)、《关注全球变暖》(*Focus on global warming*)等。以下列举部分课文进行说明。

在《艾滋病：获得性免疫缺陷综合征》(*AIDS*：*acquired immune deficiency syndrome*)一文中，作者直接介绍了艾滋病的起源、发展、症状以及预防方法。很多人对艾滋病这样一种致命性疾病感到恐惧，同时又缺乏对它的了解。因此，作者以清晰直白的方式介绍了艾滋病的相关知识，以加深学生对它的认识，并增强保护自己的意识。

在《关注全球变暖》(*Focus on global warming*)一文中，作者直接说明了全球气候变暖的原因和后果，并提出了解决建议，旨在唤起人们的环保意识，让人们更多地了解全球变暖问题并承担起保护环境的责任。

《美国牛仔裤潮》(*The jeaning of America*)介绍了美国的文化象征——牛仔裤的产生和发展。发明者李维斯·施特劳斯根据矿工的需求制作出了第一条蓝色牛仔裤。后来，随着生产技术的不断改进，加上其结实耐穿的特点，起初只在劳工阶层大受欢迎的牛仔裤慢慢发展到深受各阶层青睐的地步，销售对象也从劳工、军人扩大至普罗大众。

4. 人物形象

人物形象指通过描写人物的思想观念、言行举止等，刻画出该人物的品质或不足，从正面或者反面传递出特定的价值观。通过这类方式呈现价值观的课文有《触摸幸运》(*My stroke of luck*)、《世界冠军》(*Champion of the world*)、《无名女人》(*No name woman*)、《她让世界为之倾倒》(*Her world on a string*)、《我为什么想要一个妻子》(*Why I want a wife*)、《"黑色"这个词》(*That word black*)等。以下列举部分课文进行说明。

《触摸幸运》(*My stroke of luck*)描写了一位拥有众多优秀品质的妻子安妮。妻子安妮不仅坚强乐观、善于学习，还乐于助人。安妮帮助丈夫渡过人生中的众多难关，自己患恶性肿瘤却依旧乐观顽强地活着，而且还通过自身的经验帮助其他病友。作者通过描述其妻子的形象告诉我们：世界充满遭遇不幸的人，幸运者和其他人的区别在于前者能勇敢面对并帮助他人前进。

在《我为什么想要一个妻子》(*Why I want a wife*)一文中，作者塑造了一个自私自利的丈夫形象，揭示了婚姻中丈夫和妻子地位的不平等。丈夫总是问他的妻子可以为他做什么，期待妻子去工作、保持房子干净等，但是自己从未想过应该为妻子做些什么。通过这个反面的例子，该文旨在向学生传递人与人之间相处应具有的一些品质，如夫妻之间应互敬互爱、相敬如宾。

《世界冠军》（Champion of the world）树立了一个永不放弃并最终夺得比赛胜利的黑人形象，阐述了黑人无论受到什么压迫都应该有尊严地活着的价值观。在文中，黑人乔·路易斯与一名白人进行拳击比赛，最终以他的坚强意志赢得了比赛，所有的黑人为之欢呼，因为这场胜利象征着备受压迫的黑人为自己赢得了尊严。

（二）练习中的价值观呈现方式内容分析

1. 情景共鸣

情景共鸣指提供预设好的情景，借助人物对话、气氛等营造一种身临其境的感受，以生动形象的方式呈现价值观。此呈现方式主要用于教材中的听力文本。第一册第一单元中的 Listening 部分呈现了人们赠送礼物时的对话，介绍了阿根廷、瑞士和日本等不同国家赠送礼物的习俗。第一册第五单元中的 Listening 部分通过两位经理间的对话介绍了老板与员工之间的区别，旨在建议老板多接触"第一线"的工作，多与顾客打交道。第二册第十单元的 Listening 部分描述了一场时装秀，介绍了服装的款式设计，学生通过时装秀的气氛渲染能身临其境地感受到服装时尚文化。

2. 直接体现

直接体现意味着直接呈现特定的价值观，学生只需从字面即可感受价值观的熏陶而不需要经过揣摩或推测，这类方式适用于向读者陈述普遍事实或者难以理解的内容。第三册第二单元的 Blank-filling 部分说明了美国人和欧洲人工作时间的不同，解释了美国人工作时间比欧洲人长的原因，直截了当地体现了历史与文化价值观。第四册第二单元的 Dictation 部分介绍了肢体语言使用的广泛性和重要性，丰富了学生对肢体语言的认识。由于 60%～80% 的信息由肢体语言传达，这对日常生活的谈话、正式场合的交流都具有重大意义。第六册第六单元的 Blank-filling 部分同样直接描写了美国人的特征，如他们的自律、独立、爱国等。

3. 叙事明理

叙事明理是指通过故事的叙述或事实的呈现来传递特定的价值观。故事的感染力、事实的深刻性更能引起学生共鸣，所传递出来的价值观也更容易被接受。第一册第一单元的 Blank-filling 部分描述了一个关于排队习惯的故事，强调了解其他国家风俗习惯的重要性。一名外国游客因不知道英格兰的排队方式，直接冲上巴士，遭到了正在排队的英国人指责。在英国，先到车站排队的先上车，外国人因不知情而发生了这尴尬的一幕。第二册第五单元的 Blank-filling 部分叙述了白人女子和黑人男子之间的故事，揭示了种族歧视带来的不良影响。乐于助人的黑人男子看到白人女子需要帮助,但内心十分纠结,因为他害怕女子会对他的帮助产生误会,最终男子还是没敢施以援手。这则故事揭示了种族歧视扼杀善意、滋生社会冷漠的弊端。

4. 思考讨论

思考讨论是指让学生围绕相关主题进行思考和讨论,使学生在运用语言的过程中实现观点的碰撞、思维的提升、价值观的感悟,这是将英语的工具性和人文性有效结合的典型方法。在第一册第三单元的 Having a discussion 部分,学生需彼此交换日常生活中言行不当的例子,通过讨论礼仪对和谐生活、和谐社会的重要性,加深对礼貌礼仪重要性的理解。第二册第六单元中的 Giving a talk 部分要求学生阅读如《安妮日记》之类的书籍或观看像《辛德勒的名单》之类的电影,然后描述其中令人记忆深刻或者深受感动的一个情节并发表看法,从而让学生更加珍惜和平、爱惜生命。第四册第十单元的 Having a discussion 部分要求学生以"城市化的利弊"为主题进行辩论,对城市化的影响进行思考,从而加强学生对社会问题的关注,增强其作为未来社会主人翁的意识。

5. 问题假设

问题假设指为学生提供特定的问题,让其通过角色扮演等方式解决所设定的问题,使其感受特定的立场并潜移默化地理解价值观。第一册第四单元的 Making a dialogue 部分假设学生是艾滋病病毒感染者大卫的朋友,要求学生与大卫对话以鼓励他保持乐观的心态。通过此设计,学生不仅可以学习到如何保持积极与自信的心态、调节情绪,还能增强互帮互助的意识。第二册第五单元的 Having a discussion 部分假设学生是位盲人,要与不理解自己助人行为的人谈话,并就"在我们自身需要帮助的时候,是否应对他人伸出援手"这一话题交换意见,目的在于让学生深刻体会到关爱、互助的重要性。第四册第三单元的 Having a dialogue 部分提供了一个假设:你的同桌因染上网瘾导致成绩一落千丈,你需要跟他进行对话以帮助他改正这种坏习惯。这一活动通过让学生思考解决网瘾的方法,唤起他们对社会问题的关注。

七、课文与练习中的价值观呈现方式分析讨论

从第五部分得知,各价值观呈现方式在不同年级教材的课文与练习中占据着不同的比例,且有着不同的走势变化。本部分将对其予以讨论,以揭示教材在"如何呈现价值观"上的优势与不足并尝试分析背后的原因。

（一）课文中的价值观呈现方式

1. 直接说明

在课文中的所有价值观呈现方式里，直接说明所占比例最大，且呈倒"V"字形走势，这具有合理性。首先，由于专业属性的缘故，教材需传递相当比例的历史与文化价值观，而历史与文化是课文中占比最大的分价值观，因此作为呈现该分价值观主要方式的直接说明的比例也就最大。同时，从大一到大三，直接说明的分布趋势也和历史与文化价值观一致，二者都呈倒"V"字形。除此之外，相当比例的道德与品质、认识自然以及政治、法律与社会问题等价值观也是通过直接说明的方式呈现，尤其是在人与自然价值观的呈现方式中，直接说明的占比最大，其目的都是让学生更好地理解与消化相关内容。

2. 议论说理

议论说理最多用于呈现人与社会中的政治、法律与社会问题以及历史与文化价值观，但也有部分比例的呈现用于人与自我中的道德与品质价值观。议论说理占比约二成，在大二与大三教材中的比重相同且均高于大一教材，这有利于逐年训练学生的逻辑思维。通过对论点的分析、论据的呈现、论证方法的使用等，该呈现方式以严密的逻辑、充分的论证等培养学生缜密的思维。高年级学生更应多接触议论说理这类呈现方式来提高自身思辨能力，而思辨能力的提高反过来又有利于他们深入辨析事物，帮助其做到对价值观的理解与判断不流于表面。

3. 寓理于事

寓理于事占据约四分之一的比例，排名第二。培养学生价值观的途径既可以是显性的传递，也可以是隐性的渗透。相比于前者，后者有利于减少学生的抵触情绪，增强其认同感。寓理于事便是这样一种隐性的渗透方式，最多用于呈现人与自我中的道德与品质价值观。一味"单向灌输"的说教式教育对已成年的大学生而言难以达到深刻、长久的成效，教材如果将价值观渗透于个人故事或经历中，让学生在阅读中去体验和感悟，将更有利于学生的接受和内化。寓事理于具体的事情之中不仅能增强学生的主观体验，还能引起学生的情感共鸣。

4. 人物形象

在课文中的所有价值观呈现方式里，人物形象的比重不足5%，位列最后。和寓理于事一样，作为一种隐性的方式，人物形象主要用于呈现人与自我中的道德与品质价值观，通过塑造人物的正面或反面形象，突出其某方面的特征或者经历，使学生读懂人物所折射出来的价值观。这类呈现方式能有效激发学生的兴趣，并易于为学生所接受，因此可以适当提高其比例。

总而言之，课文使用了多元的呈现方式，体现了显性与隐性相互补充的特点，学生既能直接获取信息，又能间接地通过故事去感受隐含于其中的价值观。这些不同的方式整体上实现了较为合理的呈现，符合学生的认知发展和思维特点。

（二）练习中的价值观呈现方式

1. 思考讨论

在练习中的价值观呈现方式里，思考讨论的比例最大，并且逐年增加。随着学生年龄的增长、知识的积累和认知的发展，他们有能力也有必要接受更多批判性思维的训练，而思考讨论便是理想的训练之选。讨论时不同观点的碰撞与交流不仅可以锻炼学生的语言表达，帮助他们理解练习内容，还能锻炼其批判性思维。此外，思考讨论还有利于提高学生对价值观的内化与输出程度。相较于学生在课文学习时的被动接受与输入，思考讨论正好弥补了此不足，给予学生主动思考与输出的机会，是课文的有益辅助。

2. 直接体现

直接体现占比排名第二，仅次于思考讨论，这可能与英语教材中不少练习是以诸如完形填空、改错、听写等"文本"形式直接介绍历史文化、社会问题等内容有关。与课文中直接说明的波动变化不同，直接体现在大一至大三教材中的占比不断下降，原因在于练习不仅是课文内容的延伸，还需培养学生的语言技能与思维。学生升入高年级后，不能仍满足于"直截了当"的知识获取方式，他们需要在其他形式的练习中锻炼分析思考的能力。此外，由于直接体现的特征是直接性与准确性等，适合传递自然科学等类别的事实性知识，这也就解释了为什么直接体现是呈现人与自然价值观的主要方式。

3. 问题假设

问题假设所占比例不多，排名第三，在大二至大三教材中的比重大幅下降，在大三教材中比例最小，这具有合理性。问题假设主要是提供一个设定的问题，让学生通过角色扮演等方式体验主角人物的情绪和感受并理解他人的立场和选择，从而设身处地地感受练习所要传达的价值观。然而到了大三阶段，学生更应该注重思辨训练，因此问题假设的比例下降，思考讨论的比重上升。在某种程度上，问题假设属于一种体验式学习，学生根据题目所创设的情境，以自身的知识、经验为基础去主动体验与建构，以此丰富自身对价值观的感受。就练习中的所有价值观呈现方式而言，问题假设和思考讨论是两种最需要发挥主观能动性的价值观感知方式，学生需要在主动积极的信息建构中形成自己的观点。

4. 叙事明理

叙事明理所占比例较小，在大一教材中的比例最大。叙事明理主要应用于完形填空、听力文本和改错等练习，常常通过短文的形式叙述一个故事的情节，让学生在有趣味和充满教育意义的故事中领悟价值观。与直接体现不同，该方式是在让学生完成练习的过程中以一种隐含的方式传递价值观。叙事明理最多用于传递人与自我以及人与社会价值观，在人与自我中主要用于呈现诸如积极乐观、坚强勇敢等道德与品质价值观，而在人与社会中则主要通过事例介绍性别歧视、教育问题、风俗习惯、名人事迹等渗透政治、法律与社会问题以及历史与文化价值观。

5. 情景共鸣

情景共鸣主要见于听力文本，因此只在大一教材中有运用。该呈现方式通过搭建对话情境或渲染氛围，让学生从中体会所要传递的价值观。这类方式不仅切合英语听力文本的特点，也有利于学生在身临其境中感受价值观。情景共鸣最多用于呈现人与社会价值观，尤其是当中的历史与文化以及政治、法律与社会问题等价值观。

整体而言，练习中的呈现方式较为合理，尽管部分呈现方式的排列分布未体现出规律，但总体符合大学生的认知发展特点。这些方式不仅重视学生的知识、技能、思维等方面的锻炼，还对课文里出现的价值观进行了拓展和补充，使人文性与工具性得到了良好的统一。

第二节 专科英语教材价值观研究

一、数据收集

由高等教育出版社出版的高职高专英语专业立体化系列教材《英语综合教程》（第二版）被选定为高校英语教材价值观研究的另一对象。选择这套教材主要是基于其权威性、时代性、针对性三个方面的考虑。首先，该教材专为我国高等职业教育英语专业编写，自2007年出版以来广受好评，多次被评为国家级规划教材，因此具有较高的认可度。其次，为更好地体现新时期高职高专英语专业人才培养的要求，教材编者于2016年在第一版整体思路的基础上进行了教材修订，调整了部分练习项目，使教材定位更明确、安排更合理、内容更具时代特色。最后，高等教育出版社在职业教育教材出版方面经验丰富，出版的职业教育类图书市场占有率居全国之首，而且"主动服务教育部党组工作部署，不断拓展高校思政教育新阵地",①对该教材进行价值观分析具有针对性。

《英语综合教程》共四册，其中第一册至第三册为基础阶段教材，供大一第一学期至大二第一学期使用；第四册为专业阶段教材，供大二第二学期使用。② 每册书包括 8 个单元，每个单元约 25 页，涵盖人际关系、社会问题、历史与文化、自然等不同主题。前三册教材中每单元的课文和练习的结构基本相同，均由 2 篇课文和配套练习组成，2 篇课文因指向同一个主题而相互关联，练习的形式有听、说、读、写、译、词汇、语法等。与前三册教材略有不同，第四册教材没有阅读技巧，写作部分的标题改为了商务信件写作（见表 4.6）。

表 4.6 专科英语教材《英语综合教程》单元结构

	内容	主要功能
	读前活动（before reading）	了解课文话题
课文	课文 A（text A）	理解单元主题，发展语言综合能力
课文 A 的练习	课文理解（text comprehension）	理解课文信息
	口语活动（oral practice）	运用课文语言和结构谈论课文主题
	词汇与结构（vocabulary & structure）	学习语言知识
	翻译（translation）	学习语言知识
	写作（writing）（1～3 册） 商务信件写作（business letters）（第 4 册）	学习写作能力
	听写（dictation）	学习听力能力
课文	课文 B（text B）	理解单元主题，发展语言综合能力
课文 B 的练习	课文理解（text comprehension）	理解课文信息
	阅读技巧（reading skills）（仅 1～3 册）	学习阅读技能
	词汇（vocabulary）	学习语言知识
	词汇拓展（vocabulary expanding）	学习语言知识
	开心一笑（time for fun）	开心、娱乐

---

① 高等教育出版社. 高等教育出版社简介［EB/OL］. http://www.hep.com.cn/aboutus/intro,2020-08-05.

② 高职高专英语专业系列教材编写组. 英语综合教程［M］. 北京：高等教育出版社，2016.

《英语综合教程》第一至第四册教材中的64篇课文均被纳入初步的数据收集范围。至于练习，未体现价值观的部分不纳入数据收集范围。例如，课文理解指向课文的内容细节或信息理解，主要是为确认文本大意而设计；词汇与结构、翻译、词汇等以操练语言知识和技能为目标；词汇拓展中除了完形填空外，其他练习也都是为学习词汇和结构服务；"开心一笑"文体不一，有时是脑筋急转弯，有时是罗列一些有趣的英语缩写形式，以娱乐为主。因此，上述未体现价值观的部分在分析时均被排除，完形填空则单独作为一个题型纳入。

在教材中，诸如写作、阅读技巧等练习并非在四册书中都体现了价值观。如果某册教材中所有单元的同一道练习都只是聚焦语言知识或技能训练，那么该练习就被排除在数据收集范围之外，比如第一册教材所有单元的写作都是以练习语法结构和提高单句写作能力为目的，第四册教材的商务信件写作重在从字到句教授撰写商务信函的写作技能，第三册教材的阅读技巧主要教授猜测单词意思等阅读微技能。另一方面，如果某册教材中大部分单元的同一道练习题都体现了价值观，那么该练习题被纳入数据收集范围。综上所述，四册教材中被纳入数据收集的项目如表4.7所示。

表4.7　专科英语教材《英语综合教程》价值观研究数据收集表

分析对象	分析项目	
	课文	练习
第一册	课文 A & B	读前活动、口语活动、听写、阅读技巧、完形填空
第二册		读前活动、口语活动、写作、听写、阅读技巧、完形填空
第三册		读前活动、口语活动、写作、听写、阅读技巧、完形填空
第四册		读前活动、口语活动、听写、完形填空

需指出，第二、三册的写作包括两道练习题，其中第二个商务写作练习因没有体现价值观而被排除在外，分析时只取第一道练习题；第一、二册教材的阅读技巧虽然也包括两道练习题，但由于二者在不同单元中都体现了价值观，因此均纳入数据收集范围，且分析时将其视作两道练习题予以统计，其余练习均视为一道题。如此一来，一至四册教材中被初步纳入价值观分析的练习题共计174道。

二、课文与练习中的价值观频次分析

作为教材的核心部分,课文与练习不仅表达着信息,也渗透着价值观。为了全面剖析价值观融入专科英语教材《英语综合教程》的情况,本部分将对该教材课文及练习中的价值观分布及其走势进行分析,分析时以大一(第一、二册)和大二(第三、四册)两个年级作为维度,并借助图和表来呈现结果。

(一)课文中的价值观频次分析

以"英语教材价值观分析框架"为参照,结合教材配套教师用书对每章节主题及相关内容的信息描述,确认出有1篇课文因没有体现价值观而被剔除。由于每篇课文篇幅较长、内容较多,体现的价值观次数不一(从1次到多次不等)、轻重程度不同,因此剩余的63篇课文按每篇只取最能体现文章主旨的1～2次进行分析。以此方式统计,63篇课文共体现价值观75次(见表4.8)。

表4.8 专科英语教材《英语综合教程》课文中的价值观频次分析表

价值观		大一		大二		大一至大二	
		频次	百分比/%	频次	百分比/%	频次	百分比/%
人与自我	道德与品质	22	53.66	21	61.76	43	57.33
	生命与安全	0	—	0	—	0	—
	卫生与健康	2	4.88	0	—	2	2.67
	小计	24	58.54	21	61.76	45	60.00
人与社会	经济与社会发展	1	2.44	0	—	1	1.33
	政治、法律与社会问题	6	14.63	3	8.82	9	12.00
	历史与文化	10	24.39	10	29.41	20	26.67
	小计	17	41.46	13	38.24	30	40.00
人与自然	自然之美	0	—	0	—	0	—
	认识自然	0	—	0	—	0	—
	爱护自然	0	—	0	—	0	—
	小计	0	—	0	—	0	—
总计		41	100	34	100	75	100

如表 4.8 所示，在三大主价值观方面，占比六成的人与自我最为突出，其次为四成的人与社会，人与自然则缺失。从走向来看，从大一到大二，人与自我的占比增长约 3%，人与社会则以相同的比例有所下降。人与自我价值观的优势在大二教材的课文中尤其明显，其比重比同一册课文中的人与社会高出近 24%。

从九项分价值观来看，大一、大二教材的课文都最为重视传递道德与品质价值观，其总占比高达 57.33%，比排名第二的历史与文化总占比高出 2 倍还多；政治、法律与社会问题的比例在所有分价值观中位列第三，为 12%；卫生与健康、经济与社会发展分别位列第四和第五，其占比远低于位居前列的其他分价值观。相较于人与自我中两项分价值的比例相差悬殊而言，人与社会中的三项分价值观占比相差不是太大。除了人与自然的三项分价值观（自然之美、认识自然、爱护自然）缺失外，人与自我中的生命与安全价值观也没有体现。

从分价值观的比例变化来看，从大一到大二，原本就占比第一、第二的道德与品质和历史与文化价值观分别以约 8% 和 5% 的比例上升，说明课文从始至终最为重视这两项分价值观；卫生与健康、经济与社会发展以及政治、法律与社会问题则呈现出相反的下降走势，原本就占比不到 5% 和 3% 的卫生与健康、经济与社会发展在大二教材课文中的比例直接降为零，也因此导致大二教材中的课文仅涉及了三项分价值观，即道德与品质、历史与文化以及政治、法律与社会问题，其余六项分价值观均缺失。

概括来说，专科英语教材《英语综合教程》中的课文以人与自我价值观为主、人与社会价值观为辅，注重培养学生道德与品质的同时传递着历史与文化知识，关注学生身心健康、社会意识和责任感的提升，但忽略了引导学生欣赏、了解和关爱自然，也未能涉及保护自我、尊重和热爱生命等方面的内容。

（二）练习中的价值观频次分析

以"英语教材价值观分析框架"为参照，结合教材配套教师用书对每章节主题及相关内容的信息描述，确认有 19 道练习题因没有体现价值观而被剔除。和课文一样，按每道练习题体现 1～2 次价值观的方式统计，剩余 155 道练习题共体现价值观 168 次（见表 4.9）。

表 4.9　专科英语教材《英语综合教程》练习中的价值观频次分析表

价值观		大一		大二		大一至大二	
		频次	百分比/%	频次	百分比/%	频次	百分比/%
人与自我	道德与品质	45	45.92	40	57.14	85	50.59
	生命与安全	0	—	0	—	0	—
	卫生与健康	10	10.20	1	1.43	11	6.55
	小计	55	56.12	41	58.57	96	57.14
人与社会	经济与社会发展	6	6.12	1	1.43	7	4.17
	政治、法律与社会问题	3	3.06	1	1.43	4	2.38
	历史与文化	28	28.57	26	37.14	54	32.14
	小计	37	37.76	28	40.00	65	38.69
人与自然	自然之美	1	1.02	0	—	1	0.60
	认识自然	4	4.08	0	—	4	2.38
	爱护自然	1	1.02	1	1.43	2	1.19
	小计	6	6.12	1	1.43	7	4.17
总计		98	100	70	100	168	100

如表 4.9 所示，三大主价值观在大一、大二教材练习中的分布规律相同，都是人与自我以极大的优势位居第一，人与社会排第二，人与自然排最后。各价值观占比相差悬殊，人与自我高出人与社会约 20%，而人与社会又以近 35% 的优势领先人与自然。从走向来看，人与自我、人与社会都以 2%～3% 的幅度略有上升，人与自然则有所下降。经与课文中价值观的分布情况比较后发现：一方面，无论是课文还是练习，人与自我在大一教材中的比例都占据绝对优势，且在大二教材中小幅上升；另一方面，练习中人与社会的占比呈上升趋势，与课文中该价值观的小幅下降形成互补；此外，课文中完全缺失的人与自然价值观在练习中得到了体现，虽然其占比依然较低且在大二教材中有所下降。

九项分价值观中最为突出的是"道德与品质"，其占比超过五成，比位居第二的"历史与文化"超出约 18%；位居第三和第四的"卫生与健康""经济与社会发展"分别占比 6% 和 4% 左右，它们虽然与排在前两位的价值观的比重相差悬殊，但与课文相比略有增加；"政治、法律与社会问题"和"认识自然"并列第五，虽然其占比均仅为 2.38%，但"认识自然"已经是人与自然主价值观中占比最大的存在;"爱护自然"和"自然之美"分别位居第七与第八,占比仅在1%左右浮动。从缺失情况来看,大一、大二教材的练习都缺失了部分分价值观,前者仅缺失了"生命与安全",后者缺失了"生命与安全""自然之美"和"认识自然"三项分价值观。

从分价值观的变化情况来看,呈上升趋势的有"道德与品质"和"历史与文化",其上升幅度为10%左右;"爱护自然"的比例前后变化不大;呈下降趋势的分价值观有"卫生与健康""经济与社会发展""自然之美""认识自然"以及"政治、法律与社会问题",其中"经济与社会发展"的下降幅度约为5%,"卫生与健康"下降约9%。原本占比就比较低的"自然之美"和"认识自然"在大二教材练习中的比例直接为零。

三、课文与练习中的价值观内容分析

人无德不立,育人的根本在于立德。教材对落实立德树人任务意义重大。好的教材要做到既传授知识,也实现价值引领。本部分将选取教材课文及练习中的代表性例子,通过对其内容进行分析来具体说明教材蕴含了哪些价值观。

（一）课文中的价值观内容分析

1. 道德与品质价值观

道德与品质是教材重点呈现的价值观,体现了该价值观的课文包括《上大学——新的体验》（College—a new experience）、《我给学生的忠告:接受健全、多元的教育》（My advice to students: get a sound, broad education）、《批判性地阅读——批判性地思考》（Critical reading—critical thinking）、《我的父亲》（My father）、《母亲的书桌》（My mother's desk）、《爱可以永恒》（Love can last forever）、《社区服务》（Community service）、《我的网友》（My e-pals）、《大学:追求激情的时刻》（College: time for passionate pursuits）、《感谢竞争的四个理由》（Four reasons to thank competition）、《疯狂的想法》（Crazy ideas）、《人力资源是一种感召》（HR is a calling）等。以下列举相关的课文进行说明。

教材的开篇文章《上大学——新的体验》（College—a new experience）一文针对刚入学的新生阐述了如何适应大学生活,鼓励学生克服想念家人的情绪,提醒学生在忙碌的课程之余适当放松以及学会安排自己的生活;在《我给学生的忠告:接受健全、多元的教育》（My advice to students: get a sound, broad education）一文中,比尔·盖茨针对很多迷惘的学生提出了有关学习什么以及如何学习的建议,勉励大家在广泛学习不同课程的同时也要积极获取专业化的知识以及学会在团队合作中保持独立思考;《批判性地阅读——批判性地思考》(Critical reading—critical thinking) 指出我们不应满足于从其他人那里"借来"的观点和想法,而应该通过阅读、思考和写作,有效地阐明自己的论据,成为独立自主、敢于批判的人。上述课文的共通性在于均与教育有关,旨在引导学生更好地度过校园生活。

《我的父亲》(My father)、《母亲的书桌》(My mother's desk)、《爱可以永恒》(Love can last forever) 三篇课文聚焦家庭成员之间的爱、理解与沟通展开叙述。《我的父亲》(My father) 描述了瘸腿的父亲普通但不平凡的经历,突出作者成长前后对待父亲的心态变化,传递出要理解家人、心存善意的人生信念;《母亲的书桌》(My mother's desk) 通过描写母亲在弥留之际给作者留下指定的书桌这一细节,成功展现了这张书桌所承载的深深的爱与渴望、期待与满足,让人为之动容;《爱可以永恒》(Love can last forever) 描述了作者最美好也是最悲伤的一段时光,她满心期待着第一个孩子的出生,又同时面临着身患癌症的母亲随时离去的困境。类似的文章还有《留下好印象》(Making a good impression)、《出租车之行》(Cab ride)、《胜过金钱的报酬》(A payment greater than money) 等,这类课文都属于生活类,主题涉及家庭关系、个人经历、社交礼仪等几方面,旨在促进学生养成关爱他人、举止得体、正确看待金钱等品德。

《社区服务》(Community service)、《我的网友》(My e-pals)、《名声扫地:体育界的悲剧英雄》(Fall from grace: tragic heroes of sports)、《科学与真理》(Science and truth)、《大学:追求激情的时刻》(College: time for passionate pursuits) 等文章都属于社会类,涉及社区与社会、互联网与网友、体育英雄、科学家的责任、知识的力量、大学等主题,在指出有关问题的同时,也传递了对待这类问题应有的态度和立场,旨在鼓励学生面对不合理的社会现象要勤于思考,正确采取行动。比如,《大学:追求激情的时刻》(College: time for passionate pursuits) 一文指出,对很多学生来说,大学并不是一个体验、发现喜悦的地方,而是找一份好工作的途径。针对这一普遍的社会问题,作者号召大学生要心怀激情,勇于追求自己的梦想。

《感谢竞争的四个理由》(Four reasons to thank competition) 一文阐述了竞争带来的四大好处以及提高竞争能力的三点建议,鼓励读者直面竞争,学会调整自己,以更好的姿态迎接挑战;《疯狂的想法》(Crazy ideas) 描述了作者首先从毛衣上的小球粘在混凝土墙上的经历中获得灵感并发明出"除绒毛梳",之后通过不断试验、申请专利、设计模型等环节,最终将产品投入市场并大获成功,借此鼓励读者在生活中要善于观察和积极行动,努力开创自己的事业;《人力资源是一种感召》(HR is a calling) 聚焦人力资源这个行业,通过讲述个人经历,以此号召人力资源从业者要充分认识自己的热情、才智和技能。上述课文都属于职场就业类，涉及商业谈判与竞争、求职、人力资源管理等方面，重在引导学生养成正确认识竞争、勇于创新、不负使命等职业品德。

总而言之，课文所体现的道德与品质价值观呈现出一定的序列，即从个人或家庭生活到公共场合再到职业领域，其中蕴含着关爱他人、诚实守信、心怀梦想、敢于挑战等不同的品质，提倡个人实现自我价值。

2. 生命与安全价值观

教材中没有课文体现该价值观。

3. 卫生与健康价值观

教材中仅有 2 篇课文呈现卫生与健康价值观，即第一册第三单元的《培养积极的心态》（Developing a positive attitude）和第二册第八单元的《危机处理》（Coping with crisis）。两篇文章都传递了要相信人自身具备内在力量的信念，鼓励学生保持积极的状态并不断提升自我的精神和心理健康。

《培养积极的心态》（Developing a positive attitude）指出，很多人习惯性地采用消极的思维方式，这会严重影响他们的行为模式和生活的方方面面。作者接着提出了处理生活压力的方法，诸如倾听自我与内心的对话、学习沟通、返璞归真、帮助他人、让自己被爱、在平凡事中寻找乐趣等，以此摆脱消极念头，实现积极的自我意识。

同样以心理健康为主题的《危机处理》（Coping with crisis）针对很多人遭遇精神困扰的现状，提出了包括调整遭遇危机或困难时候的反应、积极参加活动、给他人提供帮助等在内的不同建议。作者相信普通人所具备的英雄品质、勇气和信念将帮助人们走出绝望并回到现实。

4. 经济与社会发展价值观

教材中仅有 1 篇课文体现经济与社会发展价值观，即第二册第五单元的《互联网改变了我的生活》（The Internet has changed my life）讲述了互联网给作者和家人带来的工作、交友、生活等各个方面的改变。作者通过网络收集新闻时事资料，开展调查研究及撰写论文，和不相识的人交流，等等，其重病的妻子也通过网络和他人分享如何应对哮喘病并收到了很多网友的支持和鼓励，这些无不让人深刻地体会到社会的发展和科技的力量。

5. 政治、法律与社会问题价值观

教材中体现这一价值观的课文包括《社区服务》（Community service）、《迁徙中的人们》（People on the move）、《辛勤工作还是无所事事》（Working hard or hardly working?)、《我的网友》(My e-pals)、《名声扫地：体育界的悲剧英雄》(Fall from grace: tragic heroes of sports)、《责任与教育》(Responsibility and education) 等。以下列举部分课文进行说明。

在《辛勤工作还是无所事事》(Working hard or hardly working?) 一文中，作者首先指出美国很多公司雇员面临着工作时间逐步延长的现状，其次讨论了工作时间和工作绩效的关系，然后进一步从雇主和雇员两个方面分析了造成这一现状的原因。作者认为长时间的工作未必能保证高效率的成绩，人们需要理性看待长时间加班，根据个人倾向选择合适的公司。

《迁徙中的人们》(People on the move) 一文描述了不同时期美国人的生活重心从乡村和农场迁往城市，又从城市迁往郊区的过程，重点描述了城市化带来的社会问题，如越来越拥挤、人口增多、噪音增加、污染加重、犯罪率升高等。伴随社会问题而来的现实是美国人民需重新寻找未受污染的空间，他们似乎永远处于迁徙之中。

在《责任与教育》(Responsibility and education) 一文中，作者针对教育工作者和学生的责任与权利界限不清晰的情况，旗帜鲜明地提出教师有权利要求课堂出勤和参与，帮助学生为更高层次的学习做好准备；相应地，学生有义务学习如何做称职、负责任的公民，通过实际行动承担自己的使命。

概括来说，课文通过呈现各类问题的现状、追溯背后原因、提出合理建议等不同手段，帮助学生增强社会意识，提升学生分析、思考与解决问题的能力。

6. 历史与文化价值观

教材中有20篇课文体现历史与文化价值观，其中5篇介绍了音乐、礼仪和生活方式，3篇介绍了国外人物或国家历史，12篇介绍了人类知识、观念或认识。

前两类课文着重介绍人类的历史、行为规范或艺术形式，以美国文化为主，具有明显的地域性。例如，《体育英雄：迈克尔乔丹》(Sports hero: Michael Jordan) 讲述了美国篮球巨星乔丹的成长史；《梦想的产生》(The birth of a dream) 引用美国莱特兄弟发明飞机的实例鼓励人们要有梦想；《最早的美国音乐》(The first American music) 介绍了早期不同类型的音乐在美国的产生和演变过程；《累有所得，乐在其中》(Working for fun and profit) 描述的也是当代美国人周末喜欢参加跳蚤市场的生活方式。

第三类的12篇课文没有明显的地区或国家指向，其中有5篇课文着重介绍某一领域的知识，7篇课文体现了人类对教育、知识、科学、道德等的认识与反思。例如，《管理的各项职能》(The functions of management) 不仅阐述了管理的四种常见职能，还逐条分析了企业或个人在实践中应该如何具体操作，这有助于学生更好地认识该行业；《教育如何促进成功？》（*How does education promote success?*）认为教育不仅提供了终身学习的工具，还能改善人们的生活质量、扩大人的潜能以及提高就业能力，主张人们应该以更长远的眼光看待教育；《科学家的社会责任》（*Social responsibility of scientists*）探讨了科学家应该在多大程度上为他们的研究结果对社会带来的影响负上责任，作者认为科学家有责任把自己研究领域的新发明的真实情况提供给公众。

综合来说，上述类型的课文一方面呈现以美国为主的西方国家的人物、风俗、历史等，另一方面也介绍和讨论具有普世性的事实性知识和价值观念，从中可见人类在尊重过去的基础上对现有自身行为、信念的不断质疑与反思。

7. 自然之美、认识自然、爱护自然等价值观

教材中没有课文体现该类价值观。

（二）练习中的价值观内容分析

1. 人与自我价值观

第一，道德与品质价值观。和课文类似，道德与品质是练习中呈现比例最多的价值观。体现了道德与品质价值观的课文一般都有相应的练习传递该价值观。比如课文《上大学——新的体验》（*College—a new experience*）传递了大学生要学会独立自主、对自己的学业负责等理念，该文的完形填空练习相应地讲述了一个学生眼中的大学生活，以此提倡要学会应对困难、规划未来；课文《我的第一份工作》（*My first job*）讲述了作者自小洗车的工作经历，该文的读前活动要求学生谈论对兼职的看法或分享个人兼职的经验，以帮助学生更理性、正确地看待这一现象。

第二，生命与安全价值观。教材中没有练习体现该价值观。

第三，卫生与健康价值观。教材中共有11道练习题体现卫生与健康价值观，其中有4道题来源于第二册第八单元的课文"危机处理（*Coping with crisis*）"，其他7道题则零散出现在各单元的完形填空、阅读技巧等练习里。11道题中，与身体健康有关的练习共5道，分别涉及太空生活对宇航员的影响、金字塔饮食结构、罐头食物与新鲜食物的不同、运动或健身给身体带来的好处、碳酸饮料的坏处；其他6道题则与心理健康有关，涉及大学生如何应对思乡病、看电视给儿童带来的弊端、如何应对不利状况、毕业生找工作被拒的负面心理等话题。上述11道练习题的核心思想是身心健康都要兼顾，一方面提醒学生要做到科学饮食、适当运动；另一方面号召学生即使身处逆境也不能灰心，要心怀勇气才能走出低谷。

从整体来说，体现人与自我价值观的练习聚焦培养学生不同的品德，同时引导

其重视身体和心理健康，但是生命与安全方面的教育有所缺失。

2. 人与社会价值观

第一，经济与社会发展价值观。该价值观在练习中出现 7 次，其中有 4 处来源于第二册第五单元的课文《互联网改变了我的生活》（*Internet has changed my life*）。这 4 处与课文价值观呼应，通过读前活动、口语活动、听写、完形填空等练习讲述了互联网改变了人们交流、工作和生活的方式。其他 3 处分别涉及用机器人替代实际动物做实验、城市化、人均寿命与婴儿死亡率等话题，比课文中相应价值观涉及的范围更广。这些练习通过提出问题或现象，让学生探讨其背后的原因，旨在增加学生对社会变化的了解，促进他们深入思考并提升社会意识。

第二，政治、法律与社会问题价值观。教材中有 4 道练习题体现了该价值观。有 2 道题聚焦美国现状，即第一册第六单元的口语活动要求学生讨论当代美国人为何工作时间越来越长，第三册第八单元写作题需要学生分析美国教育体制存在的问题。另外 2 道题没有明显的区域指向，其中之一的阅读技巧题探讨了动物是否该被圈养，从而引发学生对尊重生命的思考；另一道题则讨论了女性是否应该工作的话题，旨在表达尊重女性自身选择、倡导两性平等的价值观念。上述练习都有助于学生成为关心社会、勇于质疑、理性分析的公民。

第三，历史与文化价值观。和道德与品质价值观类似，体现历史与文化价值观的课文一般都有相应的练习传递该价值观，这一点在供专业阶段使用的第四册教材中尤为明显。比如第八单元的课文话题为项目管理（project management），读前活动就项目和管理的一些事实性信息设置了一个问卷调查，以了解学生的相关背景知识；口语活动要求学生讨论项目的主要特点；听写练习则介绍了项目管理的定义、特点和主要困难，三个练习都紧密围绕项目管理而展开，同传递历史与文化价值观。除此之外，课文中体现的音乐、礼仪和生活方式、人类知识与观念、国外人物或历史等价值观在练习中也都有体现。

综上所述，体现人与社会价值观的练习以介绍历史和文化为主、以呈现社会进步的表现和问题为辅，引导学生在深入学习历史与文化的同时不忘关注社会以及勇于承担社会责任。此外，练习中的经济与社会发展价值观内容比课文相应内容涉及面更广，这在一定程度上弥补了课文中这一价值观比例偏低的不足。

3. 人与自然价值观

第一，自然之美价值观。教材中体现了自然之美价值观的练习只有 1 道题：第一册第四单元的阅读技巧练习描述了山水相间、绿树成荫、怡然惬意的自然风光，让人心生向往之情。

第二，认识自然价值观。教材中仅有 4 道写作练习题体现了认识自然价值观，涉及的内容包括造成烟雾和空气污染的原因、树的用途、蜜蜂和蚂蚁的异同等。这些练习以介绍事实性知识为主，提升学生对自然的认识。

第三，爱护自然价值观。教材中体现了爱护自然价值观的练习题只有 2 道。其中一道题要求学生分析烟雾和空气污染的成因；另一道题在写作范文中出现，该文介绍了对澳大利亚某公司调查的结果，即公有企业与私营企业对环境保护的关注程度不同，大部分企业主不知如何应对环境污染问题，可见人们保护环境的意识和能力不足。

概括来说，体现了人与自然价值观的练习通过介绍自然之美、传递有关自然的科学知识和呈现不尽如人意的环保现状，引导学生学会与大自然和谐相处，同时也弥补了课文中人与自然价值观内容的缺失。

四、课文与练习中的价值观分析讨论

前文得出的结果显示，专科英语教材《英语综合教程》注重培养学生的道德与品质价值观，提高学生了解社会历史与文化、承担相应社会责任的意识，略有引导学生关注自然。本部分将对这一结果进行深入细致的讨论。

（一）人与自我价值观

教材将人与自我价值观摆在最为突出的地位，这与当代职业教育逐步从功利主义转向人本主义的趋势相一致。功利主义强调职业技能培养以国家需求为基础，忽略了劳动者的个人追求，而人本主义则将视角转向劳动者，认为职业教育不能仅满足于教会学生简单的谋生技能，而应该指导学生如何面对未来工作的这个世界。[①] 人本主义职业教育观下的高职学生核心能力在于自我学习、与人交流、与人合作、创新等方面。[②] 因此，职业教育应该以培养负责任的、自由的和成熟的个人作为目标，他们具备对自我价值、自我尊严的认识，诚实正直，守时负责，具备继续学习的能力。[③] 上述观点无一例外地强调了学生作为社会化的个人应具备的品质，这与英语教学中越来越突出的人文性不谋而合，因此教材突出人与自我、提倡人的自我

---

① 单新国. 从功利主义到人本主义——职业技术教育立法思想的演变及借鉴 [J]. 中国职业技术教育，2015（18）：24-27.

② 张少兰. 人本主义教育思想观照下的高职学生职业核心能力培养 [J]. 教育学术月刊，2010（11）：93-95.

③ 联合国教科文组织国际教育和价值观教育亚太地区网络编著，余祖光译. 学会做事：在全球化中共同学习与工作的价值观 [M]. 北京：人民教育出版社，2006：9-10.

实现也就不足为奇了。

1. 道德与品质价值观

道德与品质在人与自我价值观中排名第一，远高于位居第二的历史与文化。一项针对100多家大中小企业的调研结果显示，最受企业关注的学生素质依次为工作兴趣与热情、责任感、职业道德、吃苦耐劳、上进心、诚实守信、主动性、敬业奉献、遵纪守法和创造性，而企业认为高职学生存在缺乏良好的就业心态、不能应对压力、欠缺职业道德修养以及协作意识淡薄等问题。① 另一项对大学生职业价值观的调查结果也显示，高职学生比较务实，看重实现自我、体面舒适、追求地位，而没有提及诸如集体主义、诚信、职业道德等传统价值观。② 教材将道德与品质的培养放在首位，既是呼应道德本身对于育人的重要性，也是解决市场需求与学生个人发展冲突的途径。

道德与品质价值观在大一至大二教材中的整体增长趋势也很好地体现了教材的上述定位。《英语综合教程》属于综合性课程，基础阶段（大一至大二上学期）使用的第一至第三册教材在促进学生发展语言能力的同时，也提高学生的内在素养，培养学生与他人沟通、合作等方面的能力。虽然教材前言已明确说明专业阶段（大二下学期）使用的第四册教材的定位有所不同，当中的职业内容和行业知识明显增多，但"人"才是一切社会活动的主体，有关社会或行业的知识本身并不能直接转化成人们行动的动力或指南，更为重要的是要透过这些纷繁复杂的信息帮助高职学生形成有关个人在职业、集体乃至整个社会中角色和身份的认知。综合上述原因得知，道德与品质价值观在大二教材中的比例依然稳步上升。

2. 生命与安全价值观

关注安全是职业教育和培训的重要内容，高职学生要自觉努力确保人身、财产和环境等都得到了安全保护，避免潜在的受伤、危险和损伤。③ 教材的课文和练习中均没有体现生命与安全价值观方面的内容，这背离了当今生命与安全教育主题日益突出的现状。不少教育工作者对教育功利化现象提出了批评，认为学生成为了考试与竞争的牺牲品，导致他们面对困境缺乏基本的生存能力，校园暴力、学生自伤自残的情况屡见不鲜。与普通本科高校大学生相比，高职高专学生在校时间较短，职业性和实践性更为突出，需要在学校、实习点、工作单位等不同场地应对不同的群体和状况，教材因此更有必要提高学生自我保护的意识，传授他们应对突发事件

---

① 李小娟. 高职学生素质能力评价研究 [J]. 教育研究，2013，34 (5)：96-103.
② 唐洁. 广东省高职高专大学生职业价值观的实证研究 [D]. 广州：暨南大学，2009：46-47.
③ 联合国教科文组织国际教育和价值观教育亚太地区网络编著，余祖光译. 学会做事——在全球化中共同学习与工作的价值观 [M]. 北京：人民教育出版社，2006：15.

的技能，引导其思考生命的意义与价值。

3. 卫生与健康价值观

经统计，教材中有关心理健康教育方面的内容占比约六成，有关身体健康教育方面的内容占比约四成。这一对比反映出教材更加关注学生的心理素质，这与高职高专阶段的职业性和学生的特点密不可分。职业性并不只是体现在学生需要掌握专业知识和职业技能，还体现在学生应具备相应的职业心理能力和岗位角色意识。因此，教材中提供一些如何应对压力或走出困境的方法有利于学生度过生活与学习中的低迷期，使他们在情感、精神方面达到较好的状态，提升其未来的职业适应性。

整体而言，教材中卫生与健康价值观的占比偏低，与排名第一、第二的道德与品质和历史与文化相差悬殊，缺乏为达到或维持身心健康所需的诸如平衡的生活方式等方面的内容。而且，所有课文中仅第一册教材有两篇课文讨论了如何保持积极心态和应对危机，其余相关内容主要零星出现在第二册教材的练习中。由于习题仅起到辅助作用，其篇幅较短，不利于深入的讨论和分析，因此辐射作用不够。

（二）人与社会价值观

人与社会价值观在教材中的占比排第二。作为未来社会建设中坚力量的高职学生需要关注、理解个人赖以生存的集体，了解不同国家的政治、经济、宗教、文化、信仰等方面的内容，通过积极参与国家、社区的活动，履行相应的公民责任，开发自身潜能的同时也服务于他人。

综合课文和练习的情况来看，人与社会价值观在两个年级的教材中都得到了较稳定的呈现。大一基础阶段教材以通用英语为主，旨在拓宽学生视野，帮助其学习不同国家生活方式、艺术、民俗等方面的文化知识；大二教材逐步过渡到专业阶段，学生逐步接触、学习与行业有关的专业知识，为未来就业做准备。虽然大二教材中职业方面的文化内容与大一有所不同，但同样属于人与社会维度，因此该价值观在大二教材中的占比与大一基本持平。

1. 经济与社会发展价值观

教材中呈现经济与社会发展价值观的大部分内容与科技发展的重要体现——互联网相关，主要介绍互联网带给人们生活、工作、学习等方面的变化，但整体而言话题相对单一，占比过低，没有涉及诸如经济全球化、人工智能、生物技术等新型领域，未能体现良性的经济与社会发展。教材应以未来为导向，体现可持续性发展等特点。

此外，该价值观在课文与练习中的占比均呈下降走势，这与高职高专逐步向职业教育过渡的理念定位不是很相符。一方面,职业教育教材要服务国家发展战略,紧跟行业发展步伐,对接国际先进理念,及时体现新技术、新工艺、新规范;① 另一方面,以人为本的职业教育并非是为了刻板的职能、固定的情境、一时的生存、一种特殊行业或特定的职业做准备,而是帮助学生适应性地充分参与到新世纪知识和信息高速变化的社会中去,学会学习、学会生存、学会共处。② 因此,进入专业阶段学习的学生更需要了解外部环境的现状与发展趋势,找到与之和谐共处的方式,这样才能更好地实现自我和服务他人。

2. 政治、法律与社会问题价值观

同经济与社会发展价值观一样,政治、法律与社会问题价值观在第四册教材中没有体现。教材中这一价值观涉及了网络安全、长时间加班、师生应承担的教育责任等议题,通过呈现问题、分析原因、探讨解决办法等引导学生深入思考,协助学生更好地扮演社会角色。对于进入专业阶段学习并即将走上工作岗位的高职学生而言,更有必要了解日新月异的现代社会所面临的挑战和问题,并学习相应的知识和技能,履行相应的公民责任。因此,这一价值观在教材中的比例有提升的空间。

3. 历史与文化价值观

历史与文化在所有分价值观中排第二,占比约三成。英语学习越来越注重人文性,强调学生在学习语言本身的同时,还应学习诸如本国和目的语国家的历史、艺术、地理、价值观和世界观等方面的内容,在开阔视野、增长见识、陶冶情操的同时认识多元文化背后不同的表达方式,以便更好地消除偏见、和谐共存。高职高专教育虽然具有职业性,但也和普通高校一样承载着育人的使命,因此教材有必要注重历史与文化这一领域。

从大一到大二,历史与文化价值观在课文和练习中的占比均呈上升趋势。大一基础阶段的教材虽然以通用英语为主,但语言学习本身不只是掌握语言的结构,还需要学生了解语言背后的文化背景。只有对目的语国家的礼仪习俗、思维方式、价值取向等有所了解才能避免文化差异带来的交流和理解障碍。大二的教材更注重课程与专业的结合,强调在专业情境中以职业知识与技能为导向,培养学生在职业领域使用英语的实践能力,因此教材更专注于呈现某一行业的特定知识和信息,导致历史与文化价值观的占比相应上升。

---

① 田慧生. 推进新时代教材建设,发挥好教材育人作用 [N]. 中国教育报,2020 年 10 月 19 日第 2 版.
② 转引自:联合国教科文组织国际教育和价值观教育亚太地区网络编著,余祖光译. 学会做事——在全球化中共同学习与工作的价值观 [M]. 北京:人民教育出版社,2006:5-6.

(三) 人与自然价值观

人与自然价值观仅在教材的练习中出现且占比较低。人与自然和谐相处，意味着人类在合理利用自然资源的同时要充当环境的守护者，保护地球上其他形式的生命，但实际上我们赖以生存的生态环境在日益恶化。人与自然关系失衡的根源一方面是人类过度追求物质享受，把自然当成获取资源的来源和手段，忽略了地球作为人类家园应有的诗意；另一方面是人类只注重追求改造自然的知识和力量，而忽略追求保证安全的改造方法、正确使用自身力量的智慧和品德。[①] 认识人与自然的关系，意味着对大自然要心存敬畏之心，理解人类的能力与限制，相信不同形态生命之间的相互联系、相互依存，而教材中低比例的人与自然价值观不利于这一系列理念的培养。

1. 自然之美价值观

自然之美价值观的目的在于通过引导学生欣赏自然美景，促进学生感知自然与家园的联系，从而认识到自然不只是人类索取的对象，更是和人类共命运的母亲。教材中仅有 1 个阅读技巧练习通过描写家乡景色引导学生感受生活中的美景，整体上比例太少，难以在情感上真正触动学生。

2. 认识自然价值观

认识自然价值观旨在通过介绍自然现象与知识，引导学生对自然心存敬畏、尊重自然的内在运行规律，认清人是整个自然链条中的一员并与其他生命息息相关的事实。教材中 4 个体现这一价值观的练习涉及对部分动物和植物特点的介绍，也涉及对环境污染的成因的分析，这些知识介绍和分析有助于学生辩证地看待人与自然的关系，从而更科学地改造和保护自然。然而在整体上，这部分内容的占比偏低，这是该版教材有待完善的地方之一。

3. 爱护自然价值观

教材中仅 2 道练习题体现了爱护自然价值观，与自然之美和认识自然价值观一样，比例偏低，这并非合理。在英语教学中融入人与自然价值观教育包括三个层面：一是与自然相关的知识积累，二是比第一个层面更高层次的注重情感态度的内

---

① 徐婕. 浅谈人与自然关系失衡的价值观根源 [J]. 郑州大学学报（哲学社会科学版），2007，40 (5)：17-20.

化,三是在将价值观内化于心的基础上进一步将知识、情感外化于行动。① 自然之美和认识自然是爱护自然的前提和基础,而爱护自然则是具体的举措。只有在实践中关注环境,真正行动起来,才能创造更安全、可持续的生活环境。

人与自然价值观仅在练习中有体现,这虽然在一定程度上弥补了课文中相关内容的缺失,但由于练习本身篇幅较小,使得这一价值观的呈现难以像在课文中那般充分和深入。可见,该版教材对人与自然价值观的渗透有待加强。

五、课文与练习中的价值观呈现方式频次分析

价值观需要通过显性或隐性的方式在教材中呈现出来。本部分主要分析课文与练习中的价值观得以体现的具体方式,统计不同方式在不同年级教材中出现的频次,分析价值观与呈现方式使用的占比等。

(一)课文中的价值观呈现方式频次分析

在充分考虑课文所呈现的价值观内容及每篇课文体裁特征的基础上,按每篇课文使用一种最主要的价值观呈现方式来统计,将专科英语教材《英语综合教程》中体现了价值观的63篇课文所使用的呈现方式大致分为直言其说、以事明理、典型形象和分析说理四类(见表4.10)。

表4.10 专科英语教材《英语综合教程》课文中的价值观呈现方式频次分析表

价值观呈现方式	大一		大二		大一至大二	
	频次	百分比/%	频次	百分比/%	频次	百分比/%
直言其说	17	53.13	16	51.61	33	52.38
以事明理	7	21.88	6	19.35	13	20.63
典型形象	7	21.88	3	9.68	10	15.87
分析说理	1	3.13	6	19.35	7	11.11
总计	32	100	31	100	63	100

表4.10显示,占比排名第一的"直言其说"在两个年级教材的课文中都具有明显的优势,总比例高达52.38%,且超过了其他几类呈现方式比例的总和;位居第二的"以事明理"和排在后两位的"典型形象""分析说理"三者的比例在10%~20%上下摆动,而且三者之间以约5%的差距递减。虽然"分析说理"在大一教

---

① 刘学慧."人与自然"主题在英语学科中的教育意涵与教学建构[J]. 英语学习,2017(12):5-8.

材课文中的占比最小,但在大二教材的课文中该方式的比例攀升约 16%,与"以事明理"并列第二。就价值观呈现方式的比例变化而言,"直言其说""以事明理"和"典型形象"从大一到大二都呈下降趋势,不同的是前二者下降幅度较小,仅为 2% 左右,而"典型形象"下降了约 12%,成为大二教材课文中占比最小的呈现方式。

图 4.3 直观地反映了专科英语教材《英语综合教程》课文中各价值观与其呈现方式之间的关系,该图基于以下统计方式得出:若某一价值观对应不同的呈现方式,则为这些呈现方式各计一个频次;若某一呈现方式对应不同的价值观,则为这些价值观各计一个频次。

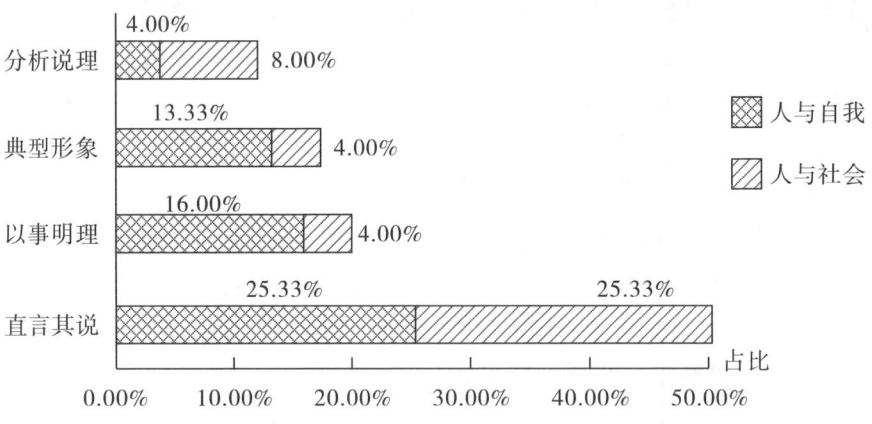

图 4.3　专科英语教材《英语综合教程》课文中的价值观与其呈现方式占比统计图

如图 4.3 所示,"直言其说"用于呈现人与自我和人与社会价值观的比例相同;"以事明理""典型形象"二者都是更多用于呈现人与自我价值观,其比例达到了同一方式用于人与社会价值观的 3～4 倍;与之相反,"分析说理"更多体现在人与社会价值观,其比例是用于呈现人与自我价值观比例的 2 倍。

在呈现人与自我价值观的方式中,位居第一的"直言其说"以近 10% 的优势领先于位居第二的"以事明理",比位居第三的"典型形象"的比例高出 12%,而位居最后的"分析说理"的比例不到"直言其说"的六分之一。在呈现人与社会价值观的方式中,"直言其说"的地位更为突出,其比例超过其他三类方式总和的近 10%;"分析说理"排名第二,其比例是并列第三的"典型形象"和"以事明理"两者比例的总和。

(二) 练习中的价值观呈现方式频次分析

与课文一致,按每道练习题使用一种最主要的价值观呈现方式来统计,将专科英语教材《英语综合教程》中体现了价值观的155道练习题所使用的呈现方式大致分为反思讨论、直言其说、以事明理和分析说理四类（见表4.11）。

表4.11 专科英语教材《英语综合教程》练习中的价值观呈现方式频次分析表

价值观呈现方式	大一		大二		大一至大二	
	频次	百分比/%	频次	百分比/%	频次	百分比/%
反思讨论	32	36.78	32	47.06	64	41.29
直言其说	43	49.43	28	41.18	71	45.81
以事明理	10	11.49	4	5.88	14	9.03
分析说理	2	2.30	4	5.88	6	3.87
总计	87	100	68	100	155	100

表4.11显示，总占比位居第一、第二的"直言其说"和"反思讨论"在大一、大二教材的练习中都是主要的呈现方式，其比例均超过了四成，大幅领先总占比分别小于10%和4%的"以事明理"和"分析说理"。就价值观呈现方式的比例变化而言，从大一到大二，"反思讨论""分析说理"呈上升趋势，但前者上升幅度超过10%，后者不到4%；"直言其说""以事明理"则以5%～9%的幅度下降，前者在大二教材练习中的比例降至第二，后者则降至与"分析说理"持平。

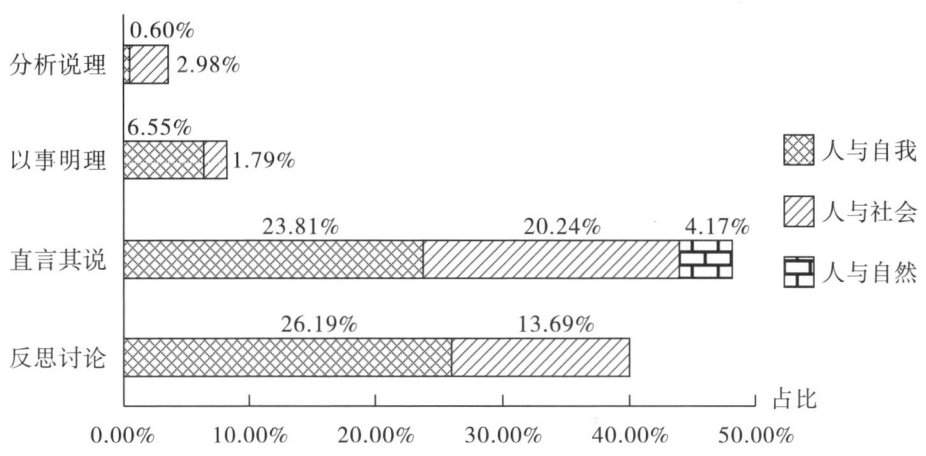

图4.4 专科英语教材《英语综合教程》练习中的价值观与其呈现方式占比统计图

图4.4直观地反映了专科英语教材《英语综合教程》练习中各价值观与其呈现方式之间的关系。如图所示，"反思讨论""直言其说""以事明理"三者最多用于呈现人与自我价值观，其次是人与社会；三者中仅有"直言其说"还用于呈现人与

自然价值观，但其比例不足5个百分点；"分析说理"虽没用于呈现人与自然价值观，但却是唯一更多用于呈现人与社会价值观的方式。

在人与自我价值观的不同呈现方式中，"反思讨论"以约2%的微弱优势领先于"直言其说"，以近20%的比例高于排名第三的"以事明理"；"分析说理"在其中的占比不到1%，劣势明显。在人与社会价值观的不同呈现方式中，"直言其说"以约7%的优势领先于"反思讨论"；"分析说理"虽然反超"以事明理"位居第三，但仍然以超过10%的幅度落后于位居第二的"反思讨论"；"以事明理"占比不足2%，位居最末。

六、课文与练习中的价值观呈现方式内容分析

作为对上一部分内容的补充，本部分将结合专科英语教材《英语综合教程》中的代表性课文与练习实例来阐述不同价值观分别在该教材中通过何类方式予以呈现。

（一）课文中的价值观呈现方式内容分析

1. 直言其说

直言其说指作者直截了当地阐述主题内容，学生无需深入细致地对文字进行解构，从字面即可把握文章的中心大意和价值观。概括而言，使用这一呈现方式的课文大体上可以分为两类：第一类课文以介绍有关文化、音乐、教育、餐桌礼仪等领域的事实性知识为主，体现了人与社会价值观中的历史与文化价值观，如《摇滚乐》（*Rock and roll*）、《早期美国音乐》（*The first American music*）、《什么是文化》（*What is culture*）、《食品与文化》（*Food and culture*）、《教育如何促进成功》（*How does education promote success?*）、《项目管理》（*Project management*）、《项目管理三角》（*The project management triangle*）等。

《摇滚乐》（*Rock and roll*）按时间顺序介绍了摇滚乐的起源、发展和代表性人物，展现了这一艺术形式的文化知识；《餐桌礼仪和风俗》（*Table manners and customs*）列举了日本、英国、阿拉伯、瑞典、法国等国家的人们在用餐时的风俗，阐述了东西方之间以及西方不同国家之间餐桌礼仪方面的差异，这有助于学生提升跨文化交际意识；《项目管理三角》（*The project management triangle*）分别对项目管理的成本、范围和进度以及三者之间的关系进行了详细的阐述，具有较强的专业性。

第二类课文介绍了有关如何与人相处、赢得客户信任、求职、在众多竞争对手中使自己与众不同等方面的知识，主要体现了人与自我中的道德与品质价值观，如《最初四分钟》（*The first four minutes*）、《把失败变为成功》（*Turn a failure into* success)、《求职艺术》（*The art of job hunting*）和《在商务中培养信任因素》（*Cultivating the trust factor in business*）。

《最初四分钟》（*The first four minutes*）建议在社交场合以及与朋友、家人相处时都应该时刻专注于对方，留意他人的需要、担忧和愿望，同时避免让他人觉得自己过于自信；《求职艺术》（*The art of job hunting*）按照求职、实施等阶段给求职者提出了具体的操作建议，比如有效利用时间、明确目标、选择合适的求职媒介等；《在商务中培养信任因素》（*Cultivating the trust factor in business*）提出在商务活动中应该在乎客户的感受，表达出客户所说的内容，做到理解、共情以及信守承诺等。上述课文旨在培养学生能在不同场合与他人建立友好关系、积极并有策略地付诸行动等优秀品质。

由上可见，第一类课文以介绍某些事物或关系的事实、规则等的定义为主，而第二类课文重在阐明关于完成某项任务或达到某个目的的手段的知识。

2. 以事明理

以事明理是指通过描述真实或虚构的一件或多件相互联系的事情从而传递出作者对人生、世界的思考或认识。该呈现方式有时是平铺直叙，在文章开头或末尾直接点明题旨、升华主题；有时则是将中心思想隐含在典型性事件之中。使用该方式呈现价值观的课文包括《酿酒师的儿子》（*The brewer's son*）、《出租车之行》（*The cab ride*）、《爱可以永恒》（*Love can last forever*）、《上大学——新的体验》（*College—a new experience*）、《我的第一份工作》（*My first job*）、《胜过金钱的报酬》（*A payment greater than money*）、《别样的回家》（*A homecoming of a different sort*）等。以下列举部分课文进行说明。

《出租车之行》（*The cab ride*）讲述了一个出租车司机凌晨免费载一位80多岁、身患绝症的老太太去收容所的历程，司机认为这是他一生中做过的最重要的一件事。文章描写了司机敲门等待、搀扶老太太上车、开车前往老太太曾经生活与工作的地方以及到达目的地等一系列过程。全文贯穿着动作和心理活动等方面的细节描写，如"我紧紧握了握她的手，然后踏着早晨的微光走了出去""在我身后，一扇门关闭了，这是一个生命终结的声音"等。通过讲述这一事件，文章传递了我们应心存善意、关爱他人的信息。

《酿酒师的儿子》（*The brewer's son*）按时间顺序讲述了作者不断尝试并找到自己由衷喜爱的事业的过程。作者虽然少时按照父母的安排努力考上了好大学，但在研究生时期决定"找回自己"，于是辍学成为了一名户外训练的教练。作者又在三年后重返校园学习，毕业后进入咨询行业，五年后辞职开创自己的酿酒事业。通过这篇课文，作者希望与读者分享自己的人生感悟：生命很长，不要急于做决定，生命不会让你计划。

在《胜过金钱的报酬》(A payment greater than money)一文中，14岁的作者给邻居巴卢先生修剪草坪，但巴卢先生由于银行账目出错而无法支付费用，于是提议用他家里的书当首付款。在巴卢先生的众多书中，其中有一本叫《最后的公正》。作者细致地描述了自己阅读该书的感受："还没看几页，院子、夏天都消失了""我沉浸在大屠杀悲剧的痛苦之中和由一个体面人所代表的善与恶的猛烈冲击之中"。作者从此开启了阅读之路并一发不可收拾，最后还站上了达特茅斯学院的讲台教授人类学。文章清晰地讲述了故事的开端、发展和结果，并在末尾指出了其中蕴含的主旨：阅读不是单纯的娱乐或消遣，而是可能改变一生的行动，巴卢先生支付的报酬远胜金钱的价值。

总的来说，这类课文中讲述的不同事件既有大学生活的体验、初入职场的经历，也有在工作中不断调整定位、重新找回自我的历程；既有家人之间充满爱的时刻，也有陌生人之间互相帮助的温情。每一个事件背后都有值得学生深思的道理，都能锻炼学生的感悟能力。

3. 典型形象

典型形象这类方式通常聚焦于某个具有代表性的形象，可以是虚构的人物，也可以是真实的个人或集体，通过描写其行为举止或讲述重大的经历等多种方法传递人物的性格特征、精神面貌或生存智慧。典型形象和以事明理有所不同：典型形象以人物为中心，注重突出某个人物的示范性或榜样性；以事明理以事件为中心，注重讲述事件的前因后果，没有特意突出事件中的某个人物。使用典型形象这一呈现方式的课文有《活到老，追梦到老》(Never too old to live your dreams)、《心态最重要》(Attitude is everything)、《我的父亲》(My father)、《体育英雄：迈克尔·乔丹》(Sports hero: Michael Jordan) 等。以下列举部分课文进行说明。

《活到老，追梦到老》(Never too old to live your dreams) 刻画了一个虽然已达87岁高龄但仍坚持学习、勇于追求梦想的神奇人物。文中对主人公的语言、神态、思想等进行了很细致的描写，比如"一只温柔的手搭上了我的肩膀""一个身材矮小、满脸皱纹的老妇人正冲我笑"。在演讲时她说："我们应该心怀梦想，在变化中寻找机会。"老妇人看似弱小却充满力量，虽已年迈但内心永葆年轻，这样激人奋进的形象成功地印在了学生心中。《知识的力量》(The power of knowledge) 也刻画了一个类似的人物。主人公年轻时因为家境贫穷被迫放弃学业，但凭借多年的努力终于在89岁时获得哈佛大学学士学位。作者借此说明了这样一个道理：不管地位的高低、年龄的大小，每个人都可以通过学习获得力量。

《心态最重要》(Attitude is everything) 里的杰克是一个普通的餐厅经理，但因为他积极乐观、善于激励他人，使得他成为一个与众不同的人。文章重点描述了他在被盗匪劫持中枪后的行为举止和思想活动，尤其刻画了他对医生说"我要活下去"这句话时的坚定。当护士问及是否对什么药物过敏时，他幽默地回答"对子弹过敏"。文中每个细节无不凸显了平凡人的不平凡之处：面对危机依然镇定自若、热爱生命。

《体育英雄：迈克尔·乔丹》（*Sports hero：Michael Jordan*）勾勒了不同的乔丹画像：球场上技压群雄，球场外全力以赴帮助他人、珍惜家人。文章按时间顺序讲述了乔丹的成长、职业生涯以及资助体育俱乐部等事情。除了展示乔丹傲人的职业成就，文章处处渗透着他意志坚定、从不言弃、乐于助人等美好品质，也正是因为这些品质才让他成为了作者心目中最棒的篮球运动员和有史以来最伟大的英雄之一。

需指出，虽然课文刻画的典型形象有名人、行业领军人物等，但却是以平凡的"小人物"为主。这些"小人物"中既有身体残疾但内心善良、正直勇敢的父亲，也有坚持不懈的高龄学习者，他们共同传递了积极向上的价值观。平民视角使得来自草根阶层的学生倍感亲切，加强高职学生对普通劳动者这一身份的认同，有利于维护社会稳定与和谐。①

4. 分析说理

分析说理指通过摆事实、讲道理、辨是非等方法对某些观点进行驳斥，或直接阐明观点以疏导、规劝或引导他人树立正确的价值取向。使用这一方式的课文包括《辛勤工作还是无所事事？》（*Working hard or hardly working?*）、《科学家的社会责任》（*Social responsibility of scientists*）、《科学与真理》（*Science and truth*）、《知识是力量吗？》（*Is knowledge power?*）、《责任和教育》（*Responsibility and education*）、《是管理人还是管理活动？》（*Managing people or managing activities?*）、《何时善举是有回报的？》（*When does one good deed deserve another?*）等。以下列举部分课文进行说明。

《知识是力量吗？》（*Is knowledge power?*）一文中的约翰逊老师首先提出了"知识是力量吗"这一问题。在肯定学生"知识就是力量"这一观点的合理性后，老师接着通过自身例子和其他行业的人物事例对此进行驳斥，最后正面论述了自己的观点，即知识本身并不是力量，知识的应用才是力量之所在，以此引导学生更理性地看待知识的价值。

《是管理人还是管理活动？》（*Managing people or managing activities?*）一文的标

---

① 彭爱武. 高职院校英语教材价值取向研究 [D]. 长沙：湖南师范大学，2008：31-32.

题就是文章讨论的核心议题，作者旗帜鲜明地表明应该是管理活动而不是管理人。在定义什么是管理活动和管理人后，作者借助例子从多角度说明：管理活动聚焦于实现特定目标所需的能力，重视员工的独特个性和才能。

《何时善举是有回报的？》（When does one good deed deserve another?）一文开篇提出了文章讨论的议题，即与他人建立关系时是否应该小心谨慎。作者指出，如果只有一次机会决定是否相信他人，谨慎可能不是好的选择。接着，作者详细描述了凯洛格管理学院的摩尔奈韩、伦敦商学院的皮洛特以及哈佛商学院的马尔霍塔使用信任游戏做的两个实验。结果表明，看似贸然的信任行为实际上能加速信任的发展，这印证了作者的观点。

除此之外，分析说理这一方式在课文中还对长时间加班、科学家应该在多大程度上对自己的研究负责、教育的责任等社会议题进行了逻辑分析与论述，号召学生更理性、更全面地看待问题并承担责任。

（二）练习中的价值观呈现方式内容分析

1. 直言其说

直言其说是唯一同时用于呈现人与自我、人与社会和人与自然三大主价值观的方式。第一册第八单元阅读技巧中的练习4直接陈述了大学生在管理时间时应该遵循的6个步骤，清晰明了且具有可操作性；第二册第六单元的阅读技巧练习对健康饮食金字塔做了详细的分类说明，小标题采用的都是诸如"多样化饮食"的指令式表达，明确提示学生在饮食中应该注意的事项；第二册第六单元的写作练习所提供的范文直接阐述了蜜蜂和蚂蚁的不同，有助于学生清晰地掌握这一自然科学知识。

2. 以事明理

采用以事明理这一呈现方式的练习主要是听写和完形填空。第二册第四单元中听写练习的文本讲述了作者从小到大一直喜欢读书的经历，以此鼓励学生珍惜机会、广泛阅读；同一单元的完形填空练习讲述了主人公自幼对科学感兴趣，在经历大量阅读、观察及动手操作实验之后终于设计出蜂鸣器，旨在激发学生发现个人所长并努力实现梦想；第三册第二单元的听写练习描述了作者一家历经千辛万苦移民并实现美国梦的经历。作者深受父母拼搏精神的影响，从小立志要上大学、过上不一样的人生，并在长大后通过实际行动赢得了家人的支持。

3. 分析说理

第二册第七单元阅读技巧练习的第一篇文章就动物是否应该被圈养展开了分析。文章针对支持方的两个论据予以反驳，认为动物园并没有起到真正的教育作用，公众通过电视或电影等其他途径也可以了解野生动物；在第三册第一单元的完形填空练习中，作者首先明确提出科学家对其专业研究带来的影响负有特别的责任，然后从正反两方对这一观点展开了论述；在第三册第三单元的完形填空中，作者针对很多人不喜欢阅读的现状，分析了阅读带来的种种益处，总结得出阅读是增强自信、扩充视野、拓展知识面的主要方式这一结论。

4. 反思讨论

练习中采用反思讨论的是读前活动和口语活动。每个单元的读前活动无一例外地要求学生讨论与课文有关的话题，如第二册第一单元的主题为"文化"，读前活动中设计的问题有"你对文化的了解有多少？""你是否认同表格中那些对文化的表述？请与同学比较各自的选择"等；口语活动则要求学生用从课文中学到的词汇或结构与同伴谈论人类如何习得文化。部分单元的读前活动与学生的经历和感受结合在一起，如第一册第一单元的读前活动设置了问题："上大学之前，你认为大学生活应该是怎样的？现在的大学生活和你的预期一样吗？"；第三册第六单元的读前活动围绕幸福的话题提问，"你觉得自己幸福吗？和同龄人相比，你觉得自己更幸福还是没有那么幸福？有些人不论发生什么，都能积极乐观地享受生活，你是这样的人吗？"。上述练习由于都是围绕课文展开，因此体现的价值观也基本与课文保持一致。

七、课文与练习中的价值观呈现方式分析讨论

好的教材要基于学生的认知规律和接受特点，以科学、合适的方式呈现价值观。本部分将讨论各价值观在专科英语教材《英语综合教程》课文与练习中呈现情况的合理性及其原因。

（一）课文中的价值观呈现方式

1. 直言其说

总占比超过五成的直言其说是课文中使用率最多的价值观呈现方式，在大一至大二教材中的比例呈轻微下降的走势。一方面，高职高专学生在踏入大学校园并逐步熟悉大学生活后，会从一开始的以老师或父母的意见为主，逐步过渡到向他人学习或独立思考的阶段，这标志着他们开始尝试探索自我及思考职业发展，因此教材中直接说教的比例需要逐步减少，这与该呈现方式整体下降的变化趋势相符。另一方面，由于大二下学期使用的第四册教材主要用于专业阶段的教与学，其中的历史

与文化内容明显增多，不论是既有事实层面的知识性介绍，还是含有价值观等深层次的心理文化内容，二者都适合用直接、显性的方式传递给学生。综合大一、大二年级学生的心理发展和英语学习特点来看，教材需要平衡直接说教和提供空间给学生自主领会之间的动态关系，这就解释了为什么该呈现方式虽然整体呈下降趋势但变化幅度并不大。

直言其说在课文中用于呈现人与自我及人与社会价值观的比例均为25.33%，不算太高，这样的安排具有一定的原因。在这两项主价值观中占有绝对突出地位的分价值观分别是道德与品质、历史与文化。道德与品质是关于生而为人的根本性问题，有时需要通过情理交融、深入浅出的方式来促进学生的价值观认同感；同时，此阶段的学生已经有了一定的对自己、他人或社会的看法，但又对很多问题感到迷惘和困惑，因此适当地直接为他们指出方向有利于其少走弯路。

2. 以事明理

以事明理这一方式的占比仅次于直言其说，在大二教材的课文中有小幅的下降。以事明理借助的"事"可以是与学生生活相关的任何事件，比如与家人相处的经历、进入大学或步入职场的体验等，通过故事的讲述融入情感与态度，从而较好地引起学生共鸣，润物细无声般把价值观内化到学生心中。

以事明理用于呈现人与自我价值观的比例大幅超过其在人与社会中的比例，在历史与文化占比显著上升的第四册教材中则完全没有使用。人与社会涉及的命题相对更为复杂深奥，除了采用直接解释和说明的方式呈现，还可通过举例等叙述性的方式实现问题的形象化或具体化。以事明理以事件为中心，能很好地将宏大或抽象的议题与具体的人物和情境结合，便于学生理解和接受，但课文却没有充分发挥这一方式在呈现人与社会价值观方面的作用。

3. 典型形象

典型形象在教材课文中的使用占比位居第三，主要用于呈现人与自我价值观。人与自我价值观的比例在大二教材的课文中有小幅的上升，与之相反的是典型形象这一呈现方式的占比大幅下降。该呈现方式透过描绘人物经历的重大事件或具备的突出特征，帮助学生学习、理解和内化背后隐藏的价值观。但是，道德教育并非要求学生一味地模仿、复制他人的品行，而是要教会学生根据自身能力和情境的关系做出正确的判断和选择，在相对安全的能力范围内履行自己的责任。[①] 因此，随着学生生活经历的丰富，价值观教育需要开始注重引导学生理性分析典型形象的系列

---

① 刘次林. 英雄·生命·道德——兼议生命教育的误区 [J]. 教育发展研究, 2009, 29 (6): 13-16.

行为或举动背后的原因与动机，从依托具体人物或形象转移到更具广适性的情境中来，给学生提供更多的思考空间，帮助其确定何所为和何所不为。

典型形象用于呈现人与社会价值观的占比偏低，仅为4%，低于人与自我价值观近10个百分点。如前所述，人与社会价值观相对更为宏观，涉及理性分析和思考，对于受应试教育影响、思辨能力受训不足的学生来说，典型形象这一呈现方式既能帮助他们降低理解的难度，也能加强抽象的宏观议题与社会个体的联系，有助于纠正部分学生认为社会问题"事不关己"的错误观点。因此，课文中用于呈现人与社会价值观的典型形象的比例可酌情提升。

4. 分析说理

分析说理在课文中的使用占比虽然最少，但从大一到大二升幅超过15%。与大一相比，大二教材越来越突出高职高专教育的职业性，于是其中的生活娱乐类话题明显减少，职场就业类话题明显增多，社会类话题则持平。由于分析说理一般是针对有争议的话题或某一独特观念展开讨论，旨在提升学生有理有据地阐释观点的能力，因此该呈现方式在课文中比例的显著增加与教材课文的话题特点正好匹配。但整体而言，分析说理占比偏低，仅占位居首位的直言其说的约五分之一，这显然与当今教育大力提倡培养学生高阶思维能力的现状不符。

概括来说，上述价值观呈现方式在一定程度上与价值观的特点相匹配，在不同册教材中占比的变化也与学生的认知、心理发展一致，但直言其说用于呈现道德与品质价值观的比例偏高，以事明理用于呈现人与社会价值观的比例偏低，分析说理则过低。

（二）练习中的价值观呈现方式

1. 直言其说

和课文一样，直言其说也是练习中使用最多的方式，且最常用于呈现人与自我价值观，其次为人与社会价值观。于人与自我价值观而言，采用直言其说的练习主要以拓展和延伸所讨论的主题的意义为核心，阐述相应的建议或直接指出学生应具备的品质，这对于正处于迷惘中的那些学生来说发挥了价值引领的作用。但是，学生也需要学会自己去感受和领悟练习中所蕴含的道理，逐步养成独立思考的能力，开门见山地告知他们应该如何做不一定能有效促进他们的成长。

虽然直言其说用于呈现人与自然价值观的比例最小，但它是呈现该价值观的唯一方式。自然之美有时需要被正面显现，以刺激学生的各种感官和内心体验。另外，大自然的特征或内在运行规律相对晦涩，也适宜直接阐明，从而帮助学生避免认知上的误差。

2. 以事明理

以事明理用于呈现人与自我价值观的比例高于其在人与社会中的比例。借助完形填空或听写练习的形式来讲述个人经历或故事,可以帮助学生领会诸如寻找自我、帮助他人、走出困境等品质和认识社会发展给人们生活带来的变化,其优点毋庸置疑。与课文一样,以事明理用于呈现人与社会价值观的比例偏低,不足2%,且在涉及大量行业知识与文化的大二教材练习中的占比下降了近一半,这未能很好地发挥该呈现方式将静态的道理故事化、生动化的优势。

3. 分析说理

分析说理在练习中的占比排名最末,最常用于呈现人与社会价值观。从不同角度阐述某一社会问题或价值观念,引发学生思考其中的利与弊,有助于学生更全面地看待问题以及提升思辨能力,因此该方式最常用于呈现人与社会价值观具有合理性。美中不足的是,虽然该呈现方式的比例在大二教材的练习中有所上升,但整体仍旧偏低,对培养学生的批判性思维能力不利。批判性思维是学生未来发展所需具备的核心素养之一,影响着他们接受人文与科学教育的过程,是他们学会分析问题和解决问题的重要基础。因此,分析说理在教材中的比例有提升的空间。

4. 反思讨论

反思讨论是仅用于练习的呈现方式,也是四册教材中的练习都采用了的两类方式之一,其占比略低于直言其说,位居第二。反思讨论要么引导学生反思对某个话题的认识或看法,要么让学生想象自身置于某个场景,鼓励学生思考如何应对问题并与同伴交换意见或展开讨论。反思讨论的占比在大二教材的练习中呈上升走势,整体上与练习中人与自我、人与社会价值观的变化一致。

反思讨论在练习中的高频使用很好地体现了练习的辅助性功能。一方面,反思讨论主要围绕课文主题的意义进行延伸,给学生提供表达看法的机会,创设语境让学生学习和巩固语言知识与技能,很好地兼顾了语言学习的人文性和工具性;另一方面,该方式通过组织学生与他人交流个人经验和看法,探讨所持有的立场或态度的合理性,在一定程度上减缓了课文中过多采用直言其说的"说教"味道,更容易让学生感受到自身作为学习主体的地位,也有助于培养学生的合作意识和思考能力。

第五章　主要结论与建议

第一节　主要结论

不同出版社出版的教材满足了不同地区、不同学校多样化的教学需求，但由于这些教材在理念、选材、编排、设计等方面的不同，导致它们在价值观及其呈现方式的类别、数量、分布规律与特征等方面出现差异。本节主要探讨不同版本的英语教材在价值观内容及其分布、价值观呈现方式及其分布等方面的异同。

一、人教版与北师大版小学英语教材

作为国内主流的英语教材出版机构，人民教育出版社与北京师范大学出版社出版的小学英语教材在价值观内容、价值观呈现方式上既有共性也有差异，其异同主要体现在以下几点。

（一）两套教材均涵盖三大主价值观，但都存在不同程度的分价值观缺失

整体而言，三大主价值观在人教版和北师大版小学英语教材中均有涉及。教材在传授英语知识、英语文化的过程中渗透着对学生个人品德、社会公德等的培养，还不忘引导学生学会健康生活、认识自然、珍爱生命、爱护环境等，体现了英语课程工具性与人文性的有机融合。然而，两套教材都存在不同程度的分价值观缺失情况。对人教版而言，仅有道德与品质、卫生与健康、历史与文化、认识自然、爱护自然等分价值观在各年级教材中均有涉及，其余分价值观在某些年级教材中有缺失，其中经济与社会发展以及政治、法律与社会问题两项价值观只出现在六年级教材，自然之美价值观只出现在五年级教材。对北师大版而言，仅有道德与品质、卫生与健康、历史与文化三项分价值观在各年级教材中均有涉及，其余分价值观在某

些年级教材中有缺失,其中经济与社会发展、自然之美、爱护自然以及政治、法律与社会问题这四项分价值观均只出现在六年级教材,认识自然价值观只出现在五、六年级教材。

（二）两套教材中的价值观在宏观重心上一致，但微观聚焦不尽相同

在宏观层面上，人教版和北师大版小学英语教材中的价值观有着一致的侧重点，即最为强调人与自我价值观，其次是人与社会价值观，最后是人与自然价值观，三者比例在教材中分别约为5∶3∶2和6∶3∶1。在微观层面上，人教版和北师大版小学英语教材都十分强调道德与品质、历史与文化两项分价值观，不仅都关注学生的良好品行及个体身心发展，还注重通过介绍外国文化、对比中外文化增强学生对中国文化的认同感，生动展现了英语课程的人文关怀与实用价值。然而，两套教材均只在六年级教材中涉及经济与社会发展以及政治、法律与社会问题这两项分价值观。就差异性而言，相较于北师大版教材，人教版小学英语教材在认识自然、爱护自然这两项分价值观的渗透上力度更大，体现激发学生探索自然及引导学生爱惜环境的内容相对更多一些。

（三）两套教材中的价值观内容安排均有完善的空间

尽管人教版和北师大版小学英语教材整体上涵盖了各项价值观，但从内容分析的角度来看仍存在提升的空间。在人与自我价值观方面，两套教材均鲜有涉及消防安全意识、急救常识等内容，个人卫生健康相关的内容也有限。在人与社会价值观方面，文化在两套教材中均占据了不少篇幅，其内容涉及节日及其风俗、著名景点、常见饮食和食品、英语国家的首都和国旗、主要国家的重要标志物、代表性动物、服饰、民族乐器等，但根据英语课程标准对小学英语文化教学目标的界定，文化的覆盖面还可以包括世界上重要的文娱和体育活动，而文娱和体育文化在两套教材中出现的频率都比较低。就人与自然价值观而言，自然之美可包括人物美、风景美、自然现象美、建筑美、动物美等，而两套教材均局限于风景美与自然现象美；在呈现与爱护自然有关的内容时，北师大版小学英语教材仅涉及环境保护，而人教版小学英语教材还覆盖了爱护动物。

（四）两套教材中的价值观呈现方式均与学生身心发展相符，但走势起伏不一

人教版小学英语教材主要通过插图呈现、直接描述、情景对话、故事叙述、教师引导这五类方式呈现价值观，北师大版小学英语教材主要通过营造情境、正面直言、歌曲呈现、图示表达这四类方式呈现价值观。这些呈现方式均充分利用了小学

生喜欢听故事、爱唱歌等特点,能让他们在学习中潜移默化地接受价值观的熏陶;同时,由于小学生的认知具有直观、形象、具体等特点,相较于文字,他们更偏向于视觉刺激,两套教材因此均透过大量图片传递价值观,引领学生健康、全面成长,这些都与学生的身心发展特征紧密相符。另一方面,相较于人教版教材,北师大版小学英语教材中呈现方式的幅度变化更大。在后者中,四类呈现方式均出现20%的起伏值:图示表达从三年级至五年级的最大上升幅度达20%,到六年级又降低近20%;营造情境从三年级至五年级比例持续下降,前后跌幅同样约为20%;正面直言波动最为明显,升幅和降幅分别最高达27.75%和20.91%;歌曲呈现也有降幅高达20%的变化。而在人教版小学英语教材中,起伏变化最大的价值观呈现方式是直接描述,其比例从三年级到四年级下降了约13%;其次为从四年级到五年级下降了约11%的教师引导;剩余几类呈现方式的比例起伏相对不算太大。

(五)两套教材中的价值观呈现方式有着不同的占比和特色

在人教版小学英语教材中,各呈现方式的比例差异不大,差异极端值不足6%,而这一数字在北师大版小学英语教材中超过了20%。从显性和隐性的角度来看,人教版小学英语教材多使用教师引导、情景对话、故事叙述等方式,偏向于从隐性的角度呈现价值观。例如,通过情景对话,让学生体会到某个角色身上具有的良好品质;通过生动有趣的故事片段,将不同国家的文化串联起来,使学生在一定情景中潜移默化地接受价值观;教师引导则主要用于呈现那些比较隐晦、学生本人难以察觉的价值观,如思考人与社会的关系。此外,情景对话与教师引导为人教版小学英语教材使用得最多的两种价值观呈现方式。与此相对,北师大版小学英语教材中,从显性角度呈现价值观的正面直言与图示表达,二者比例之和超过一半。例如,通过图片辅之以语言的方式直接呈现不同国家的历史、文化、卫生、健康等内容;通过"明言直语"的方式阐述交通规则、安全紧急事件的处理办法等。

二、人教版与北师大版中学英语教材

教材应始终坚持全方位育人的功能,牢牢占据"熏陶学生心灵、铸就学生灵魂"之主渠道、主阵地的地位。通过研究发现,人教版高中英语教材与北师大版高中英语教材在价值观内容、价值观呈现方式上存在异同,主要表现在以下几方面。

(一)两套教材整体上均涵盖所有价值观,但个别缺失的现象普遍存在

无论是人教版还是北师大版,两套高中英语教材整体上都涵盖了三大主价值

观,都注重引导学生学习优良品质、提升道德修养、关心国家建设、承担社会责任、热爱与保护自然等,充分体现了英语教材工具性和人文性的融合。然而,两套教材均存在不同程度的个别分价值观渗透薄弱甚至缺失的现象。在人教版教材中,必修部分的练习缺失生命与安全价值观,选修部分的练习缺失自然之美价值观;另外,除选修九的课文部分外,每册教材的课文或练习都至少缺失两项分价值观。与此类似,在北师大版教材中,某些分价值观的呈现次数较少甚至缺失。例如,必修课文中的生命与安全及必修练习中的认识自然都只体现了一次;必修课文缺失认识自然价值观,选修课文缺失生命与安全价值观。

(二) 两套教材对三大主价值观的重视程度虽一致,但比例分布有差异

就主价值观而言,人教版和北师大版高中英语教材都最为重视人与社会,其次为人与自我,最后为人与自然,体现了教材把扩大学生的社会知识面、提高学生的跨文化交际能力及培养学生的社会担当放在第一位,同时也强调塑造学生的品德与情操,提醒学生关注身心健康及个人的安全与卫生状况,最后不忘引导学生认识自然、爱护自然。但两套教材在三大价值观的分布上存在差异。在人教版教材中,人与社会、人与自我、人与自然价值观三者的占比相差不算太大;而在北师大版教材中,人与社会价值观的比例为六成多,是人与自我及人与自然价值观比例总和的2倍,人与自然价值观比例甚至不足10%。因此,就三大主价值观的分布而言,人教版教材更趋于合理。

(三) 两套教材中的价值观走势有一定的规律,但分价值观比例悬殊

从必修到选修,人教版和北师大版高中英语教材的价值观分布在整体上趋于合理,各项分价值观的走势变化基本体现了英语课程标准的要求或者高中生身心发展特点,有利于学生的全面发展。两套教材都最为重视历史与文化价值观,其次是道德与品质价值观,虽然二者重点突出却也存在比例差距悬殊的问题。例如,人教版高中英语教材中历史与文化、道德与品质、认识自然这三项分价值观的比例总和高达近八成,而其他分价值观的比例均不足10%。北师大版高中英语教材中占比排名前三的历史与文化、道德与品质、经济与社会发展价值观总和同样高达近八成,而其他分价值观的比例同样均不足10%。可见,虽然人教版和北师大版高中英语教材在价值观分布上的侧重点有所差异,但都存在比例欠均衡的问题。

(四) 两套教材中的价值观呈现方式皆丰富多样、特色明显

首先,人教版和北师大版高中英语教材中的课文或练习都通过丰富多样的方式呈

现价值观。在人教版教材中,课文和练习里的价值观呈现方式均有四大类;北师大版教材课文里的价值观呈现方式有五大类,而练习里的呈现方式多达六大类。呈现方式的丰富性能让价值观的渗透更灵活且更有效果。另外,两套教材中的价值观呈现方式都体现了显性与隐性巧妙结合的特色。例如,作为显性的呈现方式,人教版教材课文与练习中的直接体现能让价值观教育的效果更显著、更立竿见影,而作为隐性呈现方式的课文中的叙事说理与练习中的情境体验能让学生在不知不觉中受到价值观的感染,达到"润物细无声"的效果。同理,北师大版教材课文中的直接叙说(显性)与人物典型(隐性)、练习中直接体现(显性)与任务创编(隐性)等呈现方式的结合既体现了教材中不同文本内容的特点,也符合高中生独特的个性发展需求。

(五)两套教材中的价值观呈现方式的分布不同

人教版和北师大版高中英语教材中的价值观呈现方式的分布存在一定差异。首先,两套教材中的不同呈现方式的比例差异不同。例如,人教版教材的课文中直接体现的占比要多于剩余呈现方式的占比之和,练习中排名前两位的思考讨论与直接体现的占比之和超过八成,大幅领先其他呈现方式;而在北师大版教材中不同价值观呈现方式之间的比例差异远没有人教版教材那么悬殊。其次,两套教材中不同价值观呈现方式的侧重点不同。例如,人教版教材的练习中合作学习所占比例低于10%,而北师大版教材的练习中小组讨论所占比例最大,接近三成;人教版教材的练习中直接体现所占比例较大,约为40%,而北师大版教材不到15%,可见人教版教材相对而言更偏向于在练习中用直接体现的呈现方式来传递价值观。

(六)两套教材中的价值观呈现方式都强调思维能力的发展

基于对比分析发现,人教版及北师大版高中英语教材中的价值观呈现方式都指向了学生思维能力的发展。英语学科核心素养包括语言能力、文化意识、思维品质和学习能力四个方面,其中思维品质是体现英语学科核心素养的心智特征。学生进入高中阶段,其思维水平也到达一个新的发展阶段,而两套教材中价值观呈现方式的安排正好有利于培养学生的思维品质。例如,人教版教材课文中的叙事说理有利于培养学生的批判性思维,练习中的思考讨论则对培养学生独立思考、明辨是非的能力有益;北师大版教材课文中的议论说理能培养学生从多个角度看问题的意识,发展学生的鉴别和评判能力,而练习中的任务创编则能提高学生"做中学"的能力,也能有效锻炼学生的创造性思维。总之,两套教材中的价值观呈现形式都迎合了学生逻辑思维的发展需求,有利于学生构建多元分析视角,体现了寓价值引领于知识传授与能力培养之中的教学要求。

三、本科教材《综合教程》与专科教材《英语综合教程》

"教材体现国家意志,是铸魂工程",对引导学生立德成才发挥着重要作用。通过对比本科教材《综合教程》与专科教材《英语综合教程》,发现两套教材在价值观内容、价值观呈现方式上存在异同,主要表现在以下几方面。

(一)两套教材对三大主价值观及各项分价值观的重视情况不同

本科教材《综合教程》涵盖了三大主价值观和九项分价值观,其中人与社会占比位居第一,人与自我其次。虽然专科教材《英语综合教程》也涵盖了三大主价值观,但缺少生命与安全这一分价值观;该教材最为重视人与自我,其次为人与社会,这与本科教材情况相反。人与自然价值观在两套教材中的占比都位列末位,但其在本科教材中的比重略高于专科教材。

另外,虽然两套教材最为重视的两项分价值观均为道德与品质以及历史与文化,但本科教材更为强调历史与文化,其次是道德与品质;而专科教材中道德与品质以绝对优势位列第一,历史与文化位列第二。两套教材中历史与文化价值观的比例相对而言更接近,均呈现了大量的英语国家的历史文化、风俗习惯等,但二者的道德与品质价值观占比相差甚远,专科教材以近2倍的优势领先于本科教材,可见专科教材更注重培养学生良好的个人素质与职业道德修养以解决学生个人发展和市场需求的冲突问题。除此之外,政治、法律与社会问题价值观的比重也较为悬殊,本科教材要比专科教材更加注重培养学生对各类社会问题的关注及提高他们对社会的整体认知。

(二)两套教材均存在某些分价值观占比不足甚至缺失的现象

两套教材中,个别分价值观占比过大,导致剩余分价值观占比不足甚至缺失。本科教材中道德与品质、历史与文化以及政治、法律与社会问题三项分价值观的占比之和高达近九成,专科教材中道德与品质和历史与文化价值观二者之和也高达八成多,致使两套教材中其余多项分价值观的占比之和均不足两成。此外,人与自然中的三项分价值观在两套教材中的占比均过低。生命与安全价值观尤为严重,在本科教材中的比例不足1个百分点,而专科教材则缺失此价值观。

同时,几乎各年级教材都有价值观缺失的情况,仅本科大三教材体现了所有价值观。大一、大二年级的两套教材均有价值观缺失的情况,且程度相同,即大一缺少一项,大二缺少三项。大一、大二年级的两套教材都缺失生命与安全价值观,本科大二教材还缺失卫生与健康、爱护自然价值观，专科大二教材缺失自然之美、认识自然价值观。可见，生命与安全是两套教材中最被忽视的价值观。整体而言，虽然两套教材均出现价值观缺失的问题，但本科教材缺失的程度小于专科教材。

（三）两套教材中的价值观分布存在共性，但差异也尤为明显

在主价值观方面，本科教材的课文与练习中的情况均为人与自我价值观的占比逐年下降、人与社会价值观的占比连年上升；专科教材的课文与练习中人与自我价值观的占比均轻微上升，而课文中人与社会价值观的占比小幅下降，练习中则呈相反的变化趋势，二者互补。整体上，在两套教材中，人与社会价值观均得到了较稳定的呈现；人与自然价值观的前后起伏均较为缓和，变化幅度一般在10%以内。

在分价值观方面，本科教材中分价值观的编排体现出了较好的延续性和系统性，道德与品质、历史与文化、经济与社会发展、认识自然以及政治、法律与社会问题等价值观占比的变化都呈现了一定的规律性，且变化幅度较为平缓，不存在大幅度的升降现象。专科教材中各分价值观的占比也有所上升或下降，变化幅度各不相同。

（四）两套教材中的分价值观在内容上都较为丰富，但各有侧重

如前所述，两套教材围绕人与自我、人与社会和人与自然三大主价值观呈现了较丰富的内容，排名前三的道德与品质、历史与文化以及政治、法律与社会问题等价值观尤为如此。具体而言，在道德与品质方面，两套教材都提倡自信勇敢、积极乐观、关爱他人等品德；历史与文化方面的介绍既有人物、饮食和风俗，也有艺术形式、大学教育等；政治、法律与社会问题均涉及了性别歧视、诚信等话题，以此引导学生深入学习历史与文化知识，时刻关注社会问题并勇于承担责任。

但是，由于本科教育和专科教育的定位不同，两套教材着重体现的价值观内容有所区别。本科教材涉及的价值观内容以通识性教育为主，专科教材则更注重与职业教育相结合。比如，本科教材在呈现卫生与健康价值观时介绍了疾病对人类健康的威胁或强调了体育运动的重要性，这些内容几乎适用于所有的人群和场景；专科教材中有关这一价值观的内容具有较强的指向性，更多是与职业情境相联系，围绕大学生如何应对思乡病、毕业生找工作被拒的负面心理等话题展开。再比如，专科教材中道德与品质价值观的呈现也具有明显的职业教育特征，聚焦讨论如何给他人留下好印象、理性对待竞争、与客户建立信任等。

（五）两套教材都采用了直接与间接相结合、以直接为主的价值观呈现方式

专科教材采用了反思讨论、直言其说、以事明理、典型形象、分析说理等价值观呈现方式，本科教材采用的方式稍多，包括直接说明/体现、寓理于事、议论说理、人物形象、思考讨论、问题假设和情景共鸣等。这些方式中有的以开门见山、直截了当地呈现价值观为特色（如直言其说、直接说明/体现），有的则通过讲故事、介绍典型人物或形象、展开讨论等途径间接传递情感或态度。直接与间接相结合的价值观呈现方式既弥补了不同方式的不足，也让教材中的价值观渗透更为多元，还降低了学生接受价值观熏陶时的枯燥感。

需指出，两套教材都是以直接呈现价值观为主。在课文中，直接说明（本科）和直言其说（专科）的占比都接近甚至超过了其他几类方式的占比之和；在练习方面，本科教材中直接体现的占比也仅以不足2%的微弱差距落后于排名第一的思考讨论，而专科教材中直言其说的占比高达近46%而位居首位。

（六）两套教材在价值观呈现方式与价值观内容的匹配上既有共性，也有差异

从价值观呈现方式和价值观内容的匹配来说，两套教材具有一定的共性。以课文为例，对于那些相对更为宏观和复杂的人与社会价值观内容，教材采用了直接说明（本科）或直言其说（专科）的呈现方式；对于那些需要摆事实、讲道理、辨是非的人与社会价值观内容，教材采用了议论说理（本科）或分析说理（专科）的方式；对于那些注重情景交融的人与自我价值观内容，教材在采用寓理于事（本科）或以事明理（专科）、人物形象（本科）或典型形象（专科）的同时，均主要使用了直言其说或直接说明的方式。

但是，两套教材呈现特定价值观的方式有不同之处。专科教材的练习中反思讨论最多用于体现人与自我价值观，其次为人与社会价值观；在本科教材的练习中，与反思讨论相对应的思考讨论主要用于体现人与社会价值观，其占比在所有练习的呈现方式中位居第一且呈逐年上升之势。因此，与专科教材相比，本科教材创设了大量讨论社会议题的语境，学生可以通过举例或对比论证等不同方式展开思想的碰撞，这更有利于其思辨能力的提高。另外，本科教材的部分呈现方式能随着相应价值观占比的变化而变化。比如，直接说明常用于呈现历史与文化价值观，这一方式的变化和历史与文化价值观先升后降的倒"V"字形趋势保持一致。

（七）两套教材的价值观呈现方式的分布虽有一定的规律，但仍待完善

本科与专科教材中的价值观呈现方式都能较好地与价值观内容相匹配，这具有一定的科学性，但同时也都存在不合理的地方。例如，两套教材中，直接说明/体

现（本科）和直言其说（专科）的占比都大幅超过其他几类方式，而某类方式过于频繁地使用必然导致其他方式的占比不足，从而影响教材整体的科学性。再比如，专科教材的练习中分析说理的占比在大一年级教材中仅约2%，虽然在大二年级教材中占比有所上升但仍不足6%，这不利于学生思维能力的培养。

本科和专科教材中部分呈现方式的变化有一定的轨迹可循。就本科教材而言，直接说明/体现在课文中呈倒"V"字形分布，而在练习中的比重逐步下降；议论说理（课文）和思考讨论（练习）的比重均呈上升趋势；除了思考讨论外，其余方式的升降幅度均较为平缓。就专科教材而言，分析说理在课文和练习中的比重都有所上升，直言其说和以事明理的比重都有所下降，两者互为补充。但另一方面，两套教材中部分呈现方式的变化缺乏明显的内在规律。例如，本科教材中情景共鸣的分布未能体现出预期的系统性；专科教材课文中典型形象的占比前后下降超过12%，分析说理的占比也从约3%大幅上升到近20%，缺乏渐进的变化过程。

第二节 建 议[①]

价值观教育是一项系统工程，需要教材编写者、学科教师等人员的共同参与。基于已发现的问题，本节主要在前文分析得出的研究结果的基础上，从教材编写者、英语教师、教学资源等角度提出建议。

一、小学英语教材

在人教版和北师大版小学英语教材中，价值观内容覆盖面广、重点突出，但部分价值观分布失衡；价值观呈现方式多样，注重部分价值观的反复呈现，但部分呈现方式分布同样失衡。未来除了需统筹规划教材中价值观的内容、分布及呈现方式外，还需更新教材配套资源以拓宽教材在价值观渗透方面的渠道，细化价值观教育目标以及采取针对性的价值观教育活动。

[①] 作为课题结题成果之一，本节部分内容已发表在《黑龙江高教研究》2020年第6期、《现代中小学教育》2021年第4期以及《湖州师范学院学报》2021年第6期。

（一）加强部分价值观的渗透力度

部分价值观的渗透力度在人教版或北师大版小学英语教材中有待加强。例如，体现生命与安全价值观的内容在人教版与北师大版小学英语教材中都比较少，而小学生面临的安全事故却多种多样，其身心发展也决定了他们需要多接受这方面的教育。因此，除了已有的交通安全、出游安全等内容外，教材还可以增加诸如火灾、溺水、触电等方面的教育内容。通过呈现主角人物面对危险时的所想与所为，教会学生应对突发状况的正确做法，或者通过图片的形式，引导学生学会危险情况下的求救或自救方法，帮助学生树立正确的生命观及必要的安全意识。再比如，由于小学生对公共卫生的了解还不够多，也没有形成健全的卫生习惯，两套教材都可再增加个人卫生方面的内容，引导他们如何做好卫生防护及保持健康。另外，两套教材还可增加诸如冰川融化、乱砍滥伐等方面的内容从而加大爱护自然价值观的渗透。值得指出的是，随着经济与社会的不断发展，愈来愈多的新事物、新观念涌现，这些新事物与新观念在教材中应得到恰当体现，教材修订者可根据时代变化及时更新或丰富教材中的内容，以让价值观教育更具时代性。

（二）改善价值观的比例及分布

在北师大版小学英语教材中，人与自我价值观占比高达六成，而人与自然价值观只占一成左右，二者差距悬殊，这不利于培养学生对自然的认识、欣赏和爱护。北师大版小学英语教材可酌情增加体现人与自然价值观的内容，引导学生发现自然之美丽、探索自然之神奇、呵护自然之灵气，使其对自然心存敬畏，进一步懂得人类与自然环境息息共生的道理，学会如何与大自然和谐相处。其次，可根据学生身心发展规律，合理安排教材中价值观的分布。例如，就人教版小学英语教材而言，可调整四年级教材中道德与品质、历史与文化价值观以及五年级教材中人与自然价值观过度集中的现象，从而让价值观的分布在教材中更趋于合理。同理，对于北师大版小学英语教材，经济与社会发展、爱护自然、自然之美以及政治、法律与社会问题四项分价值观仅在六年级教材中有一次呈现，在其余年级教材中均无涉及，其分布状况也有待优化。由于开展价值观教育要在课程标准的指导下，结合学生的身心发展特点，同时考虑教学目标的具体要求，因此需合理安排价值观在不同年级教材中的分布，这样才能让价值观教育更有针对性，也才能更好地促进学生的全面发展。

(三) 提高价值观呈现方式的灵活性与趣味性

人教版或北师大版小学英语教材可根据教材中的文本及其体裁特点,完善价值观的呈现方式使其更灵活多样。例如,一方面可充分利用教材的固有标题、歌曲歌谣、插图和课后故事等,加强价值观的直接渗透力度;同时,可开发新的教材模块,如设计模块文化角等,引导学生对有关内容进行价值思考。另一方面,两套教材的价值观呈现方式在趣味性上均有提升的空间。有趣的呈现方式不仅能够吸引学生,还能让价值观教育更有效果。以小学生喜欢的歌曲为例,在北师大版小学英语教材中,虽然英文歌曲存在于每个单元,但大部分歌曲都只用于呈现人与自我价值观,只有少数用于呈现人与社会和人与自然价值观,不少歌曲甚至没有呈现明显的价值观。此外,相较于其他呈现方式,歌曲呈现的使用率偏低,未能充分利用学生喜好歌曲的特点。教材可充分发挥歌曲"春风化雨"的功能,在帮助学生进行语言训练的同时,也把单元中蕴含的文化、情感等因素植入学生的脑海中,提升学生的价值观感悟。

(四) 更新教材配套资源,弥补教材在价值观渗透方面的不足

好的配套资源能起到与教材取长补短、相得益彰的作用。在价值观构成要素中,文化因素占据重要比例。为了更好地推进价值观教育,应加大对作为配套资源核心组成——教师用书中的文化背景及其拓展知识等方面的介绍,并根据小学英语教育最新研究成果,及时更新和调整当中的文化教学观。[1] 其次,可大力开发除教师用书以外的配套资源,如教学挂画、英文报纸、活动手册等,灵活弥补教材在价值观渗透上的不足。以配套练习册为例,作为教材的重要补充资源,练习册中的大多数内容都是围绕教材展开,旨在帮助学生复习和巩固已学知识。倘若能促进价值观渗透和练习题的融合,那么练习册便可成为传递价值观的另一个途径。除此之外,还可充分利用学生喜闻乐见的实物插图、教学动画、视频光盘等资源开展价值观教育。尤其是对三、四年级学生而言,这些资源不仅能够充分吸引他们的注意力,还可拓展价值观呈现的渠道,加强价值观的后续影响力,将价值观教育贯彻到英语学习的各个方面。当然,教师不能过分依赖外在资源,应不断提升自身的思想道德素质和中外文化素养,尤其要提高对英语教材中隐性价值观的敏感性,努力延伸价值观教育的广度,挖掘价值观教育的深度。

---

[1] 马晓蕾. 小学英语教师教学用书的编写误区与对策研究 [J]. 课程·教材·教法, 2012, 32 (9): 70-74.

(五)细化价值观教育目标,采取针对性、整合性的价值观教育活动

首先,为了减少价值观教育中常见的教育目标过于空泛的问题,教师应尽量让目标具体化、可操作化,同时注意轻重取舍,突出一篇课文中的主要价值观,简单涉及次要价值观,如果一味追求面面俱到,反而会顾此失彼。其次,根据确定好的价值观教育目标,教师可采取有针对性的课堂活动,将学生的主体性和教师的主导作用有机结合起来。对于低年段学生而言,可多采用通俗易懂的价值观教育活动,如借助教材配套资源中的教学动画、卡通或实物插图、歌曲歌谣等,直接呈现价值观。对于高年段学生,宜多采取"婉转迂回"的价值观教育活动,如针对阅读篇章、课后拓展故事等,设计有关价值观方面的讨论,使学生在观点的碰撞中内化价值观;[①] 还可整合教材多个单元的话题进行主题活动或游戏,在加强学生语言知识的综合运用之余,又在不知觉中落实价值观教育。此外,教师还应注意活动的整合性,以弥补单一活动的不足。例如,在通过教材中的歌曲开展价值观教育活动时,可根据实际情况在歌曲的基础上增加图片的运用、故事的营造、情境的渲染、教师的设问与评价或主题演讲等,这样一来可使纯粹的知识呈现更加形象生动,教学活动会显得更加丰富和有趣,知识之间的关联性会得到增强,学生在接受价值观的熏陶时也会更喜闻乐见。

二、中学英语教材

基于对两套中学英语教材进行研究后所发现的问题,为了更好地发挥教材的育人功能及价值引领作用,教材需完善的地方包括更新和丰富教材中的价值观内容,优化价值观分布,拓宽价值观教育的途径,提升教师挖掘教材中价值观因素及教材二次开发的能力等。

(一)优化价值观比例,迎合新时期的教育形势

在人教版高中英语教材的课文与练习中,历史与文化、道德与品质、认识自然这三项价值观的占比之和高达近八成,而自然之美与爱护自然两项价值观的占比之和不到6%。在北师大版教材中,人与社会价值观的占比接近七成,而人与自然价值观的占比不到一成。在国家倡导"保护自然环境、共建绿色地球"的大背景下,

---

[①] 张忠慧,王博. 人教版小学英语 PEP 中 "Story time"专栏教学策略探究 [J]. 现代中小学教育,2012(2):54-57.

教材中有关环境教育的内容不宜过少，这样才有助于学生在认识自然现象的规律、欣赏自然之美的基础上，更好地与大自然和谐相处。绿水青山就是金山银山，建设生态文明是中华民族永续发展的千年大计。"坚持人与自然和谐共生"是党的十九大报告明确提出的新时代坚持和发展中国特色社会主义的十四条基本方略之一。教育部 2017 年印发的《中小学德育工作指南》也明确规定要加强环境保护教育，开展大气、土地、水等资源的基本国情教育，帮助学生了解祖国的大好河山和地理地貌，推动实行垃圾分类，引导学生树立尊重自然、顺应自然、保护自然的发展理念，养成低碳环保的生活习惯，形成健康文明的生活方式。[①] 然而人教版及北师大版教材中低比例的人与自然价值观呈现与新时期国家在保护自然及环境教育等方面的要求之间存在一定的差距。尤其是近些年来，各种能源消耗的激增、污染物的排放等给人类带来了严重的生态危机，其中包括气候变化、环境污染、生态破坏等，这不仅影响了当代人的生活，也威胁着后代人的生存。因此，人教版及北师大版高中英语教材可以优化价值观的比例，适当增加人与自然价值观的渗透，通过更加重视生态文明教育来进一步增强高中生的环境意识。

（二）扩大选材范围，丰富价值观教育内容

以北师大版教材呈现历史与文化价值观为例，教材在呈现我国文化时多以北京文化为主，如北京胡同、京剧等，而对其他地区民族文化的呈现不多。因此，教材可以适当扩充针对我国其他地区的文化宣传，这样更有助于学生深刻了解我国的多元民族文化、树立文化自信、增强国家意识。在外国文化方面，诸如英国茶文化、美国汽车文化及英美著名人物事迹（如海伦·凯勒、马丁·路德·金）等英美文化的介绍在教材中占据了较大篇幅。有学者在对北师大版高中英语教材 1～10 册进行分析后发现，教材中"美国出现的总次数为 31 次，英国出现的总次数为 23 次，其他各个国家出现的次数总和不超过 5 次"[②]。可见，北师大版教材关于其他国家的文化渗透较少，一定程度上不利于学生了解除英美两个国家之外的外国文化。高中英语课程标准也提到，"普通高中英语课程应在义务教育的基础上，帮助学生进一步学习和运用英语基础知识和基本技能，发展跨文化交流能力，为他们学习其他学科知识、汲取世界文化精华、传播中华文化创造良好的条件"[③]。学生要汲取世界

---

① 中华人民共和国教育部. 关于印发《中小学德育工作指南》的通知 [EB/OL]. http://www.moe.gov.cn/srcsite/A06/s3325/201709/t20170904_313128.html,2017-08-17.
② 王旭艳. 跨文化交际能力视角下北师大版高中英语教材分析 [D]. 重庆：重庆师范大学，2019：43.
③ 中华人民共和国教育部. 普通高中英语课程标准（2017 年版 2020 年修订）[S]. 北京：人民教育出版社，2020：1.

文化精华，其视野就不能仅停留在英国、美国等个别国家层面。基于以上论述，北师大版高中英语教材在呈现有关价值观内容时，可以扩大选材范围，丰富价值观教育内容。

（三）完善价值观分布，更好地体现课程标准及高中生身心发展要求

两套高中英语教材中的价值观分布整体上合理，但个别价值观的变化趋势有待优化。例如，从必修到选修，经济与社会发展价值观在人教版教材中的占比呈下降走势，在北师大版教材中的占比基本持平。高中英语课程标准指出，高中阶段的外语教育"要满足国家的经济建设和科技发展对人才培养的需求"①。为了更好地对接这一目标，教材需完善经济与社会发展价值观的分布。尤其是对于那些毕业后直接就业的高中生而言，在他们踏入社会、进行职业选择之前，更需要通过教材引导来获得对经济与社会发展的足够了解。除此之外，不管是人教版还是北师大版，原本占比就很低的生命与安全价值观在课文中都呈现出下降的走势，在北师大版教材必修一至五册的课文中只体现了一次，在选修六至十一册课文中则完全没有体现。高中生虽然已经有了一定的自我保护意识和能力，但仍需要加强引导。近些年来，诸如公共安全、交通事故、楼道踩踏、食物中毒、校园暴力、人身侵害、溺水身亡等未成年人安全事故日益增多，这直接损害到师生、家长、学校及社会的整体利益。②学校有必要通过对学生进行安全教育使其重视安全的同时学会在遇到危险时懂得科学自救。因此，教材可以改善生命与安全价值观的分布，更好地引导学生学会妥善处理各类安全事故，增强学生的安全意识及自我保护的能力，促进其健康成长。

（四）通过多种途径进行价值观教育，激发学生情感共鸣

人教版高中英语教材中的价值观呈现方式包括直接体现、人物形象、故事情节、叙事说理、思考讨论、合作学习等，北师大版教材中的价值观呈现方式包括直接叙说、议论说理、人物典型、交际传递、分析评价、小组讨论、对比说明、任务创编等。上述不同方式既有立竿见影的显性呈现，也有潜移默化的隐性渗透，这意味着教师在利用教材进行价值观教育时，应注意途径的灵活多样性，以实现效果的最大化。有学者指出，在具体的价值观教学过程中，我们要将价值情感和价值伦理的因素引进到价值观教育现场，通过主题性论辩、两难故事设置、有争议事件讨

---

① 中华人民共和国教育部. 普通高中英语课程标准（实验）[S]. 北京：人民教育出版社，2003：1.
② 《现代教育科学》编辑部. 未成年人生命与安全教育迫在眉睫 [J]. 现代教育科学，2013（6）：1.

论、个人主题演讲等，创设具体的价值观教育情境，促进学生之间的主体互动，在讨论、对话、交流中引起价值观共鸣和提升。① 这对教师如何利用教材进行价值观教育提供了启示。例如，针对人教版教材中的叙事说理及北师大版教材中的小组讨论等价值观呈现方式，教师可以组织学生进行争议性事件的讨论或辩论，使学生在耳濡目染中接受价值观的熏陶；针对人教版教材中的故事情节及北师大版教材中的分析评价等价值观呈现方式，教师可以设置两难故事，让学生在评价故事及进行主题演讲的过程中不知不觉地接受价值观的熏陶，达到"润物细无声"的效果。上述例子的共性在于都是通过创设价值观教育的情境使得学生在讨论交流中获得积极的情感体验并实现价值观共鸣。高中英语教学不仅要注重培养学生的语言综合能力，也需重视对学生的价值观培育，教师因此应通过多种方式对学生进行价值观的熏陶，做到既教书又育人。

（五）多角度挖掘教材中的价值观因素，培养学生的思维品质

英语学科是一门具有工具性和人文性双重属性的学科，它不仅是语言交流的工具，更是思维的工具。北京师范大学程晓堂教授明确指出："思维品质是学生通过英语学科的学习而得到的心智发展。思维品质的发展有助于提升学生分析问题和解决问题的能力，从跨文化的视角观察和认识世界，对事物作出正确的价值判断。"② 正因为如此，思维品质才被列为英语学科核心素养的一个重要部分，也理应成为英语教师开展价值观教育过程中需重点关注的对象。以阅读为例，有学者认为，"高中英语阅读主题包括了很多道德、情感方面的教育，英语阅读教学不仅涵盖英语词汇、语法、语意等，还有很多价值观念方面的内容。这些与情感相关的素材是培育学生英语核心素养的重要内容，可以激发学生的阅读兴趣，让学生积极思考阅读问题，使其通过阅读材料产生思维运转的动力"③。可见，英语教师在教学过程中，应善于从多角度挖掘教材中的价值观因素，培养学生的思维品质。此外，教师还需充分运用价值观呈现方式这一有利载体。人教版及北师大版高中英语教材中丰富多样的价值观呈现方式不仅能有效传递价值观，也能在一定程度上培养学生的批判性思维。新时代背景下的英语教师应不断提升自己的业务素质，为有效通过对学生进行价值观教育进而培养其思维品质奠定基础。

---

① 崔振成. 高中价值观教育的诘问与探索 [J]. 东北师大学报（哲学社会科学版），2011（1）：180 - 184.
② 程晓堂. 英语学科核心素养及其测评 [J]. 中国考试，2017（5）：7 - 14.
③ 孙静. 核心素养视角下高中生英语阅读思维品质培养策略 [J]. 教育理论与实践，2018，38（32）：51 - 53.

(六) 注重教材二次开发，弥补价值观教育的不足

由于任何一种教材都无法满足多样化的教学情境需求，教师不应过度忠于教材，必要时需对教材进行适当的二次开发以获得更好的教学效果。在人教版及北师大版高中英语教材中，某些价值观的呈现次数较少，甚至出现缺失现象，教师因此在课堂教学中需要进行教材的二次开发，对那些呈现不充分的价值观进行扩充，以满足价值观教育的需求。例如，针对北师大版教材选修课文中生命与安全价值观缺失的现象，教师可以结合时事热点，适时补充体现这一价值观的文本或视频等素材，辅之以课堂上教师的语言，有意识地警醒学生生命与安全的重要性。这就要求英语教师形成自己的教学理念与教材观，深入理解教材内容，从教材实施者转变为教材开发者。此外，由于学生是积极的课堂参与者，在教材二次开发的过程中，教师要兼顾好学生的主体地位。例如，在对教材内容进行调整时，要以学生的兴趣及实际需求为主，保证价值观教育的恰当性与实效性。总之，教师不能原封不动地使用教材，应该依据具体教学情境及教学目标，适当地对教材进行二次开发，以弥补教材中价值观渗透的不足。

三、高校英语教材

本研究中的本科及专科英语教材所蕴含的价值观内容丰富，传递了个体与他人、自然和谐相处的内涵，整体上体现了以人为本的理念，与我国英语专业教育的定位基本保持一致。为了更好地通过高校英语教材进行价值观教育，以下几方面的完善值得引起重视。

(一) 全面协调，统筹规划，完善不同价值观的比例

在本科及专科英语教材中，部分价值观缺失或比例极度偏低。例如，本科教材的课文与练习中生命与安全、卫生与健康价值观的占比均未超过2.5%，专科教材缺失生命与安全价值观且课文中卫生与健康价值观的比例不足2.7%，这不利于培养心理素质好、适应能力强、敬畏生命的大学生。随着生活节奏的不断加快，大学生的心理健康、生命、安全等问题日益突出。在这一背景下，近些年来部分大学开设了死亡教育课或生命教育课，通过灵活多样的授课途径引导大学生热爱生活、正视死亡、感悟生命。虽然死亡教育及生命教育在西方已经非常普遍，但在我国的普及率却很低。英语教材编写者可根据英语学科特点、社会现实和学生生命发展阶段的特点，适当增加生存教育和生命价值教育的内容。以对生命的尊重、生活的理

解、健康的追求等为旨趣的生命教育为例,其大体上分为生存教育和生命价值教育。[①] 生存教育主张传递有关生理、健康、疾病预防等方面的知识,在提升学生安全意识的基础上,让学生具备基本的生活和生存能力,使其在面对困境时能自助、自救;生命价值教育重在引导学生懂得尊重自我和他人生命,正确认识生命的价值和意义,升华生命的境界,追求生命的真、善、美。教材倘若能适当加大体现生命与安全、卫生与健康价值观方面内容的比例,无疑能帮助学生更好地理解生存的意义和生命的美好。

(二)结合语言学习规律、学生身心特征及时代发展,改进价值观呈现方式的分布

在课文中融入价值观,目的在于能让学生把这些元素内化成个人信念并转化为行动。要实现这一目标,除了要更新、完善教材价值观的内容,还需要确保价值观的呈现方式符合语言学习的内在规律、适应学生的身心特征以及体现时代发展的特点。以本科教材为例,教材中的寓理于事侧重通过故事或事实的叙述来阐释价值观,学生理解起来相对较易,因此这类呈现方式在低年级教材中的占比理应多过高年级教材,但实际上寓理于事在二年级教材中的比例低于三年级教材。另一方面,议论说理是一种锻炼学生思维和逻辑的呈现方式,强调通过论点与论据的使用来呈现价值观,因此这类呈现方式在高年级教材中的占比理应多过低年级教材,但实际上议论说理在二、三年级教材中的比重相同。对该教材而言,三年级教材可减少寓理于事的比例,相应增加议论说理的权重。

专科教材也需根据学生的认知能力、思维方式等特点,适当完善价值观呈现方式的分布。高职高专学生虽然已具有一定的自我认知能力,但心理还不够完全成熟,对未来要走的路也还在探索之中。教材需依据这些特点,适当地将直接说教的方式改为隐性传递。比如,教材中有些课文旨在罗列如何给他人留下好印象或取得他人信任的基本准则,这类课文可以通过隐性呈现不同的行为举止或者不同情境中对方的反应和感受,让学生结合自身经历去感知其中的道理,因为通过自我领悟获得的价值认同更有利于促进从知到行的转化。同时,高职高专学生身处一个变化迅速、新问题不断涌现的时代,有些新问题甚至可能没有单一的或标准的答案,因此教材中的价值观呈现在突出内容的导向性的同时也要注意预设立场的开放性,在借助以事明理或分析说理等呈现方式时可适当引入多方角色、身份或情境,让学生开展讨论、分析、评价等,以便他们提高思辨能力或构建自我认知。

---

① 许世平. 生命教育及层次分析 [J]. 中国教育学刊, 2002 (4): 7-10.

(三) 借助信息技术，拓展价值观教育的载体

价值观教育应充分利用信息时代的技术发展，逐步实现立体化的教育效果。虽然本科和专科英语教材都配有教师用书和教学课件，但这远不能满足实际教学需要。"教育部指出高等教育应该运用教育技术，把各种相互作用、相互联系的媒体和资源有机地整合，形成立体化教材"。① 现代教学技术包括文本、图形、声音、动画、视频剪辑等多种要素。通过提供大量真实、形象、生动的语言环境实现人际互动，有利于学生调动多重感官以及更全面地感知和理解教材中的文化价值，这与注重学生体验的价值观教学特点不谋而合。因此，教材编者一方面需要更新教材媒介，例如从单一的纸质版和光盘版拓展到网络版，将信息和文本情境化，为学生的探索、体验、互动创造条件；另一方面还可围绕主干教材精心设计配套的辅助资源，并在微信公众号、APP等渠道中给学生呈现这些资源供其课外按需使用，从而潜移默化地影响学生，实现英语学习和价值观教育的常态化。

(四) 加强教师素养的夯实，内铄价值观教育的质量

教师需具备扎实的学科及人文素养来挖掘、阐释教材中蕴藏的价值观，以及根据教学要求对教材内容进行有理有据的补充和完善。有时教材传递的价值观是隐性的，教师需要保持足够的敏感性，调动各方面的知识储备进行多角度、多层次的解码。如专科英语教材中《批判性地阅读——批判性地思考》(*Critical reading—critical thinking*) 一文鼓励学生进行批判性阅读，成为独立自主、敢于批判的人。如果教师不了解"批判性"对美国精神或美国文化的重要性，不清楚它在美国公共生活中的具体表现，也不熟悉美国教育中各类大小测评、学期论文或是课堂活动对学生独立思考能力提出的要求，教师就难以深入浅出地结合具体情境、学生认知和生活经验对这一抽象的价值观作出适合我国国情的分析与阐述，学生也就难以领会独立思考对构建自我内在精神的重要意义，他们对独立思考的认识就只能停留在文字层面。

同理，从研究结论可知，历史与文化价值观在本科英语教材中的比例最高，这对授课教师提出了挑战。教师首先需储备本国文化的相关知识，找到中西文化的切合点，通过文化对比促进学生深入理解民族精神并增强文化自信；同时还应根据实际情况，对教材进行二次开发，灵活安排教学内容。如果教师的历史底蕴不足、文化敏感性缺乏，不仅对自身正确理解和传递教材中的价值观不利，学生也有可能会

---

① 庄智象, 黄卫. 试论大学英语教材立体化建设的理论与实践 [J]. 外语界, 2003 (6): 8-14.

受此影响导致出现价值观偏差。可见,教师只有不断提升自身的素养,才能为开展价值观教育打下根基,做到既可站"教书"之岗也能尽"育人"之责,从而更好地发挥自己作为学生、教材和社会之间的纽带作用。

(五)运用科学的教学方法,外塑价值观教育的途径

价值观的传递需要落实在具体的课堂教学当中,教师因此需具备相应的教学技能。在本科教材课文和练习中的价值观呈现方式里,议论说理、寓理于事、思考讨论、问题假设等占据了较高比例,这对该课程的授课方法有着重要启示。为了培养学生分析课文中所隐含的价值观的能力,教师应给予学生充分的讨论时间,引导学生概括主旨、揣摩特定段落或语句背后的含义,来自同伴的观点碰撞及教师的专业引领对帮助学生理解价值观十分有益。此外,在价值观教学过程中,教师要避免"说教"式的灌输,尝试运用更加积极有趣的方法,增加师生与生生之间的互动。无论是隐性的道德与品质价值观,还是显性的历史与文化价值观,采用辩论、戏剧和情景剧等创造性的教学方法,不仅可以发挥语言的工具性作用,还能兼顾课程的人文性,也能更好地进行价值观的渗透。

此外,由于英语教学中的价值观熏陶是渗入式的整合性教学,教师还需将其与英语语言教学的特点相互融合。例如,专科教材中有很多主题单元,教师可以深入探讨单元主题,引导学生从该主题中分化出相应的次级主题,让学生在获取、理解、表达主题内容的过程中习得语言知识和技能。比如,教材第一册第八单元"我的父母"(Our parents)探讨了与父母的关系问题。以此为核心,教师在教学中可以选择性地设计诸如中西父母与子女关系的对比、不同群体父母风格的对比、不同时代的父母与子女关系的特点、新时代父母与子女的诉求、父母或子女眼中的对方形象等数个议题,根据内容制定相应的知识、技能、情感、文化、思维目标,设计相应的教学活动和寻找匹配的教学资源。是通过播放视频让学生讨论还是组织学生查找图书馆或网络资源开展调查,是要求学生小组角色扮演还是独自呈现调查结果,这考验的不仅是教师常规语言教学的设计和实施能力,更考验教师如何理解价值观的特点以及能否寻找相应途径促进价值观内化的整体驾驭能力。

参考文献

英文部分：

[1] Abdou, E. D. (2016). "Confused by Multiple Deities, Ancient Egyptians Embraced Monotheism": Analysing Historical Thinking and Inclusion in Egyptian History Textbooks. Journal of Curriculum Studies, 48 (2), 226 – 251.

[2] Akkaymak, G. (2015). Neoliberal Ideology in Primary School Social Studies Textbooks in Turkey. Journal for Critical Education Policy Studies, 12 (3), 282 – 308.

[3] Anyon, J. (1979). Ideology and Unites States History Textbook. Harvard Educational Review, 49 (3), 361 – 386.

[4] Apple, M. W. (1971). The Hidden Curriculum and the Nature of Conflict. Interchange, 2 (4), 27 – 40.

[5] Apple, M. W. (1976). Making Curriculum Problematic. The Review of Education, 2 (1), 52 – 68.

[6] Crawford, K. (2003). Re-Visiting Hiroshima: The Role of US and Japanese History Textbooks in the Construction of National Memory. Asia Pacific Education Review, 4 (1), 108 – 117.

[7] Cunningsworth, A. (1995). Choosing Your Coursebook. Shanghai: Shanghai Foreign Language Education Press.

[8] Gorter, G. F., Amsing H. T. A. & Dekker J. J. H. (2016). Dutch Economic Textbooks in the 1970s: Raising the Status of a New Secondary School Type by Means of Mathematical Abstraction. Journal of Educational Media, Memory and Society, 8 (2), 83 – 106.

[9] Kelly, G. P. & Nihlen, A. S. (1982). Schooling and the Reproduction of Patriarchy: Unequal Workloads, Unequal Rewards. In M. W. Apple (Ed.), Cultural and Economic Reproduction in Education (pp. 78 – 82), London: Routledge & Kegan Paul.

[10] Sarvarzade, S. & Wotipka, C. M. (2017). The Rise, Removal, and Return of Women: Gender Representations in Primary-Level Textbooks in Afghanistan. Comparative Education, 53 (4), 578 – 599.

[11] Sleeter, C. E. & Grant, C. A. (1991). Race, Class, Gender, and Disability in Current Textbook. In M. W. Apple & L. K. Christian-Smith (Eds.), The Politics of the Textbook (pp. 78 – 110). New York: Routledge, Chapman & Hall.

[12] Trecker, J. L. (1973). Women in US History High School Textbooks. International Review of Education, 19 (1), 133–139.

[13] Vinall, K., & Shin, J. (2019). The Construction of the Tourist Gaze in English Textbooks in South Korea: Exploring the Tensions Between Internationalisation and Nationalisation. Language, Culture and Curriculum, 32 (2), 173–190.

[14] Young, M. F. D. (1971). An Approach to the Study of Curricula as Socially Organized Knowledge. In M. F. D. Young (Ed.), Knowledge and Control: New Directions for the Sociology of Education (pp. 19–46). London: Collier-Macmillan Publishers.

[15] Zajda, J. & Zajda, R. (2012). Globalisation, Ideology and the Politics of History School Textbooks: Russia. Education and Society, 30 (3), 67–78.

中文部分：

[1] 陈伯璋. 意识形态与教育 [M]. 台北：师大书苑出版社，1988.

[2] 陈洪澜. 论知识分类的十大方式 [J]. 科学学研究，2007（1）：26–31.

[3] 陈梦缘. 当前中小学生非正常死亡的原因及对策建议 [J]. 中小学心理健康教育，2019（8）：36–40.

[4] 陈银心. 马来西亚国民中学初中华文教材中的价值观研究 [D]. 武汉：华中师范大学，2012.

[5] 程晓堂. 英语学科核心素养及其测评 [J]. 中国考试，2017（5）：7–14.

[6] 褚惠萍. 当代大学生生命教育研究 [D]. 南京：南京师范大学，2014.

[7] 冯永刚，员志慧. 俄罗斯中小学安全教育及其对我国的启示 [J]. 外国中小学教育，2017（3）：18–24.

[8] 福建省教育委员会. 高中道德教育的实践与体会 [J]. 课程·教材·教法，1995（10）：15，37–38.

[9] 傅建明. 我国小学语文教科书价值取向研究 [D]. 上海：华东师范大学，2002.

[10] 高等教育出版社. 高等教育出版社简介 [EB/OL]. http://www.hep.com.cn/aboutus/intro，2020–08–05.

[11] 教育部高等学校外国语言文学类专业教学指导委员会英语专业教学指导分委员会. 普通高等学校本科外国语言文学类专业教学指南（上）——英语类专业教学指南 [S]. 北京：外语教学与研究出版社，2020.

[12] 何文胜. 人民教育出版社初中语文教科书的价值取向研究 [J]. 陕西师范大学学报（哲学社会科学版），2008，37（S1）：156–162.

[13] 何泽. 高中英语文学阅读教学行动研究 [D]. 上海：华东师范大学，2017.

[14] 贺子玲. 人教版语文教材"孝文化"选文研究 [D]. 大连：辽宁师范大学，2017.

[15] 黄育馥. 人与社会：社会化问题在美国 [M]. 沈阳：辽宁人民出版社，1986.

[16] 李小娟. 高职学生素质能力评价研究 [J]. 教育研究，2013，34（5）：96–103.

[17] 李英菊. 英文歌曲对英语课堂教学的优化［J］. 教学与管理，2013（33）：141-143.

[18] 李真. 人教版高中英语教材的文化价值观研究［D］. 西安：陕西师范大学，2017.

[19] 梁姗姗. 小学英语教材文化教学知识研究——以人教版小学英语教材为例［J］. 现代中小学教育，2012（6）：32-34.

[20] 刘次林. 英雄·生命·道德——兼议生命教育的误区［J］. 教育发展研究，2009，29（6）：13-16.

[21] 刘飞. 小学语文教科书价值取向的比较研究［D］. 开封：河南大学，2012.

[22] 刘念，张卫锋，范承亮. 可持续发展必须以"人本"为本［J］. 湘潭大学社会科学学报，2000（S1）：78-80.

[23] 刘伟. 职业生涯规划教育在高中历史教学中的渗透［D］. 武汉：华中师范大学，2015.

[24] 刘学慧. "人与自然"主题在英语学科中的教育意涵与教学建构［J］. 英语学习，2017（12）：5-8.

[25] 马晓蕾. 小学英语教师教学用书的编写误区与对策研究［J］. 课程·教材·教法，2012，32（9）：70-74.

[26] 马阳. 译林版牛津与北师大版高中英语教材文化导向对比分析［D］. 南京：南京师范大学，2014.

[27] 尼格尔·买买提依明. 高校英语"隐性课程"对英语学习效能的激励与消解［J］. 新疆师范大学学报（哲学社会科学版），2014，35（6）：128-132.

[28] 逄超. 八套小学语文教科书和谐文化取向研究［D］. 金华：浙江师范大学，2013.

[29] 彭爱武. 高职院校英语教材价值取向研究［D］. 长沙：湖南师范大学，2008.

[30] 人民教育出版社课程与教学研究所. 教材纵览［EB/OL］. http://www.pep.com.cn/rjgl/jc/201311/t20131128_1174309.shtml,2019-12-20.

[31] 单连春. 论人生境界的实践形态［J］. 理论探讨，2006（6）：60-62.

[32] 单新国. 从功利主义到人本主义——职业技术教育立法思想的演变及借鉴［J］. 中国职业技术教育，2015（18）：24-27.

[33] 史光孝. 外语隐性课程的审视与思考［J］. 外语电化教学，2010（3）：30-33.

[34] 孙静. 核心素养视角下高中生英语阅读思维品质培养策略［J］. 教育理论与实践，2018，38（32）：51-53.

[35] 唐洁. 广东省高职高专大学生职业价值观的实证研究［D］. 广州：暨南大学，2009.

[36] 田慧生. 推进新时代教材建设，发挥好教材育人作用［N］. 中国教育报，2020年10月19日第2版.

[37] 王保中. 普通高中信息技术课程目标的"具象"和"本土"问题探析［J］. 中国电化教育，2011（7）：7-10.

[38] 王昌伟，赵晓. 浅析中小学有关安全教育方法和内容的相关思考［J］. 中国校外教育，2019（22）：36-37.

[39] 王飞. 核心素养的历史变迁与启示［J］. 教育探索，2018（5）：1-5.

[40] 王蔷, 王琦. 2019 版普通高中英语（北师大版）教材的修订依据、主要变化与特色 [J]. 基础教育课程, 2019 (15): 59-65.

[41] 王旭艳. 跨文化交际能力视角下北师大版高中英语教材分析 [D]. 重庆: 重庆师范大学, 2019.

[42] 王燕娜. 大陆与台湾小学语文教科书选文的价值取向比较研究 [D]. 苏州: 苏州大学, 2016.

[43] 王毅. 马克思主义人学理论视角下的和谐个体探析 [J]. 学术探索, 2012 (2): 11-13.

[44] 王玉云. 初中英语教材知识体系构建研究 [D]. 重庆: 西南大学, 2008.

[45] 吴才智, 江光荣, 段文婷. 我国大学生自杀现状与对策研究 [J]. 黑龙江高教研究, 2018, 36 (5): 95-99.

[46] 吴芳. 高中生公共参与素养培育研究 [D]. 长沙: 湖南师范大学, 2019.

[47] 吴康宁. 教育社会学 [M]. 北京: 人民教育出版社, 1998.

[48] 吴莉莉. 两版高中化学必修教科书中实验教材价值取向的比较研究 [D]. 沈阳: 沈阳师范大学, 2013.

[49] 吴永军. 课程社会学 [M]. 南京: 南京师范大学出版社, 1999.

[50] 吴张侨. 中美汉语教材中价值观因素的对比分析 [D]. 上海: 上海外国语大学, 2018.

[51] 《现代教育科学》编辑部. 未成年人生命与安全教育迫在眉睫 [J]. 现代教育科学, 2013 (6): 1.

[52] 新华网. 立德树人, 习近平这样阐释教育的根本任务 [EB/OL]. http://www.xinhuanet.com/politics/xxjxs/2019-03/18/c_1124247058.htm, 2019-03-18.

[53] 新华网. 习近平: 坚持中国特色社会主义教育发展道路, 培养德智体美劳全面发展的社会主义建设者和接班人 [EB/OL]. http://www.xinhuanet.com/politics/leaders/2018-09/10/c_1123408400.htm, 2018-09-10.

[54] 新华网. 习近平主持召开学校思想政治理论课教师座谈会 [EB/OL]. http://www.xinhuanet.com/politics/2019-03/18/c_1124248228.htm, 2019-03-18.

[55] 新华网. 中共中央 国务院关于全面深化新时代教师队伍建设改革的意见 [EB/OL]. http://www.xinhuanet.com/politics/2018-01/31/c_1122349513.htm, 2018-01-31.

[56] 徐婕. 浅谈人与自然关系失衡的价值观根源 [J]. 郑州大学学报（哲学社会科学版）, 2007, 40 (5): 17-20.

[57] 许世平. 生命教育及层次分析 [J]. 中国教育学刊, 2002 (4): 7-10.

[58] 严瑾. 社会主义核心价值观融入中学思想政治教材的思考 [D]. 开封: 河南大学, 2016.

[59] 杨辛. 德育: 价值教育还是价值观教育 [J]. 基础教育研究, 2004 (11): 10-11.

[60] 俞明雅. 文化取向的语文教科书研究: 现状回视与问题检视 [J]. 当代教育与文化, 2016, 8 (4): 52-57.

[61] 曾玲. 高中语文教材中爱国人物形象的教学研究 [D]. 长沙: 湖南师范大学, 2019.

[62] 曾天山. 论教材文化中的性别偏见 [J]. 西北师大学报（社会科学版）, 1995 (4): 34-39.

[63] 张少兰. 人本主义教育思想观照下的高职学生职业核心能力培养［J］. 教育学术月刊，2010（11）：93-95.

[64] 张旭曙. 当代中国人的诗意生存论［J］. 山东社会科学，2016（7）：101-105.

[65] 张园园. 初中英语教科书价值取向分析［D］. 杭州：杭州师范大学，2015.

[66] 张忠慧，王博. 人教版小学英语 PEP 中"Story time"专栏教学策略探究［J］. 现代中小学教育，2012（2）：54-57.

[67] 赵丽峰. 高中人文地理教科书价值取向的比较研究［D］. 临汾：山西师范大学，2013.

[68] 郑和钧，邓京华. 高中生心理学［M］. 杭州：浙江教育出版社，1993.

[69] 中共中央办公厅. 关于培育和践行社会主义核心价值观的意见［EB/OL］. http://news.xinhuanet.com/politics/2013-12/23/c_118674820.htm,2017-11-23.

[70] 中华人民共和国国务院办公厅. 国务院办公厅关于全面加强和改进学校美育工作的意见［EB/OL］. http://www.gov.cn/zhengce/content/2015-09/28/content_10196.htm,2015-09-28.

[71] 中华人民共和国教育部. 关于印发《高等学校课程思政建设指导纲要》的通知［EB/OL］. http://www.moe.gov.cn/srcsite/A08/s7056/202006/t20200603_462437.html,2020-06-05.

[72] 中华人民共和国教育部. 关于印发《中小学德育工作指南》的通知［EB/OL］. http://www.moe.gov.cn/srcsite/A06/s3325/201709/t20170904_313128.html,2017-08-17.

[73] 中华人民共和国教育部. 国务院办公厅关于转发教育部中小学公共安全教育指导纲要的通知［EB/OL］. http://www.moe.gov.cn/jyb_xxgk/moe_1777/moe_1778/tnull_27696.html,2007-02-07.

[74] 中华人民共和国教育部. 教育部发布《关于全面深化课程改革 落实立德树人根本任务的意见》［EB/OL］. http://old.moe.gov.cn/publicfiles/business/htmlfiles/moe/s7054/201404/167226.html,2014-03-30.

[75] 中华人民共和国教育部. 教育部发布《关于深化本科教育教学改革 全面提高人才培养质量的意见》［EB/OL］. http://www.moe.gov.cn/srcsite/A08/s7056/201910/t20191011_402759.html?from=timeline,2019-10-12.

[76] 中华人民共和国教育部. 普通高中英语课程标准（2017 年版 2020 年修订）［S］. 北京：人民教育出版社，2020.

[77] 中华人民共和国教育部. 普通高中英语课程标准（实验）［S］. 北京：人民教育出版社，2003.

[78] 中华人民共和国教育部. 中小学心理健康教育指导纲要（2012 年修订）［EB/OL］. http://www.moe.gov.cn/srcsite/A06/s3325/201212/t20121211_145679.html,2012-12-11.

[79] 中华人民共和国教育部办公厅. 关于全国普通高校从 2006 级学生开始普遍开设《思想道德修养与法律基础》课的通知［EB/OL］. http://www.moe.gov.cn/srcsite/A13/moe_772/200606/t20060612_80601.html,2006-06-12.

[80] 朱霞云. 高中英语合作学习探究性任务的设计［J］. 教学与管理，2017（10）：68-69.

[81] 庄智象，黄卫. 试论大学英语教材立体化建设的理论与实践［J］. 外语界，2003（6）：8-14.

后 记

"你可以一辈子不登山,但心中一定要有座山。"多年后的今天,我才真正读懂了这句话,才发现自己心中原来真的有座山。

从 2017 年开始构思,到 2021 年完成书稿,悠悠四载,一晃而过。曾备受坐立不安、夜不能寐的煎熬,也曾因豁然顿悟、拨云见雾而欣喜;曾戚戚于"停杯投箸不能食"的忧愁,也曾沸腾于"衣带渐宽终不悔"的决心。从山重水复到柳暗花明,从一筹莫展到一气呵成,失望着又期待着,埋怨着又深爱着。心心念念,牵肠挂肚。蓦然回首,思绪万千!

书稿得以完成,要感谢很多人。感谢鄙人之博士生导师——上海华东师范大学教育部人文社会科学重点研究基地课程与教学研究所胡惠闵教授以及硕士生导师——广州大学外国语学院前院长肖坤学教授的辛勤栽培。感谢一起完成书稿的陈秋铃、冼雨婷、范晓莹、卢冰莹、袁春艳等作者。此书命运多舛,中途几度遭遇调整,原本完成的内容被迫作废,呕心沥血却换来付之东流。书稿难产,进——不知所措,退——不舍放弃。日日夜夜,心力交瘁。"朝如青丝暮成雪"的心酸还历历在目,"夜阑静,谁人与共"的无助仍刻骨铭心。人生几何,感慨如此?所幸本书全体创作者不离不弃、风雨同舟,几经艰辛终让拙作凤凰涅槃,浴火重生。

本书凝结了所有合著者辛勤数载的汗水。不同作者倾注了不同的心血和精力,经历了不同的故事和心情,想说的话虽各不相同但皆为肺腑之言,特将其分开摘叙如下。

作者陈秋铃:"哀哀父母,生我劬劳。你们言传身教,告诫我严于律己、诚以待人、认真待事,给予我接受教育、完成学业、追逐梦想的机会。二十余载的陪伴,由始至终的支持,天南地北,没齿难忘。养育之恩,当涌泉相报!感谢大学舍友——邓璟洵、陆晓君、梁谢爽,四年来我们相知相伴,相互鼓励,共同进步。感谢大学全体同窗,很幸运自己能置身于这样一个有力量的集体,结识一群如此有爱的伙伴。"

作者冼雨婷："谁言寸草心，报得三春晖。感谢母亲邓有英女士的物质支持和精神滋养，同时向您致以最深厚的歉意！为了完成书稿，您第一时间帮忙准备所需资料，为我节省了宝贵的时间。在我灵感枯竭、无从下笔时，您总能让我心潮澎湃、思绪飞扬。春节期间，母亲不仅只身一人完成家中大扫除，还为终日坐在电脑前奋笔疾书的我准备一日三餐。因为懂得，所以珍惜。天涯海角，唯望君安！"

作者范晓莹："感谢母校的各位任课教师；特别感谢父母在饮食起居等诸多方面的照顾，正是你们的支持减少了我许多的压力，也才让我腾出更多的时间和精力去专心致志地完成书稿。"

作者卢冰莹："感谢母校，感谢曾经的任课老师们，感谢你们在美好的大学时光给了我耐心的指导和无私的帮助。"

作者袁春艳："完成稿件的时间跨度很长，在这个过程中充分感受到治学严谨和细致的重要性，着实让人受益匪浅。和之前写书的感觉一样，内心充满了忐忑与不安。深知自己学识的不足，唯有怀着诚挚的心认真地撰写每一个文字，以期不辜负读者愿意抽空阅读的宝贵心意。"

……

感谢的话永远也道不尽，但感恩的心永存心底，是他们的爱成就了现在的我们，前进的路途也因为有了他们的存在而变得不再泥泞。

人生因为有了挑战而坚定了信念、磨砺了意志，岁月因为有了艰辛而丰富了生活、装饰了回忆。借此书的付梓，勉励自己在学术这座高山上继续攀登，也祝愿此书所有作者的心中也有这样一座山！

谢 赛

2021年冬于广州花都湖畔